Religiöse Bildung kooperativ

Band 5

Herausgegeben von
Mouhanad Khorchide, Konstantin Lindner, Antje Roggenkamp,
Clauß Peter Sajak und Henrik Simojoki

Konstantin Lindner / Henrik Simojoki /
Laura Rudroff / Magdalena Endres

Religionsunterricht ›vor Ort‹ weiterentwickeln

Empirische Einblicke und Innovationsoptionen am Beispiel von Berufsschulen in Bayern

V&R unipress

Bibliografische Information der Deutschen Nationalbibliothek
Die Deutsche Nationalbibliothek verzeichnet diese Publikation in der Deutschen
Nationalbibliografie; detaillierte bibliografische Daten sind im Internet über
https://dnb.de abrufbar.

Gedruckt mit freundlicher Unterstützung durch finanzielle Förderungen des Erzbistums Bamberg
sowie des Open-Access-Publikationsfonds der Otto-Friedrich-Universität Bamberg.

Druck und Bindung: CPI books GmbH, Birkstraße 10, D-25917 Leck
Printed in the EU.

Vandenhoeck & Ruprecht Verlage | www.vandenhoeck-ruprecht-verlage.com

ISSN 2749-9286
ISBN 978-3-8471-1775-9

Inhalt

Vorwort

Evangelischer Religionsunterricht und Katholischer Religionsunterricht sind ordentliche Lehrfächer an Berufsschulen in Bayern. Ihr Bestand wird durch das Grundgesetz (Art. 7 Abs. 3) und die bayerische Verfassung (Art. 136 Abs. 2) gewährleistet. Trotzdem ist das Zustandekommen des konfessionellen Religionsunterrichts gegenwärtig nicht mehr an allen bayerischen Berufsschulen vollumfänglich gewährleistet. Verschiedene strukturelle, organisatorische und religionsdemographische Gründe können dafür angeführt werden. Insbesondere der Rückgang getaufter Berufsschüler:innen und das parallele Ansteigen nicht-getaufter und nicht-christlicher Schüler:innen in den Berufsschulklassen erschweren es in manchen Regionen, insbesondere in großstädtischen Ballungszentren, genug Lernende für die Bildung stabiler, konfessioneller Religionsunterrichtsgruppen zusammen zu bringen. Zum Teil fällt der Berufsschul-Religionsunterricht (BRU) komplett aus; der Lehrkräftemangel tut hierzu gegenwärtig sein Übriges. Zugleich werden an manchen Berufsschulen alternative Organisationsformen zum regulären, konfessionell getrennt organisierten BRU angeboten. Dieses häufig etwas geringschätzig als »Graubereich« bezeichnete Praxisfeld ist meistens nicht offiziell geregelt und folglich auch nicht hinreichend evaluiert. Gleichwohl verheißen manche dieser lokalen Organisationsformen Potenzial, um auf die Herausforderungen zu reagieren, mit denen der BRU gegenwärtig konfrontiert ist.

Angesichts dieser Ausgangslage hat das Bayerische Staatsministerium für Unterricht und Kultus in Zusammenarbeit mit der Evangelisch-Lutherischen Kirche in Bayern und dem Katholischen Büro Bayern in Vertretung der bayerischen (Erz-)Bistümer ab Schuljahr 2019/20 ein wissenschaftlich begleitetes Schulprojekt zur *Stärkung des konfessionellen Religionsunterrichts an Berufsschulen* (StReBe) ins Leben gerufen. Die Initiative zielte darauf, in einem Bottom-up-Prozess alternative Organisationsformen des BRU zu entwickeln, welche die Berufsschulen angesichts der verschiedenen Herausforderungen bei der Organisation dieses Unterrichtsfaches dauerhaft unterstützen. Dies erfolgte in enger Zusammenarbeit mit ausgewählten Projektschulen. Im Austausch mit Schullei-

:ungen, Lehrkräften, sowie Schüler:innen galt es, alternative Organisationsmodelle zu entwickeln sowie diese mittels wissenschaftlicher Begleitforschung bezüglich ihrer Potenziale und Grenzen zu untersuchen.

Die wissenschaftliche Projektbegleitung bei der Entwicklung der alternativen
Organisationsmodelle sowie die wissenschaftliche Begleitforschung war am
Lehrstuhl für Religionspädagogik und Didaktik des Religionsunterrichts der
Otto-Friedrich-Universität Bamberg (Institut für katholische Theologie) sowie
am Lehrstuhl für Praktische Theologie und Religionspädagogik der Humboldt-
Universität zu Berlin (Theologische Fakultät) angesiedelt. Das vorliegende Buch
dokumentiert das StReBe-Projekt und legt dabei zentrale Ergebnisse der drei
projektbegleitenden Datenerhebungen vor. Als Forschungsgruppe bedanken wir
uns bei allen beteiligten Institutionen und Personen, die zur Entstehung und zum
Gelingen dieses Projekts beigetragen haben, allen voran bei den Projektträgern
und finanziellen Förderern: dem Bayerischen Staatsministerium für Unterricht
und Kultus, der Evangelisch-Lutherischen Kirche in Bayern und dem Katholischen Schulkommissariat Bayern, das unter dem Dach des Katholischen Büro
Bayern alle bayerischen (Erz-)Diözesen in schulischen Belangen repräsentiert.

Im Besonderen möchten wir den Mitgliedern des StReBe-Entscheidungsgre-
miums, Ministerialrat Dr. *Alfons Frey* (bis 2023 Leiter des Referats VI.4 des
Bayerischen Staatsministeriums für Unterricht und Kultus), Dr. *Margaretha
Hackermeier* (Katholisches Büro Bayern), Direktor a. D. *Klaus Buhl* und seinem
Nachfolger Direktor Dr. *Jürgen Belz* (Evangelisch-Lutherische Kirche in Bayern;
Leiter des RPZ Heilsbronn) und StD *Matthias Tilgner* (bis 2022 Referatsleiter
»Erziehung, Bildung, Unterricht« im Landeskirchenamt der Evangelisch-Lu-
therischen Kirche in Bayern) für ihr Vertrauen danken, uns mit der wissen-
schaftlichen Begleitforschung zum StReBe-Projekt zu beauftragen; auch das
aufmerksame Interesse an den Erträgen des Projekts und deren produktives
Aufgreifen zur Weiterentwicklung des BRU haben wir sehr geschätzt.

Ein großes Dankeschön gilt StDin *Katrin Wilhelm* (bis 2023 Pädagogische
Mitarbeiterin im Referat VI.4 des bayerischen Kultusministeriums), die mit
beeindruckender Umsicht alle »StReBe-Fäden« in der Hand gehalten und die
verschiedenen Akteursgruppen professionell und wertschätzend koordiniert hat.
Auch für unsere Anliegen hatte sie immer ein offenes Ohr und manch unkom-
plizierten Lösungsvorschlag parat.

Beraten wurde das StReBe-Projekt durch einen multiprofessionell zusammengesetzten Beirat, dessen Expertise sich in den vier Projektjahren als äußerst
hilfreich erwiesen hat. Entsprechend dankbar sind wir den Beiratsmitgliedern
Heide Hahn (bis 2023 Referatsleiterin Berufliche Schulen am Religionspädagogischen Zentrum Heilsbronn), Direktor i. R. Dr. *Ferdinand Herget* (bis 2022
Direktor des Religionspädagogischen Zentrums Bayern, München), StD *Martin
Krauß* (Vertreter des Verbands der Lehrer an Beruflichen Schulen in Bayern) und

OStD *Matthias Zimpel* (Leiter der Staatlichen Berufsschule III Fürth, Vertreter der Berufsschul-Schulleitungen) für die stets produktive und kollegiale Zusammenarbeit.

Unser herzlicher Dank gilt auch den projektbeteiligten Lehrkräften, den Schulleitungen und den Schüler:innen der acht StReBe-Projektschulen, die uns durch ihre Offenheit und ihr Engagement im Rahmen der Erhebungen einen umfassenden Einblick in den konfessionellen Religionsunterricht in Bayern ermöglicht und zusammen mit uns an dessen Weiterentwicklung gearbeitet haben. Ebenso danken wir StR *Simon Quoika*, dem Leiter des StReBe-Arbeitskreises, der am Staatsinstitut für Schulqualität und Bildungsforschung (ISB) München parallel zum Projektzeitraum 2019–2023 eingerichtet war. Sehr dankbar sind wir dafür, dass die Publikation der vorliegenden Studie durch das Erzbistum Bamberg sowie den Open-Access-Publikationsfonds der Otto-Friedrich-Universität Bamberg gefördert worden ist.

Im Besonderen möchten wir auch *Angela Grüner* danken, die als Sekretärin am Lehrstuhl für Religionspädagogik und Didaktik des Religionsunterrichts der Otto-Friedrich-Universität Bamberg im Hintergrund die Koordination und Organisation unterschiedlicher Projektveranstaltungen übernahm. Ebenso gebührt unser Dank den Wissenschaftler:innen des religionspädagogischen Forschungsseminars an der Universität Bamberg, die den Forschungsprozess mit ihrer Expertise unterstützt haben. Abschließend danken wir den studentischen Mitarbeiter:innen *Anna Maria Lohberger, Eva-Maria Neuberger, Emma Soderer* und *Laura Zeder* (Otto-Friedrich-Universität Bamberg) sowie *Frieda Borgert* und *Benedikt Busch* (Humboldt-Universität zu Berlin), die beim Transkribieren des Datenmaterials und beim Korrekturlesen dieser Publikation mitgewirkt haben.

Konstantin Lindner, Henrik Simojoki, Laura Rudroff und Magdalena Endres

1. Einleitung: Wie wird der konfessionelle Religionsunterricht vor Ort organisiert? Annäherungen an eine religionspädagogisch vernachlässigte Gestaltungsherausforderung

Dieses Buch reflektiert eine Herausforderung, die Schulleitungen und Religionslehrkräfte aus ihrer tagtäglichen Praxis bestens kennen: Die Organisation des konfessionellen Religionsunterrichts »vor Ort« gestaltet sich zunehmend komplex.

Ein Teil dieser Komplexität erwächst aus der im Grundgesetz verankerten Konfessionalität des Religionsunterrichts (vgl. Art. 7 Abs. 3 GG). Der religionsdidaktische Mehrwert einer Bekenntnisbindung des Religionsunterrichts ist in der religionspädagogischen Diskussion der letzten Jahre vielfältig herausgearbeitet worden (vgl. als Überblick: Schweitzer, 2017): Sie entspricht der religiös-weltanschaulichen Neutralität des Staates, trägt dem Grundrecht auf positive Religionsfreiheit Rechnung, integriert die Erste-Person-Perspektive religiöser Wirklichkeitsdeutung und ist für existenzielle Erfahrungen sowie wahrheitsbezogene Kommunikation offen. Sofern er dialogisch ausgestaltet wird, bietet der konfessionelle Religionsunterricht ein Setting, in dem sich Kompetenzen reflektierter Positionalität und wertschätzender Verständigung ausbilden können.

Allerdings hat die Bekenntnisbindung auch ihren Preis: Der konfessionelle Religionsunterricht ist aufwändiger zu organisieren als die Alternative einer rein staatlich verantworteten Religionskunde (vgl. Alberts, Junginger, Neef & Wöstemeyer, 2023), die keine Bildung von konfessionsorientierten Schüler:innengruppen erfordert, sondern sich an alle Lernenden einer Klasse richtet. Wenn Religionsunterricht, wie in Art. 7 Abs. 3 GG rechtlich geregelt, in Übereinstimmung mit den Grundsätzen der Religionsgemeinschaften erteilt wird, haben alle anerkannten Religionsgemeinschaften das Recht, einen eigenen Religionsunterricht anzubieten, sofern die erforderliche Mindestzahl an Schüler:innen erreicht wird. Angesichts der für Deutschland historisch bestimmenden Kopräsenz des evangelischen und katholischen Christentums hatte das zunächst zur Folge, dass es für den Religionsunterricht vielfach zwei parallele Fachangebote gab und in mehreren Bundesländern auch noch gibt: eines für die evangelischen und eines für die katholischen Schüler:innen. Mit der wachsenden religiösen Pluralisierung hat sich in einigen Bundesländern das potenzielle Spektrum an bekenntnisgebundenen Fachangeboten jedoch weiter ausdifferenziert, sowohl in konfessioneller (zum orthodoxen Religionsunterricht vgl. Kiroudi, 2021; Simojoki, Danilovich, Schambeck & Stogiannidis, 2022) als auch in religiöser Hinsicht (zum jüdischen Religionsunterricht vgl. Klapheck, Landthaler & Rappoport, 2019). Breitflächiger etabliert haben sich – in regional unterschiedlicher Struktur und Profilierung – Varianten eines islamischen Religionsunterrichts (Ulfat, Engelhardt & Yavuz, 2022).

Jedoch ist die Ausdifferenzierung von Gestaltungsformen des bekenntnisgebundenen Religionsunterrichts nur ein Aspekt der organisatorischen Komplexitätssteigerung religiös-weltanschaulicher Pluralisierung. Aufgrund des Grundrechtes auf negative Religionsfreiheit im Sinne von Art. 4 GG steht es religionszugehörigen Schüler:innen bzw. den Erziehungsberechtigten frei, über ihre Teilnahme oder Nichtteilnahme am konfessionellen Religionsunterricht ihrer Konfession bzw. Religionsgemeinschaft zu entscheiden. Da die Zahl von Schüler:innen, die keiner Religionsgemeinschaft zugehören oder die von ihrem Recht auf Abmeldung Gebrauch machen, bundesweit wächst, haben diejenigen Bundesländer, in denen der Religionsunterricht nach Art. 7 Abs. 3 GG organisiert wird, ein Ersatzfach bzw. Alternativfach zum Religionsunterricht eingerichtet (Thyen, 2015). In vielen Regionen und Schulen Deutschlands nimmt die Zahl der Schüler:innen, die das nicht konfessionell gebundene Fachangebot bevorzugen, kontinuierlich zu.

Diese Entwicklungen haben in der Religionspädagogik wie auch in Kontexten schulischer Bildungssteuerung eine intensive Debatte um die Weiterentwicklung des Religionsunterrichts in Deutschland ausgelöst. Die vorliegende Publikation trägt zu dieser Diskussion bei, indem sie im spezifischen Kontext bayerischer Berufsschulen danach fragt, wie der konfessionelle Religionsunterricht auf der lokalen Schulebene organisiert wird und wie dieses Fach weiterentwickelt werden kann. Im Fokus stehen die Akteur:innen vor Ort (Lehrkräfte, Schulleitungen und natürlich Schüler:innen), deren Problemwahrnehmungen, Handlungsperspektiven und Gestaltungspraktiken als Ressource für die Weiterentwicklung des konfessionellen Religionsunterrichts aufgefasst werden.

Diese Zielperspektive soll im Folgenden schrittweise entfaltet werden. Zunächst wird sie in Auseinandersetzung mit dem religionspädagogischen Gegenwartsdiskurs um die Organisation des Religionsunterrichts nach drei Richtungen profiliert und geschärft (1.1). Danach richtet sich der Blick auf den für dieses Buch ausschlaggebenden Kontext der bayerischen Berufsschulen, in dem sich viele Organisationsherausforderungen des Religionsunterrichts noch einmal zuspitzen (1.2). Vor diesem Hintergrund wird dann das Projekt »Stärkung des konfessionellen Religionsunterrichts an Berufsschulen in Bayern« (StReBe) vorgestellt (1.3), das die Grundlage für die in diesem Band schrittweise präsentierten und ausgewerteten empirischen Erhebungen bildet (1.4).

1.1 Zwischen Zukunft und Gegenwart, Modellen und Praktiken, Top-Down- und Bottom-Up-Logik: Spannungsfelder im religionspädagogischen Diskurs um die Organisation des Religionsunterrichts

Wenn es im religionspädagogischen Diskurs um die organisatorischen Gestaltungsformen des Religionsunterrichts geht, richtet sich der Blick auffällig oft in die *Zukunft* (vgl. beispielsweise Sekretariat der DBK, 2016; Lindner, Schambeck, Simojoki & Naurath, 2017; Riegel, 2018; Domsgen & Schwillus, 2019; Tuna & Juen, 2021; Krobath & Taschl-Erber, 2023). Die im Vergleich zu anderen Fächern eher ungewöhnliche Konzentration auf die Suche nach einer zukunftsfähigen Fachstruktur erwächst aus der weithin geteilten Einschätzung, dass »der Religionsunterricht nicht so bleiben kann, wie er ist« (Naurath, 2017, S. 23) – und ist daher ebenso plausibel wie notwendig. Die Daten der jüngsten repräsentativ angelegten Kirchenmitgliedschaftsuntersuchung bestätigen diese Veränderungsnotwendigkeit. 85 % der Befragten stimmen der Aussage zu: »Das Schulfach Religion sollte neutral über alle Religionen informieren, ohne sich einer bestimmten religiösen oder weltanschaulichen Richtung verpflichtet zu fühlen« (EKD, 2023, S. 56). Unter den befragten Evangelischen liegt die Zustimmung bei 81 %, unter den Katholik:innen bei 77 %. Die (mono-)konfessionelle Anlage des Religionsunterrichts hat demnach gegenwärtig einen hohen gesellschaftlichen Plausibilitätsverlust zu verzeichnen.

Allerdings ergibt sich daraus eine Ungleichzeitigkeit, die in der Diskussion um den Religionsunterricht teilweise nicht wirklich im Blick ist. Denn dieser Diskurs wird – noch einmal: aus nachvollziehbaren Gründen – von Organisationsformen dominiert, die über den herkömmlichen konfessionellen Religionsunterricht hinausgehen. Ein besonderer Schwerpunkt liegt auf dem konfessionell-kooperativen Religionsunterricht, der in mittlerweile sieben Bundesländern entweder eingeführt oder erprobt wird (vgl. Sajak & Simojoki, 2023). Evaluationsstudien liegen für Baden-Württemberg (Kuld, Schweitzer, Tzscheetzsch & Weinhardt, 2009), Niedersachsen (Gennerich & Mokrosch, 2016), Hessen (Gennerich, Käbisch & Woppowa, 2021) und Nordrhein-Westfalen (Riegel & Zimmermann, 2022) vor. In Niedersachsen wird der konfessionell-kooperative Religionsunterricht aktuell in einen von den evangelischen Landeskirchen und katholischen Bistümern gemeinsam verantworteten Christlichen Religionsunterricht überführt (Heinig, Hense, Lindner & Simojoki, 2024). Noch weiter reicht der gemeinsame Verantwortungsrahmen im ebenfalls evaluierten und intensiv diskutierten Hamburger Modell eines »Religionsunterricht für alle«, der in seiner aktuellen Form von mehreren Religionsgemeinschaften getragen und multitheologisch ausgerichtet wird (vgl. IfBQ, 2018; Bauer, 2020). Angesichts der

Aufmerksamkeit, die diese Modelle der Weiterentwicklung des konfessionellen Religionsunterrichts zu Recht erhalten, gerät leicht in Vergessenheit, dass, rein quantitativ gesehen, der bei Weitem überwiegende Anteil konfessionellen Religionsunterrichts in Deutschland immer noch im herkömmlichen Organisationsrahmen eines evangelischen oder katholischen Religionsunterrichts erteilt wird (vgl. die Länderberichte in Rothgangel & Schröder, 2020; Bayerisches StMUK, 2023b). Dies gilt in besonderer Weise für Bayern, das unter den Bundesländern Deutschlands der Kontext ist, in dem sich der traditionelle konfessionelle Religionsunterricht als bestimmende Gestaltungsform des Religionsunterrichts bislang am ungebrochensten erhalten hat (vgl. Lindner & Simojoki, 2020). Auch wenn davon auszugehen ist, dass die Verhältnisse und Proportionen in der Zukunft anders ausfallen werden, darf doch auch mit Blick auf die Organisation des Religionsunterrichts die Gegenwart nicht gänzlich von der Zukunft überlagert werden. Denn dann verliert die religionspädagogische Forschung an Orientierungskraft für diejenigen Akteur:innen im Feld schulischer Bildung, deren Arbeit durch den »normalen« Rahmen des konfessionellen Religionsunterrichts bestimmt und angesichts der oben genannten Entwicklungen herausgefordert wird.

Dies gilt umso mehr, wenn man ein weiteres Spannungsfeld hinzuzieht, das die religionspädagogische Debatte um die Organisation des Religionsunterrichts durchzieht, nämlich die Relation von *Modellen* und *Praktiken*. Denn diese Debatte wird vorwiegend auf der Modellebene geführt. Im Fokus steht das bereits oben genannte Set von Gestaltungsvarianten – mit einem makrokontextuellen Bezugsrahmen, der zumeist auf der für Deutschland bildungspolitisch ausschlaggebenden Steuerungsebene von Bundesländern angesiedelt ist. So einleuchtend dies im Hinblick auf die Makroebene von Fachentwicklung ist, droht dadurch doch die für die Gestaltung des Religionsunterrichts ausschlaggebende Organisationsebene »vor Ort« ausgeblendet zu werden. Verlagert man den Blickwinkel hingegen weg von der Modellebene auf die lokalen Organisationspraktiken, rücken Organisationsvollzüge und -beziehungen in den Blick, die religionspädagogisch oft nur wenig bedacht werden, obwohl sie für das Wohl und Wehe des Religionsunterrichts an öffentlichen Schulen von entscheidender Bedeutung sind: die Einpassung des Religionsunterrichts in die Stundentafel des Schuljahres, die Organisation der Gruppenbildung zu Schuljahresbeginn (einschließlich der Ab- und Ummeldungen), das Zusammenwirken von Religionslehrkräften und Schulleitung bei der Bewältigung der Organisationsaufgaben, die Interaktion mit den an diesen Prozessen notwendigerweise beteiligten Klassenlehrkräften, das Verhältnis zu kirchlichen und staatlichen Entscheidungsträger:innen – und natürlich die Perspektive der Schüler:innen als den für die Fachentwicklung ausschlaggebenden Akteur:innen, die sich jedoch in der Regel nur wenig für organisatorische Fragen des Religionsunterrichts interessieren (vgl. dazu die in dieser Hinsicht instruktiven Schüler:inneninterviews bei Wolst, 2020).

Vor diesem Hintergrund verdienen Überlegungen von Hanna Roose Beachtung, die einen »komplexitätssensiblen« Blick auf das Verhältnis zwischen programmatisch aufgeladenen Organisationsmodellen von Religionsunterricht und der Eigenlogik schulischer Praxis geworfen hat (Roose, 2020). Ausgangspunkt ihrer Überlegungen ist die systemtheoretisch geschärfte Einsicht, dass schulische Praxis nur einen gewissen Grad an Komplexität verarbeiten kann. Wenn das bewältigbare Level an systemischer Komplexität überschritten wird, reagieren die Akteur:innen im System Schule mit (zumeist bewussten) Strategien und/oder (teils unbewussten) Praktiken der Komplexitätsreduktion. Diese Einsicht ist religionsdidaktisch von besonderer Brisanz, bringt doch, wie oben ausgeführt, die für das konfessionelle Modell Deutschlands kennzeichnende »Auffächerung des Feldes religiös-ethischer Bildung in der Schule in der Regel eine Komplexitätssteigerung auf der Organisationsebene mit sich« (Roose 2020, S. 94). Auch Roose macht geltend, dass die strukturell bedingte Grundkomplexität des Religionsunterrichts durch die religions- und konfessionsdemografischen Transformationen im Sinne von Entkonfessionalisierung, Säkularisierung und religiöser Pluralisierung weiter erhöht wird – was wiederum den Reaktionsdruck auf der Handlungsebene steigen lässt. Dabei kann es zu Dynamiken des Komplexitätsabbaus kommen, die den konzeptionellen Intentionen der Religionspädagogik entgegenlaufen. Roose veranschaulicht an drei Beispielen, wie die schulische Praxis an der religionspädagogischen Programmatik vorbei Komplexität reduziert: »Sie setzt entweder die Bearbeitung der [konfessionellen] Bindung weitgehend aus und geht stattdessen religionskundlich vor, sie homogenisiert die Schülerschaft, indem sie konfessionslose Kinder als ungetaufte evangelische Kinder vereinnahmt, oder sie exkludiert muslimische Kinder aus intersubjektiven Dialogen« (Roose, 2020, S. 98). Brisant ist Rooses Beobachtung, dass in den beiden prominentesten Modellen der Weiterentwicklung des konfessionellen Religionsunterrichts, dem konfessionell-kooperativen Religionsunterricht (in seiner nordrhein-westfälischen Variante) und dem »Religionsunterricht für alle« in Hamburg Komplexitätssteigerungen sowohl auf der organisatorischen als auch auf der unterrichtlichen Ebene vorgesehen sind (Roose, 2020, S. 94, 100–107). Dadurch werde die Gefahr erhöht, dass sich in Schule und Unterricht Praktiken der Komplexitätsreduktion ausbilden, welche die programmatischen Anforderungen unterlaufen. Entscheidend sei daher, »dass Organisationsmodelle und die ihnen zugehörigen Programmatiken sich auf ein Maß an Komplexität beschränken, das das System Unterricht strukturell auch bearbeiten kann« (Roose, 2020, S. 107).

Die Spannung zwischen den programmatisch-strukturellen Reformvorstellungen und schulischen Alltags- und Regelpraktiken rührt auch daher, dass

Modelle für die Weiterentwicklung des konfessionellen Religionsunterrichts zumeist einer *Top-Down-Logik* folgen. Beispielhaft zeigt sich dies am konfessionell-kooperativen Religionsunterricht. Gestaltungsrahmen und Reichweite der konfessionellen Zusammenarbeit werden durch zwischenkirchliche Kooperationsvereinbarungen festgelegt, die im Einzelnen bemerkenswert unterschiedlich ausfallen. Die Erfolgsgeschichte des konfessionell-kooperativen Religionsunterrichts hat sicherlich damit zu tun, dass diese Top-Down-Logik in den wichtigsten Implementierungs- und Innovationskontexten von einer anspruchsvoll angelegten empirischen Begleitforschung flankiert wurde und wird. Allerdings bleibt es in allen Fällen beim Prae des kirchlichen Vereinbarungsrahmens. Denkbar wäre aber auch eine andere Reihenfolge: nämlich sich im Sinne einer *Bottom-Up-Logik* zunächst mit den lokalen Organisationspraktiken auf Schulebene auseinanderzusetzen, um auf dieser Basis Eckpunkte, Freiräume und Perspektiven für lokal passende Gestaltungsformen des Religionsunterrichts zu entwickeln.

1.2 Ein Fall für sich: der Religionsunterricht als Organisationsherausforderung an bayerischen Berufsschulen

Ein solcher Bottom-Up-Zugang eignet sich besonders für das breitgefächerte Feld der beruflichen Bildung, das in der bisherigen Forschung zur organisatorischen Weiterentwicklung des konfessionellen Religionsunterrichts eher wenig Aufmerksamkeit gefunden hat. So ist beispielsweise sowohl in den zwischenkirchlichen Kooperationsvereinbarungen als auch in der empirischen Begleitforschung zum konfessionell-kooperativen Religionsunterricht vornehmlich der Religionsunterricht an Grundschulen und in der Sekundarstufe I in den Blick genommen worden. Überraschend ist dieser Befund insofern, als sich die Herausforderungen, denen die weiterentwickelten Varianten des konfessionellen Religionsunterrichts zu begegnen versuchen, an Berufsschulen in besonderer Weise bemerkbar machen. Um es mit Bernhard Grümme auszudrücken: »Nirgendwo ist die Religionspädagogik so mit Heterogenität konfrontiert als im Berufsschulreligionsunterricht« (Grümme 2016, S. 141).

Bei näherem Hinsehen ist die insgesamt eher stiefmütterliche Stellung der beruflichen Bildung in den Bemühungen um organisatorische Weiterentwicklung des Religionsunterrichts aber fast schon erwartbar. Denn die für die allgemeinbildenden Schulen entwickelten konzeptionellen und strukturellen Weichenstellungen lassen sich in der Regel nicht einfach auf die Berufsschulen übertragen, weil Bildungsgänge im doppelten Bezugshorizont von Schule und

Ausbildungsbetrieb hier einer anderen, wesentlich komplexeren Organisationslogik folgen.

Da für die vorliegende Untersuchung der bayerische Kontext ausschlaggebend ist, sollen Grundstrukturen des Berufsschulsystems in aller Kürze am Beispiel seiner Ausgestaltung in Bayern in knapper Form vor Augen geführt werden, um die Anforderungszusammenhänge des konfessionellen Berufsschulreligionsunterrichts (BRU) kontextgerecht erschließen zu können. Obwohl die Gemeinsamkeiten bei der Umsetzung der dualen Berufsausbildung in Deutschland überwiegen, unterscheidet sich die formale Organisation der beruflichen Bildung auf Bundesländerebene doch wesentlich (Schwafferts, 2018, S. 43).

Die *Berufsschule in Bayern* zeichnet sich durch ihre enge Verknüpfung von theoretischem Wissenserwerb und praktischer Erfahrung aus. Sie bildet gemeinsam mit dem Ausbildungsbetrieb den dualen Ausbildungsansatz ab, bei dem die Auszubildenden sowohl im Betrieb als auch in der Berufsschule lernen. Diese Kombination ermöglicht es den Auszubildenden, ihr theoretisches Wissen in der Praxis anzuwenden und umgekehrt. Der Bildungsgang an Berufsschulen umfasst die Jahrgangsstufen 10 bis 12 bzw. 10 bis 13. Im Vordergrund steht die Vermittlung fachtheoretischer Kenntnisse für den jeweiligen Ausbildungsberuf. Ebenso in den Stundentafeln vertreten sind die allgemeinbildenden Unterrichtsfächer »Religionslehre, Ethik, Islamischer Unterricht, Deutsch und Politik und Gesellschaft [mit] mindestens je drei Jahreswochenstunden, verteilt auf die Regelausbildungsdauer des Ausbildungsberufs« (Schulordnung für die Berufsschulen in Bayern – BSO, Anlage 1 [zu § 9 Abs. 1]).

Grundsätzlich unterscheidet man zwischen berufsschulpflichtigen und berufsschulberechtigten Schüler:innen. Berufsschulpflichtig sind all jene Schüler:innen, die laut Bayerischem Gesetz für das Erziehungs- und Unterrichtswesen (BayEUG) Art. 39 »in einem Ausbildungsverhältnis nach dem Berufsbildungsgesetz oder der Handwerksordnung stehen«. Dies gilt bis zum Ende des Schuljahres, in dem sie das 21. Lebensjahr vollendet haben. Bis zur Erfüllung ihrer Schulpflicht von insgesamt zwölf Jahren sind auch Jugendliche ohne Ausbildungsverhältnis berufsschulpflichtig. Berufsschulberechtigt sind beispielsweise Auszubildende mit Hochschulzugangsberechtigung, also jene Schüler:innen, die ihre Schulpflicht bereits erfüllt haben (Art. 40 BayEUG).

Berufsschulberechtigte Schüler:innen können sich von Leistungsnachweisen im Pflichtfach Englisch befreien (§ 12 BSO). Mit Einwilligung der Schulleitung ist ebenfalls eine Befreiung von den Fächern Religionslehre, Ethik, Islamischer Unterricht oder Deutsch möglich (§ 4 BSO). Auch berufsschulpflichtige Schüler:innen können sich vom Religionsunterricht innerhalb der ersten zwei Wochen nach Unterrichtsbeginn abmelden und müssen dann am Ethikunterricht teilnehmen, sofern dieser angeboten wird (§ 27 Abs. 3 Bayerische Schulordnung – BaySchO).

Entsprechend zu den Anträgen im Falle einer Abmeldung vom konfessionellen Religionsunterricht bzw. Ethik bedarf es auch einer Antragstellung, wenn Schüler:innen, die keiner Religionsgemeinschaft angehören oder für deren Bekenntnis aus schulorganisatorischen Gründen kein Unterricht angeboten werden kann, am Religionsunterricht einer anderen Glaubensrichtung teilnehmen möchten. In diesem Fall müssen gemäß § 37 BaySchO folgende Voraussetzungen erfüllt sein:

– schriftlicher Antrag der Erziehungsberechtigten bzw. der volljährigen Schülerin bzw. des volljährigen Schülers an die Schulleitung;
– kein Entgegenstehen zwingender schulorganisatorischer Gründe;
– Zustimmung der zuständigen Stelle der Kirche oder Religionsgemeinschaft, für deren Bekenntnis der betreffende Religionsunterricht eingerichtet ist; diese Stelle bestimmt sich nach dem Recht dieser Religionsgemeinschaft (kath.: örtlich zuständiges Ordinariat, ev.: örtlich zuständige:r Dekan:in bzw. Schulbeauftragte:r);
– bei Schüler:innen eines anderen Bekenntnisses ist dem Antrag zusätzlich das schriftliche Einverständnis der zuständigen Stelle der Religionsgemeinschaft beizufügen, der die betreffenden Schüler:innen angehören.

Wenn die Zustimmung der zuständigen Stelle(n) vorliegt, spricht die Schulleitung die Zulassung zur Teilnahme aus.

In Bezug auf die Notengebung im BRU ist Folgendes geregelt: Die Schüler:innen erhalten im Zeugnis eine Note in dem von ihnen tatsächlich besuchten konfessionellen Religionsunterricht, unabhängig von der eigenen Bekenntniszugehörigkeit, mit einem entsprechenden Zeugnisvermerk, sollte der besuchte Religionsunterricht nicht der eigenen Konfession entsprechen. Beachtenswert ist auch, dass die im konfessionellen Religionsunterricht erzielte Jahresendnote gleichwertig in den Notendurchschnitt des Berufsschulabschlusszeugnisses eingerechnet wird (§ 17 Abs. 3 BSO), was nicht zuletzt für berufsschulberechtigte Schüler:innen einen Anreiz zur Teilnahme darstellen kann.

An der Berufsschule finden verschiedene Unterrichtszeitmodelle Anwendung: Teilzeitunterricht und Vollzeitunterricht. Während Vollzeitunterricht lediglich im Berufsgrundschuljahr und im Berufsvorbereitungsjahr umgesetzt wird, bildet der Teilzeitunterricht das Gros der Beschulungsform an bayerischen Berufsschulen. Letztgenannte Form wiederum ist, je nach Ausbildungsberuf, als Einzeltagesunterricht oder als Blockunterricht implementiert. Im Rahmen des Einzeltagesunterrichts besuchen die Auszubildenden an einem Tag oder an zwei Tagen pro Woche die Berufsschule, während im Blockunterricht der Unterricht in zusammenhängenden Zeitabschnitten von ein bis drei Wochen durchgeführt wird: Beispielsweise besuchen die Schüler:innen zwei Wochen die Berufsschule und sind dann wieder sechs Wochen in ihrem Ausbildungsbetrieb, bis der nächste Berufsschulblock beginnt. Blockunterricht bietet sich vor allem für solche Berufszweige an, bei denen sich das Einzugsgebiet einer Berufsschule über einen relativ großen geographischen Raum erstreckt. Häufig ist für die Schüler:innen hier eine tägliche Anfahrt nicht zumutbar, weshalb sie für die Zeit des Berufsschulblocks die Möglichkeit haben, in nahegelegenen Wohnheimen zu schlafen.[1]

Die Lehrbefähigung für das *Lehramt an beruflichen Schulen* kann zum einen durch ein Studium der Berufspädagogik und Wirtschaftspädagogik in einer beruflichen Fachrichtung erworben werden, häufig auch in Verbindung mit einem allgemeinbildenden Fach. Darauf aufbauend ist die Ableistung des zweijährigen Vorbereitungsdienstes (Referendariat) mit erfolgreicher Ablegung der Zweiten Staatsprüfung verpflichtend. Bis zum Eintritt in den Vorbereitungsdienst ist der Nachweis eines einschlägigen Berufspraktikums (48 Wochen) notwendig, welches durch eine einschlägige abgeschlossene Berufsausbildung ersetzt werden kann. Ausnahme bilden die sogenannten Fachlehrer:innen, die einen einjährigen Vorbereitungsdienst bzw. ein einjähriges Bewährungsjahr mit erfolgreicher Ablegung der Qualifikationsprüfung vorweisen müssen.[2]

In folgenden Fachrichtungen kann an bayerischen Universitäten der Studiengang der Berufs- oder Wirtschaftspädagogik studiert werden:
- Agrarwirtschaft
- Bautechnik
- Elektro- und Informationstechnik
- Ernährungs- und Hauswirtschaftswissenschaften
- Gesundheits- und Pflegewissenschaften
- Metalltechnik
- Sozialpädagogik
- Wirtschaftswissenschaften

Abhängig vom Studienort können Zweitfächer, sogenannte Unterrichtsfächer, gewählt werden, wie zum Beispiel Evangelische oder Katholische Religionslehre. Diese beiden Unterrichtsfächer sind in Kombination mit dem Studium der Berufs-, Sozial- oder Wirtschaftspädagogik derzeit lediglich an wenigen Universitätsstandorten in Bayern studierbar: an der Otto-Friedrich-Universität Bamberg, der Friedrich-Alexander-Universität Erlangen-Nürnberg (nur Evangelische Religionslehre), der Ludwig-Maximilians-Universität München sowie der Technischen Universität München. Um den Bedarf an konfessionellem Religionsunterricht abdecken zu können, sind an vielen bayerischen Berufsschulen auch

---

1 Vgl. https://www.km.bayern.de/eltern/schularten/berufsschule.html (Abruf: 28.09.2023).
2 Vgl. https://www.km.bayern.de/lehrer/lehrerausbildung/berufliche-schulen.html (Abruf: 28.09.2023).

kirchliche Lehrkräfte über sogenannte Abstellungsverträge tätig. Hierbei handelt es sich beispielsweise um Pfarrer:innen, Diakon:innen, Religionslehrer:innen oder Religionspädagog:innen. Lehrkräfte im Kirchendienst sind häufig an mehreren Schulen bzw. Schularten gleichzeitig beschäftigt oder parallel in der Gemeindearbeit tätig.

Vor diesem Hintergrund wird deutlich, warum sich die Frage nach der Organisierbarkeit des Religionsunterrichts im dualen System der beruflichen Bildung noch einmal zuspitzt, trifft doch hier eine organisatorisch komplexe Fachstruktur auf einen organisatorisch komplexen Teilbereich des öffentlichen Schulwesens.

Wenn die vorliegende Untersuchung sich zur Aufgabe macht, Organisationspraktiken und -herausforderungen für den Religionsunterricht im Berufsschulkontext multiperspektivisch zu rekonstruieren, kann sie sich auf einen mittlerweile beträchtlichen Forschungsstand stützen. Denn der BRU ist in den letzten Jahrzehnten intensiv erforscht worden. Ein Löwenanteil der entsprechenden Forschungs- und Publikationsprojekte geht auf die kooperativ vernetzte Arbeit der drei einschlägigen Institute, dem Bonner evangelischen Institut für berufsorientierte Religionspädagogik (bibor), dem Evangelischen Institut für berufsorientierte Religionspädagogik (EIBOR) in Tübingen und dem Katholischen Institut für Berufsorientierte Religionspädagogik (KIBOR), ebenfalls in Tübingen, zurück. Die Forschungsergebnisse sind u. a. über die Reihe »Glaube – Wertebildung – Interreligiosität. Berufsorientierte Religionspädagogik« zugänglich.

Von den zum Abfassungszeitpunkt 30 Veröffentlichungen der Reihe sind zwei für die in diesem Buch bearbeitete Fragestellung von besonderer Relevanz. Der 2021 erschienene Band »Offene Konfessionalität« präsentiert die Erträge von mehreren seit 2015 initiierten Diskursen mit Expert:innen zum Profil des Religionsunterrichts an berufsbildenden Schulen (Gronover et al., 2021). Im Abschlussbeitrag führen Reinhold Boschki, Michael Meyer-Blanck und Friedrich Schweitzer (2021) vor dem Hintergrund der vorausgehend reflektierten Befunde aus den Delphi-Befragungen den Begriff der »offenen Konfessionalität« als »Leitkategorie für den künftigen Religionsunterricht an berufsbildenden Schulen« ein. Bemerkenswert ist, welche Rolle die organisatorische Dimension in der Argumentationsführung spielt. Diese wird von den Autoren vor allem auf der Voraussetzungsebene thematisiert: Auf der Linie der oben skizzierten Herausforderungslage rekurrieren sie auf das »*pragmatische Problem* der schulischen Organisierbarkeit von Religionsunterricht im beruflichen Schulwesen« (Boschki, Meyer-Blanck & Schweitzer, 2021, S. 224), das im oben skizzierten Sinne dargelegt und ebenfalls in den weiteren Kontext des gesellschaftlichen, kulturellen und religiösen Wandels gestellt wird. Die Autoren konstatieren hier eine Spannung, die sich folgendermaßen fassen lässt: Auf der einen Seite sei ein nach

Konfessionen und Religionen getrennter Religionsunterricht kaum mehr organisierbar, weshalb in den meisten Schulen ein gemeinsamer Religionsunterricht längst Realität sei. Auf der anderen Seite gebe es noch keine überzeugenden konzeptionellen Fundierungen dieser Praxis, die in der Regel nach einem religionspädagogischen unbefriedigenden Gast- bzw. Gastgeber-Modell erteilt wird: Die Religionslehrkraft bietet den Unterricht im Auftrag einer Religionsgemeinschaft an; die Schüler:innen, die einer anderen oder keiner Religionsgemeinschaft angehören, nehmen an diesem Unterricht als »Gäste« teil – wobei die Gäste immer öfter die Mehrheit der Lerngruppen ausmachen.

Die anschließend profilierte Perspektive einer »offenen Konfessionalität« setzt drei Akzente, die in unverkennbarer Kontinuität zu den Denkschriften der EKD (1994; 2014) entfaltet werden. Demnach ist der BRU der Zukunft
– »offen für alle Schülerinnen und Schüler, aber gleichzeitig erkennbar und transparent durch die Ausrichtung der Lehrkraft« (Boschki, Meyer-Blanck & Schweitzer, 2021, S. 234),
– »offen für die Interessen der Konfessionslosen und bei der didaktischen Ausgestaltung sensibel für ihre Perspektive« (ebd., S. 235),
– »offen für Kooperationen für mögliche Partner innerhalb des Christentums und über das Christentum hinaus« (ebd., S. 236).

Allerdings wird diese dreifache Offenheit nicht mehr an die auf der Voraussetzungsebene thematisierte organisatorische Komplexität des BRU rückgebunden. So sind etwa kooperative Modelle, ob intra- bzw. interreligiös gedacht oder auf den Ethikunterricht bezogen, im Kontext der oft zeitlich nicht synchronen Bildungsgänge an Berufsschulen weit anspruchsvoller zu realisieren als im allgemeinbildenden Schulwesen.

An diesem Punkt setzen nun die zwei Studien an, die in dem 2023 erschienenen Band »Neue Zeit- und Organisationsmodelle für den RU« vorgestellt und ausgewertet werden. Beide Studien befassen sich mit Modellen des BRU, in denen die traditionelle Zeitstruktur von in der Regel zwischen 45 und 90-minütigen Unterrichtsstunden zugunsten von längeren Zeiteinheiten aufgebrochen wird (Gronover, Schnabel-Henke, Schweitzer & Hiller, 2023). Unterschieden wird (wenngleich nicht durchgängig konsistent, vgl. Gronover, Schweitzer, Schnabel-Henke & Hiller, 2023, S. 22) zwischen Block-, Kurs-, Seminar- und Exkursionsmodellen (Gronover, 2023, S. 91).

Die zwei Studien unterscheiden sich in ihrem Forschungsdesign: In der EIBOR-Studie »Neue Organisationsmodelle« wird das in Baden-Württemberg eingeführte sog. Esslinger Modell des BRU im Block durch eine qualitative Befragung von Lehrpersonen und Schulleitungen sowie eine quantitative Schüler:innenfragebogenstudie untersucht (Schnabel-Henke, Bräuer, Losert & Schweitzer, 2023). Dagegen ist die KIBOR-Studie zu »Alternativen Zeitmodellen« ex-

plorativ angelegt: Bundesweit wurden 15 Religionslehrkräfte interviewt, an deren
Berufsschule der Religionsunterricht nach einem Block-, Kurs-, Zeit- oder Ex-
kursionsmodell erteilt wird (Gronover, 2023). In der abschließenden Zusammenschau (Hiller & Schnabel-Henke, 2023) werden Schlussfolgerungen artikuliert, die auch für die vorliegende Untersuchung relevant sind: Zunächst wird
deutlich, dass bei den untersuchten Modellen organisatorische und didaktische
Aspekte untrennbar miteinander verbunden sind. Längere Zeiteinheiten können
sich positiv auf die Beziehungsqualität und die thematische Erschließungstiefe
des BRU auswirken. Jedoch bringen die neuen Möglichkeiten auch neue Herausforderungen mit sich: Schüler:innen, die in außerordentlichen Zeitschienen
unterrichtet werden, können in dieser Zeit nicht bei den dualen Ausbildungspartnern eingesetzt werden. Auch krankheitsbedingte Ausfälle sind schwerer zu
kompensieren. Aufgrund des mit den neuen Modellen verbundenen Mehrauf-
wandes spielt die Motivation der Beteiligten eine zentrale Rolle.

Letztlich aber entscheidet sich der Mehrwert der untersuchten Modelle an der
organisatorisch-didaktischen Konstellation an der jeweiligen Schule vor Ort:
»Damit die Chancen des Lernens in längeren Zeiteinheiten genutzt werden
können, braucht es eine Passung zu den vorgefundenen Personen und Gegebenheiten« (Hiller & Schnabel- Henke, 2023, S. 147). Diese für die Fachentwicklung ausschlaggebende Perspektive einer lokalen Passung schließt eine
ganze Reihe von Faktoren ein: die Lerngruppen, die Religionslehrkräfte, die
Einbettung in den Stundenplan, die Abstimmung mit den dualen Partnern etc.
Damit wird die für das vorliegende Forschungs- und Entwicklungsprojekt lei-
tende Perspektive einer Fachentwicklung »von unten« durch die Befunde der
Studien weiter plausibilisiert.

1.3   Fachentwicklung »von unten«: das Forschungs- und Entwicklungsprojekt »Stärkung des konfessionellen Religionsunterrichts an bayerischen Berufsschulen« (StReBe)

Das Projekt »Stärkung des konfessionellen Religionsunterrichts an Berufsschulen« (StReBe) verdankt sich einer im religionspädagogischen Forschungskontext
bislang eher seltenen kooperativen Konstellation: Es wurde initiiert und getragen
vom Bayerischen Staatsministerium für Unterricht und Kultus, der Evangelisch-
Lutherischen Kirche in Bayern und dem Katholischen Schulkommissariat in
Bayern. Veranlasst wurde dieser Schulterschluss der Trägerinstitutionen durch
die oben skizzierte und in Bayern auch schulstatistisch fassbare Problemwahrnehmung, dass immer mehr Schulen bei der Organisation des konfessionellen
Religionsunterrichts an Grenzen stoßen. Ausgangspunkt dabei war das kom-

plexe, heterogene Bedingungsgefüge des BRU. Verschiedene Gründe struktureller, organisatorischer und religionsdemographischer Art trugen und tragen dazu bei, dass das Zustandekommen des konfessionellen Religionsunterrichts nicht an allen bayerischen Berufsschulen vollumfänglich gewährleistet werden konnte bzw. kann. An manchen Berufsschulen wurden schon vor Projektstart alternative Formen der Organisation des BRU initiiert, die in ihrer Grundidee Potenzial zur Stärkung des Religionsunterrichts versprechen, aber nicht hinreichend evaluiert sind.

Vor diesem Hintergrund entstand die Idee eines wissenschaftlich begleiteten Schulprojekts, das auf eine organisatorische Weiterentwicklung des BRU zielt, die den Herausforderungen und Potenzialen vor Ort gerecht wird. Diese Zielperspektive wurde in enger Verschränkung von Forschung und Entwicklung, Wissenschaft und Praxis eingeholt. Beteiligt waren acht Berufsschulen, die im Vorfeld des Projekts Schwierigkeiten hatten, den konfessionellen Religionsunterricht in seiner herkömmlichen, nach Konfessionen getrennten Form zu organisieren. Bei der Auswahl der Projektschulen, die im Rahmen eines vom Kultusministerium initiierten Bewerbungsverfahrens (vgl. Bayerisches StMUK, KMS VI.4-BS9402.1/4/ 9) gewonnen werden konnten, spielten verschiedene Faktoren eine Rolle: die regionale Verteilung nach Regierungsbezirken, Stadt-Land-Differenzen, konfessionsbezogene Majoritäts-Minoritäts-Situationen, Schulgröße, Schulprofil, Reformbedarf etc. An jeder Projektschule wurden sogenannte »Projektlehrkräfte« benannt, also Religionslehrkräfte, die an ihrer Schule die Funktion des Projektkoordinators bzw. der Projektkoordinatorin einnahmen und Verantwortung für die Umsetzung der Projektziele trugen.

Die wissenschaftliche Begleitung des auf vier Jahre (2019–2023) angesetzten StReBe-Projekts lag beim Lehrstuhl für Religionspädagogik und Didaktik des Religionsunterrichts am Institut für Katholische Theologie der Otto-Friedrich-Universität Bamberg und beim Lehrstuhl für Religionspädagogik und Praktische Theologie an der (Evangelisch-)Theologischen Fakultät der Humboldt-Universität zu Berlin. Der Prozess der wissenschaftlichen Begleitung gliederte sich in drei Phasen:

Die grundlegende *Phase der Basiserhebung* im Schuljahr 2019/2020 zielte auf eine empirisch gestützte Bestandsaufnahme der Situation des BRU aus der Sicht zentraler Akteur:innen (Schulleitungen, Religionslehrkräfte und Schüler:innen) an den StReBe-Projektschulen. Ergänzt wurden die Akteursperspektiven durch ethnografisch über teilnehmende Beobachtung gewonnene Einblicke in für die Fragestellung relevante Aspekte des Schulalltags. Dabei ging es einerseits darum, die organisatorischen Schwierigkeiten und Herausforderungen des BRU vor Ort kontext- und praxisnah zu erschließen. Andererseits diente die enge Wechselwirkung mit den Akteur:innen vor Ort bereits dazu, deren Erfahrungen und

Perspektiven für den weiteren Prozess der Fachentwicklung fruchtbar zu machen.

In der anschließenden Phase der *Konzeptentwicklung und -erprobung* wurden lokal passende, rechtlich abgesicherte und hinreichend flexible Organisationsformen des konfessionellen Religionsunterrichts entworfen, erprobt und wissenschaftlich ausgewertet. Gemäß der lokalen Ausrichtung des Schulprojekts lag die Initiative und Verantwortung für die lokalen Modelle bei den Projektlehrkräften (in Abstimmung mit den jeweiligen Schulleitungen), die aber engmaschig von den universitären Projektverantwortlichen beraten und begleitet wurden.

Abgeschlossen wurde der Forschungs- und Entwicklungsprozess durch eine *evaluative Auswertung der lokal entwickelten Organisationskonzepte* im Frühjahr 2022. Deren Erträge flossen ein in konkretisierende Empfehlungen für eine weitere Ausgestaltung des BRU in Kontexten, in denen er nicht mehr in seiner traditionellen, konfessionell ausdifferenzierten Form erteilt werden kann.

Auch die weitere Struktur des StReBe-Projekts sollte das Zusammenspiel der verschiedenen für die Fachentwicklung ausschlaggebenden Akteursebenen gewährleisten.

Um die organisatorische Fachentwicklung auch didaktisch zu flankieren, wurde unter der Leitung des Staatsinstituts für Schulqualität und Bildungsforschung München (ISB) ein *Arbeitskreis* eingerichtet, in dem die StReBe-Projektlehrkräfte für ihr Organisationskonzept geeignete Materialien entwickelten. Religionspädagogisch begleitet wurde der Arbeitskreis durch das Religionspädagogische Zentrum Bayern (katholisch) und das Religionspädagogische Zentrum Heilsbronn (evangelisch).

Eine wichtige Steuerungs- und Beratungsfunktion kam dem *Projektbeirat* zu, der aus Vertreter:innen der Religionspädagogischen Zentren, dem Leiter des ISB-Arbeitskreises, den Leitern der Forschungsgruppe, einer pädagogischen Mitarbeiterin des Bayerischen Staatsministeriums für Unterricht und Kultus, einem Vertreter der Berufsschul-Leitungen sowie einem Vertreter des Verbands der Lehrer an beruflichen Schulen in Bayern (VLB) bestand. Dieser Beirat befasste sich mit den im Projektverlauf produzierten Ergebnissen sowie identifizierten Herausforderungen und berichtete in regelmäßigen Abständen an das Gremium der Referatsleitenden. Dabei wurden auch Anregungen in Bezug auf die Bearbeitung der projektspezifischen, schulorganisatorischen Herausforderungen adressiert – z. B. zur Ausgestaltung eines vereinfachten Antragswesens oder bezüglich der zu ermöglichenden alternativen Unterrichtsorganisationssettings.

Die *Gesamtleitung* des Schulprojekts lag gleichermaßen bei den beiden Kirchen und beim Bayerischen Staatsministerium für Unterricht und Kultus, jeweils vertreten durch den:die für den Berufsschulreligionsunterricht zuständige:n Referatsleitende:n, welche unter Einbezug der Empfehlungen des Beirats sowie

auf Basis der von der Forschungsgruppe vorgelegten Evaluationen projektrele-
vante Entscheidungen zu treffen hatten.

Insgesamt erschloss das Schulprojekt im Kontext bayerischer Berufsschulen
Neuland. Durch StReBe

- wurde der konfessionelle Religionsunterricht an bayerischen Berufsschulen
  mehrperspektivisch erforscht und stärker in den Fokus des Interesses von
  Kultusministerium und Kirchen gerückt,
- wurden die komplexen, je nach lokalem Kontext heterogenen Rahmenbedingungen und die lokalen Organisationspraktiken des konfessionellen BRU
  beleuchtet,
- wurden bestehende Konzepte der Unterrichtsorganisation für einen konfessionellen BRU dokumentiert und ausgewertet,
- wurden für Schulen, an denen konfessioneller Religionsunterricht in seiner
  herkömmlichen Form nicht mehr oder nur noch mit hohem organisatorischem Aufwand angeboten werden konnte, alternative Organisationsmodelle
  eines konfessionellen BRU erprobt und evaluiert,
- wurden Unterstützungsmaterialien für die alternativen Organisationsmodelle
  entwickelt, und veröffentlicht.

1.4   Aufbau des Buchs

Der Aufbau des Buchs bildet die Struktur des StReBe-Projekts ab. Zunächst
werden das Forschungsdesign und die forschungsmethodischen Grundentscheidungen der in mehrere Projekt- und Erhebungsphasen aufgeteilten Untersuchung dargelegt und begründet (2.). Darauf folgen verdichtete Fallportraits
zu den am Projekt beteiligten Berufsschulen, in denen der konfessionelle Religionsunterricht nicht oder kaum mehr in seiner herkömmlichen Form angeboten werden kann (3.). Anschließend werden zentrale Ergebnisse der für die
Organisationsentwicklung grundlegenden Basiserhebung präsentiert. Die kategoriengeleitete Auswertung fokussiert sich auf die organisatorischen Gestaltungsherausforderungen und fördert eine Vielzahl erschwerender Faktoren zutage, die in ihrem Zusammenspiel die Gewährleistung des schulischen Religionsunterrichts gefährden und teilweise unmöglich machen (4.). Danach wird die
Interpretationsperspektive auf andere Qualitätsdimensionen des Religionsunterrichts ausgeweitet, die, wie das Kapitel zeigt, aufs Engste von den diagnosti-
zierten Organisationsschwierigkeiten tangiert werden (5.). Vor diesem Hintergrund werden dann die Ergebnisse der Entwicklungs-, Erprobungs- und Auswertungsphase des StReBe-Projekts präsentiert und reflektiert (6.). In der
mehrschrittig angelegten Auswertung zeigt sich: Die lokal eingeführten Organisationskonzepte bewähren sich vor allem dann, wenn die gesamtschulische

Organisationskomplexität des BRU verringert wird. Besonders herausgefordert wurden die Akteur:innen vor Ort durch die pandemiebedingten Schutzregelungen, die sich rückblickend als Stresstest für die Stabilität des jeweils erprobten Organisationskonzepts erwiesen. Ein Abschlusskapitel (7.) bündelt den Ertrag der Untersuchung wie auch des gesamten StReBe-Projekts, das in einem erweiterten Erprobungsrahmen (8.) fortgesetzt wird.

2.   Forschungsinteresse und Forschungsdesign: das qualitativ-empirische Setting

Die StReBe-Studie wurde – wie oben bereits kurz skizziert – in drei Phasen durchgeführt: Eine *Basiserhebung* im Schuljahr 2019/2020 zielte auf eine empirisch gestützte Bestandsaufnahme der Situation des BRU aus der Sicht zentraler Akteur:innen ab. Die dabei herausgearbeiteten Befunde lieferten die Grundlage für eine mehrjährige, wissenschaftlich begleitete *Konzeptentwicklungs- und -erprobungsphase* in den Schuljahren 2020/21 und 2021/22 an den jeweiligen Projektschulen. Auf Basis der jeweils identifizierten Herausforderungen galt es, alternative Organisationsformen der Ausgestaltung sowie der Stärkung des konfessionellen Religionsunterrichts an Berufsschulen evidenzbasiert zu entwickeln. Da die Covid-19-Pandemie die Konzeptentwicklungsphase des StReBe-Projekts über einen längeren Zeitraum hin beeinträchtigte, wurde das Forschungsdesign um eine *Zwischenevaluation* erweitert, in der die Projektlehrkräfte zwischen April und Mai 2021 online zu ihren Erfahrungen mit alternativen Organisationsformen befragt wurden. Die Ergebnisse der acht Tandem-Expert:-inneninterviews sind in Nachsteuerungsprozesse bei der Umsetzung der alternativen Organisationsformen im Vorfeld bzw. Verlauf des zweiten Konzepterprobungsschuljahres eingeflossen. In einer *Konzeptevaluierung*, die zu Beginn der zweiten Hälfte des Schuljahres 2021/22 vorgenommen worden ist, lag der Fokus auf der Evaluation der lokal entwickelten, alternativen Organisationsformen von konfessionellem BRU an den StReBe-Projektschulen. Auf Basis der Konzeptevaluierungsergebnisse galt es, zukunftsfähige Gestaltungsoptionen bzw. Organisationsformen für die künftig weiter wachsende Zahl von Schulkontexten zu emergieren, in welchen die Regelform eines konfessionellen BRU nicht mehr sinnvoll durchgeführt werden kann (Simojoki, Lindner, Pflaum & Endres, 2022). Diese Gestaltungsoption werden ab Schuljahr 2023/24 in einer Ausweitung des StReBe-Projekts auf insgesamt 20 Projektschulen weiterentwickelt und evaluiert.

2.1 Basiserhebung

Im Rahmen der Basiserhebung galt es, Einblicke in den am Projektbeginn (Schuljahr 2019/20) laufenden Religionsunterricht zu gewinnen und dabei der Frage nachzugehen, wie der BRU an den Projektschulen funktioniert. Unter »funktionieren« wird in diesem Zusammenhang die jeweils vorfindliche Situation fokussiert: in Bezug auf die Unterrichtsabdeckung, auf organisatorische Rahmenbedingungen, auf didaktisch-methodische Umsetzungsvarianten, auf Wahrnehmungen des BRU durch Schulleitungen, Kollegium, Religionslehrkräfte und Schüler:innen etc. Folgende Forschungsfrage war für die Basiserhebung leitend: Wie funktioniert der konfessionelle BRU im Sinne lokaler Praktiken an Berufsschulen in Bayern? Zentrale Teilfragen sind in diesem Zusammenhang: Wie gestaltet sich die Situation des BRU an der jeweiligen Berufsschule (= Projektschule) aus Sicht zentraler Akteur:innen? Welche Herausforderungen für ein Funktionieren des BRU können identifiziert werden? Welche Verbesserungsoptionen gilt es im Sinne einer kontextgerechten Ausgestaltung von BRU bei der Entwicklung von funktionierenden, alternativen BRU-Ausgestaltungsmodellen zu berücksichtigen?

Für diese Forschungsfrage sowie für das Projektsetting erwies sich ein qualitativ-empirischer Zugang als angemessenen. Um verschiedene Dimensionen der jeweiligen BRU-Situation an den StReBe-Projektschulen zu berücksichtigen, wurde der Basiserhebung ein Mixed-Methods-Design zugrunde gelegt, das folgende Zugänge einschloss: Über *teilnehmende Beobachtung* wurden der Berufsalltag von Religionslehrkräften und unterrichtliche Lehr-Lernarrangements ethnografisch erschlossen (vgl. Breidenstein, Hirschauer, Kalthoff & Nieswand, 2015; Angele, 2016). Mittels *leitfadengestützter Expert:inneninterviews* galt es, das Kontext- und Erfahrungswissen sowie die subjektiven Perspektiven der am Projekt beteiligten *Religionslehrkräfte* hinsichtlich des Funktionierens von BRU an ihrer Schule zu erheben (Bogner, Littig & Menz, 2014; Gläser & Laudel, 2010). Auch die diesbezüglichen Expertisebestände und professionellen Einschätzungen der *Schulleiter:innen* wurden über leitfadengestützte Expert:inneninterviews eingeholt, unter besonderer Berücksichtigung strukturell-organisatorischer Rahmenbedingungen und Gestaltungsherausforderungen. Schließlich wurden in *Fokusgruppeninterviews auch Schüler:innen* zu ihren subjektiven Perspektiven auf den BRU an ihrer Schule befragt (vgl. Przyborski & Wohlrab-Sahr, 2014).

2.1.1 Teilnehmende Beobachtung

Teilnehmende Beobachtung gilt als »Zentrum der Ethnografie« (Breidenstein et al., 2015, S. 34) und verspricht einen Zugang, um mit beobachtbarer Alltagspraxis vertraut zu werden. Im Rahmen dieser Begleitung der Alltagspraxis identifizieren und dokumentieren Forscher:innen relevante Vollzüge, die Einblicke in »die jeweilige Kultur und die darin eingelagerten Wissensbestände und -formen« (Lüders, 2000, S. 390) bieten. Das Erhebungsinstrument der teilnehmenden Beobachtung wurde angesichts des StReBe-Forschungsinteresses bewusst gewählt, um einen möglichst alltagsnahen Blick auf lokale Organisationspraktiken von konfessionellem BRU an den Projektschulen zu gewährleisten. Mittels dieses ethnografischen Zugangs sollte im Rahmen der Basiserhebung ein exemplarischer Zugriff auf die sozialen und alltäglichen BRU-Kontexte sowie damit verknüpfte schulkulturelle Praktiken ermöglicht werden – ganz im Sinne der oben skizzierten Forschungsfrage.

Daher wurden die zwei hauptverantwortlichen Religionslehrkräfte – eine evangelische und eine katholische – jeder Projektschule über einen Schultag hinweg in Form teilnehmender Beobachtung durch zwei Wissenschaftlerinnen begleitet, die im StReBe-Projekt tätig waren: Eine Projektmitarbeiterin begleitete dabei die evangelische, eine andere die katholische Projektlehrkraft. Die teilnehmende Beobachtung erfolgte hier in Form einer »schwachen Teilnahme« (Breidenstein et al., 2015, S. 67), bei der die forschenden Personen die Beobachtung selbst durchführen, aber in der jeweiligen Situation inaktiv bleiben. Ton- oder Videoaufzeichnungen wurden nicht vorgenommen, vielmehr markieren die während des Beobachtungsprozesses von den beiden Wissenschaftlerinnen angefertigten und im Nachgang bereinigten Aufzeichnungen die Datengrundlage. Die manuell aufgezeichneten »Feldnotizen« (Breidenstein et al., 2015, S. 87) erfolgten entlang von im Vorab festgelegten Beobachtungsperspektiven (vgl. unten) parallel zur Teilnahme. Diese Aufzeichnungen wurden unmittelbar nach jeder Beobachtungseinheit digital aufbereitet, in Form von Beobachtungsprotokollen strukturiert erfasst und durch Analytical Notes (Memos) ergänzt (vgl. Przyborski & Wohlrab-Sahr, 2014, S. 206–209).

Die Begleitung war bei der Schulleitung, im Lehrkräftekollegium sowie den Klassen angekündigt und entsprechend genehmigt.

Zur Stiftung der für eine teilnehmende Beobachtung bedeutsamen vertrauensvollen Atmosphäre trugen verschiedene Maßnahmen im Vorfeld bei: So haben bereits ein paar Wochen vor dem Erhebungszeitpunkt je zwei Mitglieder der Forschungsgruppe die jeweilige Projektschule besucht und Projektauftaktgespräche mit den projektbeteiligten Religionslehrkräften sowie mit der Schulleitung geführt. Bereits im Rahmen einer zentralen, vom Bayerischen Staatsministerium für Unterricht und Kultus mit den beiden Kirchen und der Forschungsgruppe organisierten Auftaktveranstaltung in München, zu welcher pro Projektschule die zwei verantwortlichen Projektlehrkräfte sowie ein Mitglied der Schulleitung eingeladen waren, wurden u. a. verschiedene, mit dem Projekt verbundene Anliegen diskutiert, insbesondere aber der Austausch zwischen den Projektschulen und der Forschungsgruppe intensiviert. Überdies wurde der Kontakt mit den Projektlehrkräften via Telefonaten, Emails und Videokonferenzen durch das Forschungsgruppenteam intensiviert – nicht zuletzt, um das Setting der teilnehmenden Beobachtung zu erläutern und zu organisieren, aber auch um potenzielle Unsicherheiten in Bezug auf die Beobachtungssituation und damit verbundene Forschungsinteressen abzubauen.

Im Verlauf der teilnehmenden Beobachtungen wurden sodann sowohl die von den Lehrkräften gehaltenen Unterrichtsstunden als auch die verschiedenen schulalltäglichen Aufgaben dieser Religionslehrer:innen beobachtet und dokumentiert, ebenso deren Interaktionen mit Kolleg:innen, Verwaltungsangestellten, Schulleitungen und Schüler:innen, die sich am Erhebungstag ergaben. Entsprechend vielfältig zeigen sich die beobachteten lokalen Praktiken und schulischen (Alltags-)Situationen. Die durch die teilnehmende Beobachtung gegebene Gleichörtlichkeit und Gleichzeitigkeit mit dem zu untersuchenden Alltagsfeld ermöglichten wertvolle Verständniszugänge zur Situierung des BRU vor Ort (vgl. Breidenstein et al., 2015, S. 40–42): unter anderem die dabei über den Religionsunterricht hinausgehenden Einblicke in das lokale schulische Setting sowie die informellen Gespräche mit verschiedenen lokalen Akteur:innen, die sich – trotz des als »schwache« Teilnahme angelegten Settings – im Rahmen der teilnehmenden Beobachtung ergaben.

Primär standen bei der jeweiligen teilnehmend durchgeführten Erhebung folgende – im Vorfeld aus der Forschungsfrage und vorliegenden wissenschaftlichen Erkenntnissen zur Gestaltung eines schulischen (Religions-)Unterrichtsalltags deduktiv abgeleitete – Beobachtungsperspektiven besonders im Fokus:
– die Organisation und Durchführung von BRU;
– die Tätigkeiten der Projektlehrkraft;
– die Schüler:innen des beobachteten BRU;
– die religionsdidaktische Gestaltung des beobachteten BRU;
– die Einbindung und Tätigkeiten der Religionslehrkraft im schulkulturellen Gesamtkontext.

Auf diese Weise konnte eine alltagsnahe Rekonstruktion des »Funktionierens« des konfessionellen BRU an der jeweiligen Projektschule, unter besonderer Berücksichtigung der strukturell-organisatorischen Rahmenbedingungen, der professionellen Gestaltungspraxis der Lehrkräfte sowie der unterrichtlichen Interaktionsweisen vorgenommen werden. Die dabei gewonnenen empirischen

Einsichten erlauben es innerhalb des Mixed-Methods-Designs der Begleitforschung zudem, die an den Projektschulen erhobenen Interviewdaten im Rahmen der Auswertung besser zu interpretieren, insofern manche der in den Interviews beschriebenen spezifischen Settings durch die Erkenntnisse der teilnehmenden Beobachtung kontextsensibler eingeordnet werden können.

2.1.2 Leitfadengestützte Expert:inneninterviews

Um das Erfahrungs- und Kontextwissen zum Funktionieren des BRU an der jeweiligen Projektschule fokussierter zu fassen und in Bezug auf anzugehende Weiterentwicklungen der BRU-Organisationspraktiken wissenschaftlich fundierte Aussagen zu generieren, wurden ergänzend zu den teilnehmenden Beobachtungen leitfadengestützte Expert:inneninterviews geführt: An jeder der acht Projektschulen interviewten die wissenschaftlichen Projektmitarbeiterinnen sowohl die beiden Projektreligionslehrkräfte als auch die Schulleitung in ihrer Rolle als Expert:innen für den BRU und seine schulische Verankerung vor Ort. Diese beiden Akteursgruppen fungieren »als Quelle von Spezialwissen über die zu erforschenden sozialen Sachverhalte. Experteninterviews sind eine Methode, dieses Wissen zu erschließen.« (Gläser/Laudel 2010, S. 12 – i. O. hervorgehoben)

Die leitfadengestützten Expert:inneninterviews mit den *Projektlehrkräften* zielten auf die Rekonstruktion des Erfahrungs- und Kontextwissens dieser Lehrkräfte, insbesondere hinsichtlich der gegebenen Strukturen und der lokalen Praxis des BRU an ihrer Schule. Zudem sollten ihre subjektiven Sichtweisen mit Blick auf gegebene Gestaltungsformen und zukünftige Entwicklungsbedarfe des konfessionellen BRU an ihrer Schule, aber auch das professionelle Selbstverständnis als Religionslehrkräfte erhoben werden.

Die leitfadengestützten Expert:inneninterviews mit den *Schulleitungen* wiederum fokussierten das Erfahrungs- und Kontextwissen der Schulleiter:innen der beteiligten Projektschulen sowie deren subjektive Sichtweisen im Blick auf Potenziale des BRU, dessen zum Interviewzeitpunkt gegebene Gestaltungsformen und zukünftige Entwicklungsbedarfe hinsichtlich dieses Unterrichtsfachs an ihrer Schule – jeweils unter besonderer Berücksichtigung der Leitungs-, Planungs- und Organisationsebene.

Im Hauptfokus der jeweils geführten Interviews standen daher insbesondere
- Elaborationen und Erklärungen zur lokalen BRU-Praxis,
- die Organisierbarkeit, Herausforderungen und Gelingensbedingungen von BRU,
- subjektive Wahrnehmungen hinsichtlich des BRU im Kontext der jeweiligen Projektschule.

Bei der Entwicklung der Interviewleitfäden durch die StReBe-Forschungsgruppe war ein theoriegeleitetes Vorgehen leitend. In diesem Sinne wurde »das aus der Untersuchungsfrage und den theoretischen Vorüberlegungen abgeleitete Informationsbedürfnis in Themen und Fragen des Leitfadens übersetzt« (Gläser/Laudel, 2010, S. 115). In Auseinandersetzung mit dem damals aktuellen Forschungs- und Diskussionsstand zur Weiterentwicklung des konfessionellen Religionsunterrichts in Deutschland (vgl. u. a. Lindner/Schambeck/Simojoki/Naurath, 2017; Kenngott/Englert/Knauth, 2015; Schröder, 2014) wurden relevante Themenbereiche sowohl für die Befragung der Lehrkräfte als auch für die Interviews mit den Schulleitungen identifiziert.

Aufgrund des Forschungsinteresses der Basiserhebung am Funktionieren des BRU vor Ort sind die Themenbereiche, die in den Interviewleitfäden adressiert werden, sowie der sich daraus ergebende Leitfadenaufbau für die Expert:inneninterviews mit den Projektlehrkräften wie auch mit den Projektschulleitungen annährend gleich:

Expert:inneninterview Projektlehrkräfte: Themenbereiche und Aufbau	Expert:inneninterview Schulleitungen: Themenbereiche und Aufbau
Situationsbeschreibung des BRU vor Ort	Situationsbeschreibung des BRU vor Ort
Herausforderungen und Gelingensbedingungen für die Organisation des BRU vor Ort	Herausforderungen und Gelingensbedingungen für die Organisation des BRU vor Ort
Inhaltlich-didaktische Ausgestaltung des BRU	Stellenwert des BRU in der Projektschule
Schüler:innen	Unterricht und Schüler:innen
Zusammenarbeit mit Schulleitung und Lehrkräftekollegium	BRU-Lehrkräfte
Ausblick	Ausblick

Diese Themenbereiche sind strukturgebend für die entwickelten Leitfäden, die sowohl Narrationen seitens der Befragten in Bezug auf den BRU vor Ort erwirken als auch dezidierte Fokussierungen zentraler Aspekte hinsichtlich der Ausgestaltung des BRU ermöglichen sollten.

Die beiden Interviewleitfäden haben – wie alle Erhebungsinstrumente des Projekts – eine datenschutzrechtliche Prüfung sowohl der Rechtsabteilung der Universität Bamberg als auch der Rechtsabteilung des Bayerischen Staatsministeriums für Unterricht und Kultus durchlaufen und wurden entsprechend genehmigt. Ferner wurden sie für die an der Studie Beteiligten über Webseiten zugänglich gemacht und sind in im Anhang dieser Publikation zu finden. Von den interviewten Personen wurde jeweils eine persönliche Einverständniserklärung eingeholt, die es erlaubt, die Daten zu Forschungszwecken aufzubereiten, auszuwerten und unter Wahrung von Anonymität zu publizieren.

Letztlich dienen die erhobenen Daten aus den leitfadengestützten Expert:inneninterviews der empirisch gestützten Bestandsaufnahme des sehr heterogenen Bedingungsgefüges und des von diesem abhängigen »Funktionierens« von konfessionellem BRU in Bayern aus Sicht von Projektlehrkräften und Schulleitungen der projektbeteiligten Schulen.

2.1.3 Leitfadengestützte Fokusgruppeninterviews

Um bei der Entwicklung alternativer Organisationsformen von BRU auch die Perspektiven der Adressat:innen bzw. Subjekte der unterrichtlichen Lern- und Bildungsprozesse berücksichtigen zu können, wurden ausgewählte Schüler:innen aus den Klassen der Projektlehrkräfte von den wissenschaftlichen Mitarbeiterinnen der Forschungsgruppe befragt – insbesondere zu ihren Wahrnehmungen, zu ihrem Erleben sowie zu ihren Erwartungen in Bezug auf den BRU. Die Schüler:innenbefragung fand in Form eines Fokusgruppeninterviews statt. Für diese Erhebungsform ist es zentral, »dass alle befragten Personen eine konkrete soziale Situation erlebt haben, auf deren Ausleuchtung – insbesondere was das Erleben und Empfinden und die persönliche Wahrnehmung und Einschätzung angeht – sich das Interview bezieht« (Przyborski & Wohlrab-Sahr, 2014, S. 134). Diese Bedingung konnte dadurch gewährleistet werden, dass die in einer Gruppe Interviewten zum Interviewzeitpunkt seit mehreren Wochen gemeinsam BRU bei der Projektlehrkraft besucht haben, einschließlich der Unterrichtsstunde(n), die im Rahmen der teilnehmenden Beobachtung (vgl. oben 2.1.1) gehalten wurden.

Ziel der Fokusgruppeninterviews war die Rekonstruktion der subjektiven Sichtweisen, Erfahrungen und entwicklungsbezogenen Präferenzen der Schüler:innen im Blick auf die gegebenen Strukturen und die lokale Praxis des Religionsunterrichts an ihrer Schule. Im Zentrum des Interesses standen daher:
- Elaborationen und Erklärungen zur lokalen BRU-Praxis,
- Gelingenspunkte, Reformbedarfe und Reformvorstellungen hinsichtlich des BRU aus Sicht der Schüler:innen.

Auch der Leitfaden für die Schüler:innen-Fokusgruppeninterviews wurde theoriebasiert und im Horizont der Forschungsfrage von der StReBe-Forschungsgruppe entwickelt und durch die zuständigen Instanzen einer datenschutzrechtlichen Prüfung unterzogen. Um eine Kongruenz mit den Expert:inneninterviews zu erreichen, wurden ähnliche Themenbereiche fokussiert:

Fokusgruppeninterview Schüler:innen: Themenbereiche und Aufbau
Situationsbeschreibung des BRU vor Ort
Herausforderungen und Gelingensbedingungen für die Organisation des BRU vor Ort
Evangelisch – Katholisch – andere Religionen im BRU
Themen / Inhalte des BRU
BRU-Lehrkräfte
Religion: Relevanz und Bezugspunkte
Ausblick

Durch diese Fokusgruppeninterviews sollten die Erkenntnisse in Bezug auf das Funktionieren des BRU an der jeweiligen Projektgruppe um die Perspektiven der zentralen Adressat:innengruppe, der Schüler:innen, angereichert werden.

2.1.4 Sample

Das Sample der StReBe-Basisstudie generiert sich aus Daten, die an den acht Projektschulen erhoben wurden. Es galt, im Mixed-Methods-Design zentrale Akteursperspektiven auf den BRU an den beteiligten Projektschulen empirisch zu erschließen. Leitend war dabei unter anderem die Maxime der konfessionellen Parität – sowohl in Bezug auf die Projektlehrkräfte als auch bezüglich der Schüler:innen: Im Rahmen der teilnehmenden Beobachtungen wie auch bei den Interviews wurden evangelische und katholische Perspektiven eingeholt. Überdies wurden die Schulleitungen der acht Projektschulen befragt.

Alle Erhebungen der Basisstudie fanden im Zeitraum November 2019 bis Februar 2020 jeweils an einem Tag oder an zwei aufeinanderfolgenden Tagen statt. Sie wurden von den wissenschaftlichen Projektmitarbeiterinnen vor Ort an den teilnehmenden Schulen durchgeführt.

Zum Sample der *acht Schulleitungen*, die mittels Expert:inneninterviews befragt wurden, gehören zwei Schulleiterinnen und sechs Schulleiter. Diese waren zum Zeitpunkt der Befragung unterschiedlich lange an der jeweiligen Projektschule in leitender Funktion tätig: zwischen einem Jahr und 19 Jahren.

Für die Basisstudie wurden insgesamt *16 Religionslehrkräfte* als Expert:innen befragt – je zwei Lehrkräfte pro Projektschule, davon jeweils eine evangelische und eine katholische Lehrkraft. Die Anzahl der staatlichen Lehrkräfte überwiegt dabei mit elf Personen. Sie haben neben Religion noch mindestens ein weiteres berufliches Unterrichtsfach, das sie an der Berufsschule unterrichten. Fünf der befragten Lehrkräfte sind als kirchliche Religionslehrkräfte an den Projektschulen tätig. Die kirchlichen Lehrkräfte unterrichten nur das Fach Religion und gehören unterschiedlichen Berufsgruppen an: Pfarrer:innen, Diplomtheolog:innen im Kirchendienst oder Religionspädagog:innen. Zwei der fünf kirchlichen Lehrkräfte sind auch noch außerhalb der jeweiligen Projektschule beruflich tätig. Während zwei Lehrkräfte mit Beginn des StReBe-Projekts an die jeweilige Projektschule wechselten und somit zum Zeitpunkt der Befragung lediglich ein paar Wochen bzw. Monate an der Schule gewesen sind, reicht die Spanne der Tätigkeit an der Projektschule bei den anderen kirchlichen Religionslehrer:innen von eineinhalb Jahren bis 37 Jahren.

Die jeweilige Anzahl an unterrichteten Wochenstunden im BRU divergiert stark: Die befragten Lehrkräfte erteilen zwischen zwei und 22 Stunden Religionsunterricht. Auffallend ist, dass bei den kirchlichen Lehrkräften das Stundendeputat entweder sehr gering (zwei Stunden) oder sehr hoch (22 Stunden) ist. Vereinzelt haben die befragten Lehrkräfte weitere BRU-bezogene Aufgaben wie die Betreuung der Fächergruppe »Religion und Ethik« an der Projektschule.

Im Rahmen der Basiserhebung fanden *15 Fokusgruppeninterviews mit Schüler:innen* der beteiligten Projektschulen statt. Das Forschungsdesign sah je ein Schüler:innen-Fokusgruppeninterview pro Projektlehrkraft vor, an dem jeweils vier bis acht Schüler:innen aus einer Religionsklasse der projektbeteiligten Lehrkräfte teilnahmen, deren Unterricht überdies im Kontext der teilnehmenden Beobachtung von den Forschungsgruppenmitarbeiterinnen begleitet worden ist. An einer Schule konnte aus schulorganisatorischen Gründen lediglich ein Fokusgruppeninterview geführt werden, weshalb insgesamt nur 15 anstelle der ursprünglich geplanten 16 Schüler:inneninterviews zustande kamen. Die für die Interviews zur Verfügung stehenden Schüler:innen konnten mit Unterstützung der projektbeteiligten Lehrkräfte unter der Prämisse einer freiwilligen Teilnahme sowie entsprechenden Einverständniserklärungen (bei minderjährigen Schüler:innen seitens der Erziehungsberechtigten) gewonnen werden. Bei der Auswahl der Schüler:innen für die Fokusgruppeninterviews wurden die Projektlehrkräfte gebeten, auf eine Zusammenstellung der Gruppen zu achten, die hinsichtlich Geschlecht und Konfessions- bzw. Religionszugehörigkeit in etwa der Zusammensetzung der jeweiligen Religionsgruppe entspricht. Ebenso sollten sich Organisationspraktiken des Religionsunterrichts vor Ort in der Gruppenzusammensetzung widerspiegeln. Sofern in monokonfessionell organisierten Religionsgruppen beispielsweise Schüler:innen der anderen Konfession auf Antragsbasis teilnahmen, wurden die projektbeteiligten Lehrkräfte gebeten, auch für das Fokusgruppeninterview entsprechend Schüler:innen beider Konfessionen einzuladen. Basierend auf diesen Kriterien besteht das Sample aus fünf monokonfessionellen Fokusgruppen (drei katholischen sowie zwei evangelischen). Weitere fünf Fokusgruppen setzten sich gemischt-konfessionell zusammen und in den restlichen fünf Gruppen nahmen auch Schüler:innen ohne Bekenntnis oder mit islamischem Bekenntnis teil. Die Gruppengrößen variieren aufgrund der freiwilligen Teilnahme. Die zahlenmäßig kleinste Fokusgruppe bestand aus lediglich zwei Schüler:innen, die größte Fokusgruppe aus acht Schüler:innen, alle anderen Gruppen setzten sich aus vier bis sieben Schüler:innen zusammen.

Insgesamt nahmen an den Interviews 76 Schüler:innen teil, davon waren 45 männlich und 31 weiblich. Die Konfessions- bzw. Religionszugehörigkeit verteilte sich folgendermaßen: 27 evangelische Schüler:innen, 39 katholische Schüler:innen, sechs muslimische Schüler:innen und vier Schüler:innen ohne Bekenntnis.

Das Sample der Basiserhebung umfasst zudem *16 Protokolle aus den teilnehmenden Beobachtungen*. Aus organisatorischen Gründen konnte an einer Projektschule lediglich eine teilnehmende Beobachtung durchgeführt werden und nicht wie geplant eine Begleitung sowohl der evangelischen als auch der katholischen Projektlehrkraft. An einer Projektschule wiederum waren drei teilnehmende Beobachtungen möglich. Die Protokolle umfassen Beobachtungen zu BRU-Einheiten sowie zum Geschehen außerhalb des BRU in Form von zufälligen Begegnungen im Schulhaus, informellen Gesprächen im Lehrkräftezimmer usw.

In der Summe wurde an den acht Projektschulen folgendes Datenmaterial erhoben:
- 16 Beobachtungsprotokolle,
- 16 Expert:inneninterviews mit Lehrer:innen,
- 8 Expert:inneninterviews mit Schulleiter:innen,
- 15 Fokusgruppeninterviews mit Schüler:innen.

Die Beobachtungsprotokolle wurden im Nachgang digitalisiert und um weitere Informationen (s. oben) ergänzt. Die Audiodateien der Interviews wiederum wurden von studentischen Mitarbeiter:innen gemäß vorgegebener Regeln in Textdateien transkribiert und sodann in die Datenauswertungssoftware MAX-QDA eingespielt.

Im Forschungsprozess entstanden auf diese Weise acht, auf die Projektschulen bezogene Datensätze, die in der Auswertung unterschiedlich genutzt werden können: einerseits projektschulspezifisch, andererseits projektschulübergreifend in Bezug auf die jeweiligen Akteursperspektiven.

2.2   Zwischenevaluation

Im Zuge der Corona-Pandemie wurde das Projekt um ein Jahr verlängert, da die erarbeiteten StReBe-Konzepte im ersten Jahr aufgrund des pandemiebedingten Online-Unterrichts teilweise nur partiell umgesetzt werden konnten. Um jedoch die bereits im ersten Umsetzungsschuljahr mit dem jeweiligen Konzept gemachten Erfahrungen zu dokumentieren und potenzielle Nachsteuerungserfordernisse zu identifizieren, wurden die beiden verantwortlichen Projektlehrkräfte im April und Mai 2021 zu zweit in einem Expert:inneninterview gleichzeitig in einer Online-Konferenz befragt. Im Zentrum dieses »Tandeminterviews« mit einer evangelischen und einer katholischen Projektlehrkraft stand die Frage, wie die projektverantwortlichen Lehrkräfte die Umsetzung des lokalen StReBe-Konzepts an ihrer Schule erlebt haben – auch unter Corona-Bedingungen. Neben dem Blick auf positive oder negative Erfahrungen galt es, Gelingensfaktoren und Herausforderungen bei der Implementierung des lokalen StReBe-Konzepts zu identifizieren. Auch sollten sich die Projektlehrkräfte dazu äußern, wovon ihrer Ansicht nach die Verstetigung des lokalen StReBe-Konzepts abhängt. Ebenso wurde nach Verbesserungsoptionen in Bezug auf das lokale Konzept, aber auch nach dessen Akzeptanz seitens der Schulleitung, des Lehrkräftekollegiums sowie der Schüler:innen gefragt. Folgende Themenbereiche prägten den Leitfadenaufbau:

Expert:inneninterview Projektlehrkräfte: Themenbereiche und Aufbau
StReBe-Konzept und Erfahrungen damit
Veränderungen durch das StReBe-Konzept im Vergleich mit dem BRU zum Zeitpunkt der Basiserhebung
Reputation des BRU gem. StReBe-Konzept seitens der Schulleitung und des Lehrer:innenkollegiums
Wahrnehmung des StReBe-Konzepts durch die Schüler:innen
Weitere Hinweise

Insgesamt wurden acht Interviews durch die Projektmitarbeiterinnen via Zoom-Meeting geführt. Die Daten wurden sowohl mittels Aufnahmefunktion des Online-Meeting-Programms als auch mit einem Diktiergerät aufgezeichnet; anschließend erfolgte deren Transkription durch studentische Mitarbeiter:innen.

2.3   Konzeptevaluation

2.3.1   Erhebungsformen

Wie die Basiserhebung folgte auch die Evaluationserhebung der im Verlauf des StReBe-Projekts entwickelten alternativen Konzepte und Organisationspraktiken dem Mixed-Methods-Prinzip auf qualitativ-empirischem Weg. Die dabei fokussierte Forschungsfrage lautete: Welche Chancen und welche Grenzen weist die entwickelte und erprobte lokale Organisationsform für die angestrebte Weiterentwicklung des konfessionellen BRU in Bayern auf? Teilfragen widmeten sich der unterrichtlichen Umsetzung sowie den organisatorisch-juristischen Voraussetzungen der alternativen Organisationsform. Auch der Stellenwert religionsdidaktischer Aspekte, die Reputation des Religionsunterrichts sowie die für das Konzept benötigten Lehrkräfteressourcen standen im Fokus der Evaluation – ebenso wie Einschätzungen bezüglich künftiger Entwicklungsbedarfe des BRU.

Wie bereits in der Basiserhebung wurden auch in der Konzeptevaluierung Expert:inneninterviews mit den Projektlehrkräften und Projektschulleiter:innen sowie Fokusgruppeninterviews mit Schüler:innen geführt. Auf den Forschungszugriff über teilnehmende Beobachtung wurde verzichtet, da in der Konzeptevaluierung der Schwerpunkt auf dem organisatorischen Setting und damit einhergehenden Befunden sowie Wahrnehmungen lag.

In den Interviews mit den Projektlehrkräften stand deren Erfahrungs- und Kontextwissen hinsichtlich der veränderten lokalen Organisationsstrukturen und -praktiken von BRU im Verlauf der StReBe-Projektteilnahme im Fokus. Dabei galt das Augenmerk u. a. ihren subjektiven Sichtweisen darauf, inwiefern die jeweils entwickelten und umgesetzten lokalen StReBe-Konzepte den Herausforderungen des BRU an ihrer Schule begegneten, welchen Mehrwert dem eigenen Konzept für eine zukunftsfähige Weiterentwicklung des konfessionellen BRU zugesprochen wird und welche bleibenden oder neuen Herausforderungen die Lehrkräfte identifizieren.

In den Expert:inneninterviews mit den Schulleiter:innen ging es darum, die Erfahrungen und Einschätzungen der Schulleitungen hinsichtlich der vor Ort unterrichteten StReBe-Modelle zu ermitteln – insbesondere in Bezug darauf, wie das jeweilige Modell den Herausforderungen des BRU an der eigenen Schule begegnet und welche Veränderungen sich durch dessen Umsetzung auf der Leitungs-, Planungs- sowie Organisationsebene eingestellt haben. Aber auch der Mehrwert des jeweiligen StReBe-Konzepts für die Zukunft des konfessionellen BRU sowie bleibende und neue Herausforderungen standen im Fokus der Erhebung subjektiver Sichtweisen seitens der Schulleiter:innen.

Wie in der Basiserhebung sind die Themenbereiche und der Aufbau der Leitfäden, die für die Konzeptevaluationserhebungen bei den Projektlehrkräften und bei den Projektschulleiter:innen verwendet wurden, annähernd gleich:

Expert:inneninterview Projektlehrkräfte: Themenbereiche und Aufbau	Expert:inneninterview Schulleitungen: Themenbereiche und Aufbau
Beschreibung des eigenen StReBe-Konzepts	Wahrnehmungen zum an der Schule umgesetzten StReBe-Konzept
Veränderungen durch das umgesetzte StReBe-Konzept in Bezug auf die Organisation des BRU vor Ort	Veränderungen durch das umgesetzte StReBe-Konzept in Bezug auf die Organisation des BRU vor Ort

(Fortsetzung)

Expert:inneninterview Projektlehrkräfte: Themenbereiche und Aufbau	Expert:inneninterview Schulleitungen: Themenbereiche und Aufbau
Effekte der StReBe-Konzept-Umsetzung	Effekte der StReBe-Konzept-Umsetzung
Inhaltlich-didaktische Ausgestaltung des BRU	
Schüler:innen	
Zusammenarbeit mit Kolleg:innen der BRU-Fachschaften	
Reputation des BRU gem. StReBe-Konzept im Lehrkräftekollegium und in der Schulleitung	Reputation des BRU gem. StReBe-Konzept im Lehrkräftekollegium, in der Schulleitung und bei den dualen Partner:innen
StReBe unter Corona-Bedingungen	StReBe unter Corona-Bedingungen
Projektevaluation	Projektevaluation
Ausblick	Ausblick

Ebenfalls wurde erhoben, wie die Schüler:innen das an ihrer Schule applizierte StReBe-Konzept erfahren und wahrgenommen haben. In den Fokusgruppeninterviews wurde daher u. a. nach in inhaltlicher und organisatorischer Hinsicht wahrgenommenen Veränderungen gefragt. Überdies interessierten Gelingensfaktoren, Veränderungsbedarfe und Reformvorstellungen in Bezug auf den BRU. Daher wurden ausgewählte Lernende zu folgenden Aspekten befragt:

Fokusgruppeninterview Schüler:innen: Themenbereiche und Aufbau
Situationsbeschreibung des BRU vor Ort
Organisation des BRU vor Ort
Evangelisch – Katholisch – andere Religionen im BRU
StReBe-Lehrkraft
Inhalt des BRU: konfessionsbezogene Eindrücke
Wahrnehmungen zum StReBe-Konzept: Organisation, Inhalte, Lehrkraft
Ausblick / BRU der Zukunft

2.3.2 Sample

Wie schon bei der Basiserhebung und der Zwischenevaluation generiert sich auch in der Konzeptevaluation das Sample aus Daten, die an den acht Projektschulen durch verschiedene Verfahren erhoben worden sind. In der Summe konnte folgendes Datenmaterial gewonnen werden:
- 15 Expert:inneninterviews mit Lehrer:innen,
- 8 Expert:inneninterviews mit Schulleiter:innen,

- 13 Fokusgruppeninterviews mit insgesamt 76 Schüler:innen. Davon waren 45 männlich und 31 weiblich. Die Fokusgruppen waren durchgängig gemischt-konfessionell zusammengesetzt. Über alle Gruppen hinweg verteilte sich die Konfessions- bzw. Religionszugehörigkeit folgendermaßen: 27 evangelische Schüler:innen, 39 katholische Schüler:innen, sechs muslimische Schüler:innen und vier Schüler:innen ohne Bekenntnis.

Die Audiodateien der Interviews wurden von studentischen Hilfskräften unter Verwendung von digitalen Transkriptionsoptionen gem. vorgegebener Regeln in Textdateien verschriftlicht und sodann in die Datenauswertungssoftware MAXQDA übertragen. Wie bereits im Rahmen der Basiserhebung konnten somit acht projektschulspezifische Datensätze aufgebaut werden. Diese Datensätze können sowohl schulspezifisch als auch projektschulbergreifend ausgewertet werden – sowohl hinsichtlich der jeweiligen Akteursperspektiven als auch in Bezug auf einzelne thematische Fragestellungen.

2.4   Qualitative Inhaltsanalyse: die Auswertung der Daten

Die Analyse der erhobenen und transkribierten Daten aus der Basiserhebung (vgl. 2.1), aus der Zwischenevaluation (vgl. 2.2) als auch aus der Konzepteva-luation (vgl. 2.3) erfolgte mittels eines qualitativ-inhaltsanalytischen Zugangs. Auf Basis des Forschungsinteresses und des vorliegenden Datenmaterials wurde die inhaltlich strukturierende qualitative Inhaltsanalyse nach Kuckartz (2018) als Methode der Datenauswertung gewählt: Bei dieser Analyseform stehen die dem Forschungsinteresse inhärenten »Themen und Subthemen im Mittelpunkt« (Kuckartz, 2018, S. 117) der Auswertung. Aus einem mehrstufigen Prozess der Kategorienbildung und Codierung resultierte die inhaltliche Strukturierung der Daten (Kuckartz, 2018, S. 101) durch Haupt- und Subkategorien. Den Rahmen hierfür bildeten deduktiv entwickelte Kategorien. Konkret handelt es sich dabei um thematische Fokussierungen, die aus der religionsdidaktischen Forschungs-literatur und dem Forschungsinteresse abgeleitet wurden. Diese deduktiven Kategorien wurden durch induktive angereichert, welche im Rahmen der aus-wertenden Auseinandersetzung mit dem Datenmaterial gewonnen werden konnten. Auf diese Weise ließ sich »die Struktur des Kategoriensystems« (Schreier, 2014, S. 5) inkl. potenzieller Subkategorien bilden.

In der Auswertung der Daten aller drei Erhebungsphasen wurden aus der jeweiligen Forschungsfrage sowie den Interviewleitfäden und Beobachtungs-perspektiven »Hauptthemen« (Kuckartz 2018, S. 101) deduktiv gewonnen. Diese strukturierten jeweils den ersten Codierprozess, der computergestützt mit der Software MAXQDA vorgenommen wurde. Nach ersten Probecodierungen an einem Teil des Materials wurden die Hauptkategorien in Bezug auf die unterschiedlichen Datensätze auf ihre Beständigkeit hin überprüft und angepasst (Basiserhebung: teilnehmende Beobachtung, Lehrkräfte, Schulleitungen und Schüler:innen; Zwischenevaluationserhebung: Lehrkräfte; Konzeptevaluationserhebung: Lehrkräfte, Schulleitungen und Schüler:innen). Ferner wurden in dieser Phase der Datenauswertung deduktiv-induktiv generierte Subkategorien identifiziert. Anhand dieser Haupt- und Subkategorien wurden die jeweiligen Datensätze sodann insgesamt codiert. Dabei wurden weitere, induktiv gebildete (Sub-)Kategorien gewonnen. Um Vergleiche über die verschiedenen Datensätze hinweg anzustellen, wurden – wo möglich – ähnliche Hauptkategorien vergeben.

Um der Komplexität des Materials gerecht zu werden, wurden die Daten durch zwei Projektmitarbeiterinnen erstkodiert und innerhalb der Forschungsgruppe einer zweiten Kodierung unterzogen. Nach der Erst- und Zweitkodierung wurden die Kodierungen intersubjektiv validiert und diskursiv Verbesserungen am Kategoriensystem vorgenommen. Gemäß der iterativen Anlage des inhaltlich strukturierenden Analyseprozesses wurden immer wieder die Kategoriendefinitionen befragt, zum Teil optimiert oder neu deklariert, so dass diese sukzessive an Präzision gewannen und die Zuordnungen entsprechend zuverlässiger wurden (Kuckartz, 2018, S. 105). Auf diese Weise wurden alle transkribierten Lehrkräfte-, Schulleitungs- und Schüler:innen-Interviews sowie die Beobachtungsprotokolle der teilnehmenden Beobachtungen erst- und zweitcodiert. Für jeden der vier Datensätze ergaben sich so detaillierte Kategoriensysteme mit bis zu elf Hauptkategorien, die sich meist wiederum in Subkategorien konkretisieren.

2.4.1   Exemplarische Veranschaulichung der deduktiv-induktiven Vorgehensweise

Im Folgenden wird der Prozess der Datenauswertung exemplarisch präzisiert, um dem Gütekriterium der intersubjektiven Nachvollziehbarkeit Rechnung zu tragen. Als Veranschaulichungsbeispiel für den Umgang mit dem Datenmaterial dienen die Expert:inneninterviews mit den Lehrkräften, die im Rahmen der Basiserhebung gesammelt wurden.

Um die Auswertung der Lehrkräfteinterviews inhaltsanalytisch zu strukturieren, wurden zunächst entlang der Themenbereiche des Interviewleitfadens Hauptkategorien deduziert. Im Expert:inneninterview, das auf das Kontext- und Erfahrungswissen der befragten Religionslehrkräfte zur Praxis des Religionsunterrichts vor Ort abzielte, waren folgende Themenbereiche strukturierend: (1) Situationsbeschreibung des BRU vor Ort, (2) Herausforderungen und Gelingensbedingungen für die Organisation des BRU, (3) inhaltlich-didaktische

Ausgestaltung des BRU, (4) Schüler:innen, (5) Zusammenarbeit mit der Schulleitung und dem Lehrkräftekollegium, (6) Ausblick.

Diese Themen wurden in einem ersten Schritt als Hauptkategorien in die Analysesoftware MAXQDA eingepflegt. Mittels des ersten Codierprozesses entlang dieser Hauptkategorien wurden weitere induktive Kategorien gebildet sowie Subkategorien identifiziert. Auf dieser Basis konnte das Codesystem in mehreren Schritten emergiert werden. Deduktive, theoriegeleitete Überprüfungen sowie induktive, mittels Erst- und Zweitcodierprozessen gewonnene Ergänzungen sowie Anpassungen führten zu folgenden acht Hauptkategorien, die das Codesystem der Auswertung der Lehrkräfte-Interviewdaten strukturierten:

– Subjektive Wahrnehmung des Religionsunterrichts an der Projektschule
– Selbstbeschreibung
– Kollegiale Zusammenarbeit
– Begründungen und Ziele des Religionsunterrichts in der Berufsschule
– Konstruktion von Identitäts- und Differenzordnungen
– Schüler:innen
– Organisation [des BRU]
– Entwicklungsperspektiven

Für jede Hauptkategorie wurden bis zu zwölf Subkategorien gewonnen; in den Hauptkategorien »Organisation« sowie »Entwicklungsperspektiven« differenzieren sich diese wiederum in weiteren Subebenen aus. Beispielhaft sei dies an der Hauptkategorie »Organisation« dargestellt; die gesamten Codesysteme finden sich im Anhang des vorliegenden Buches.

Organisation
– konfessioneller Religionsunterricht
– konfessionell-kooperativer Religionsunterricht
    – erweiterte Kooperation
    – Kooperation von zwei Lehrkräften mit eigenen Religionsklassen
    – Lehrkräftetausch im Bildungsgang
    – Lehrkräftetausch im Schuljahr
    – Team-Teaching (durchgängig im Schuljahr)
– Projekt
– Religionsunterricht im Klassenverband
– Digitalisierung
– Gelingensfaktoren
– Integration konfessionsloser Schüler:innen
– Integration andersreligiöser Schüler:innen
– kirchliche – staatliche Religionslehrkräfte

- Organisationsschwierigkeiten
  - Abmeldung, weil kein Ethikunterricht angeboten
  - Antragswesen
  - Befreiung infolge von Hochschulzugangsberechtigung
  - Blockunterricht
  - Ethikunterricht
  - Gruppenbildung
  - Lehrkräfteeinsatz
  - Notengebung
  - Weiteres
- Verhältnis zum Ethikunterricht
- Weiteres

Die *induktive* Herangehensweise bei der Subkategorienbildung sei ebenfalls hinsichtlich der Hauptkategorie »Organisation« exemplifiziert. Als Thema des Leitfadens war »Organisation« bereits angelegt – nicht zuletzt war sie leitend für das gesamte Forschungsinteresse. Die Vielfältigkeit und Ausdifferenzierung dieser Hauptkategorie zeigte sich jedoch erst in der interpretativen Auseinandersetzung mit dem Datenmaterial. Besonders die Unterebenen der Subkategorie »Organisationsschwierigkeiten« wurden in ihrer Varianz erst im Codierprozess erschließbar. So zeigte sich etwa, dass eine verallgemeinernde Subkategorie »Antragswesen« nicht ausreichend ist, um alle auf administrativer Ebene explizierten organisatorischen Herausforderungen angemessen zu codieren. Daher wurden auf induktivem Wege die präziseren Subkategorien »Abmeldungen, weil kein Ethikunterricht angeboten wird« oder »Befreiung von Hochschulzugangsberechtigten« aus dem Datenmaterial gewonnen und als Subcodes für die Auswertung der Daten identifiziert. Deren Differenzierungsnotwendigkeit zeigt sich an folgenden Beispielen: In Bezug auf die »Organisationsschwierigkeiten«-Subkategorie »Abmeldungen, weil kein Ethikunterricht angeboten wird« wurden beispielsweise Lehrkräfte-Aussagen codiert, die zeigen, dass Schüler:innen sich bewusst vom BRU abmelden, wenn sie wissen, dass das Ersatzfach Ethik nicht angeboten wird: »*Weil die Erfahrung zeigt, dass es oftmals sonst schwierig ist für die Schüler, wenn Reli in den Randstunden ist, und dann dürfen die anderen nach Hause gehen. Das ist oft schwierig.*« (BE/L/ka/D/34) Dass auch Berufsschüler:innen, die bereits eine Hochschulreife erworben haben und in der Folge nicht am Religionsunterricht teilnehmen müssen, weil sie bereits genügend Schuljahre dieses Unterrichtsfach besucht haben, stellt eine davon zu unterscheidende Organisationsschwierigkeit für den BRU dar. Folglich wurde die Subkategorie »Befreiung von Hochschulzugangsberechtigten« separat codiert, wofür folgendes Beispiel steht: »*Und die [Hochschulzugangsberechtigten] haben halt dann oft ihre Freistunden. Und aus dem Grund haben wir heuer auch*

*mal versucht, im IT-Bereich, der stark betroffen ist davon, da haben wir durch-
gängig Dreier-Koppelungen und kommen trotzdem in einzelnen Konfessionen
nur auf zehn Schüler aus drei Klassen, damit wir überhaupt eine Gruppe bilden
können. Und der Rest hat halt dann in dieser Zeit einen freien Nachmittag [...].
Das sind die formalen Voraussetzungen, und das schafft in den Klassen natürlich
immer ein bisschen Unmut der Schüler, die im Religionsunterricht teilnehmen,
fühlen sich dann ein bisschen so als die der zweiten Garde. Und diese Abiturienten
haben natürlich immer auch dem Religionsunterricht gutgetan, die waren intel-
lektuell natürlich sehr gut ausgebildet, auch oft interessiert, wenn sie sich einge-
lassen haben. Waren auch oft tragende Säulen mit im Unterricht, aber das kommt
so wie nicht mehr vor.*« (BE/L/ev/A/33)

Auch anhand der im Interviewleitfaden nicht angelegten, jedoch durch die
Codierung der Daten emergierten Hauptkategorie »Begründungen und Ziele des
Religionsunterrichts in der Berufsschule« lasst sich der *induktiv-deduktive Ka-
tegoriengewinn* im Verlauf des Codier- und Datenauswertungsprozesses veranschaulichen. Diese induktiv gewonnene Hauptkategorie wurde aufgrund des
Forschungsinteresses *deduktiv* durch die Subkategorie »Religionsunterricht im
Kontext beruflicher Bildung« angereichert. Mit diesem Subcode wurden Passagen versehen, in denen BRU von den interviewten Lehrkräften aus seinem berufsbezogenen Beitrag für die Bildung der Berufsschüler:innen heraus charak-
terisiert und legitimiert wird. Im Auswertungsprozess des Datenmaterials wurde
dieser deduktiv gewonnene Subcode validiert. Beispielhaft für diesen steht folgende Passage, in der die Potenziale des BRU artikuliert werden: »*Es ist eine
Plattform, sich mit ja aktuellen gesellschaftlichen und beruflichen Themen aus-
einanderzusetzten. Also es gibt auch Themen – keine Ahnung – ich denke jetzt an
Arbeit und Freizeit jetzt gerade so die zehnte Klasse, die jetzt gerade in die
Ausbildung startet. Da ist das einfach auch ein wichtiger Aspekt. Ja wir machen ja
auch solche Dinge wie – keine Ahnung – kurze und kritische Reflexionen, also:
Was kann ich denn zur Nachhaltigkeit beitragen? Ich [...] hab eine Stunde vor
Weihnachten gemacht, weil einfach viele Schüler mittlerweile im Internet be-
stellen. Was hat das denn für Auswirkungen? Wie viele Pakete sind das denn
eigentlich, die da // Wie oft gehen die um die Welt?*« (BE/L/ka/F/29)

Induktiv hingegen wurde z. B. im Verlauf des Interpretationsprozesses zur
Hauptkategorie »Begründungen und Ziele des Religionsunterrichts in der Berufsschule« die Subkategorie »Alleinstellungsmerkmal Religionsunterricht« gewonnen. Es zeigte sich in den Daten, dass die interviewten Lehrkräfte nicht nur
auf allgemeiner Ebene den BRU im Kontext der beruflichen Bildung rechtfertigen, sondern dass sie ihm zudem Alleinstellungsmerkmale zuordnen. Die Leh-
rer:innen sprechen in dieser Hinsicht explizit in abgrenzender Weise vom Religionsunterricht, der nun von den anderen Berufsschulfächern abgegrenzt wird.
Diese Attribuierungen wurden im Codierprozess mit dem Subcode »Alleinstel-

lungsmerkmal Religionsunterricht« markiert. Eine Lehrkraft äußert sich beispielsweise wie folgt: »*Ich sag am Anfang immer, sie sollen ein mündiger Christ
werden, eigentlich. Oder ihre eigene mündige Meinung, also sie müssen nie meine
Meinungen annehmen. Sie sollen aber ihre Meinungen begründen können. [...]
Kommt auch bei mir immer wieder in den Themenbereichen rein, als Christ
handeln oder in Verantwortung handeln. Sich mit Themen natürlich auseinan-
dersetzen, aber das denke ich, ist so vielleicht bisschen was das abhebt vom
Fachunterricht alleine, wo ich natürlich auch diese Verantwortung habe, aber wo
ich es vielleicht nicht so spüre.*« (BE/L/ev/F/43)

Diese beispielhaften Einblicke in den Auswertungsprozess belegen den
Mehrwert des deduktiv wie induktiv angelegten Interpretationsprozesses. Die
durch die Forschungsfrage, Interviewleitfäden und Beobachtungsperspektiven
bereits vor der Datenauswertung identifizierten Themen erwiesen sich im Datenmaterial mehrheitlich als relevant. Die induktiv gewonnenen oder modifizierten Kategorien trugen zur Präzisierung der Analyseperspektive und weiterer,
für die Forschungsfrage relevanter Themen bei.

2.4.2   Einblicke in ausgewählte Kategoriensysteme

Der Auswertungsprozess der Schulleitungs- und Schüler:inneninterviews wie
auch der Beobachtungsprotokolle erfolgte analog zum skizzierten Auswertungsprozess der Lehrkräfteinterviews. Wenngleich die jeweiligen Akteursperspektiven unterschiedliche Blickwinkel auf die Forschungsfragen eröffnen,
wurden bei der Arbeit an Kategoriensystemen übergreifende Aspekte sichtbar,
die eine zusammenhängende Kodierung des Datenmaterials ermöglichten.
Ähnliches gilt für die Auswertung der Daten, die in der Konzeptevaluierungs-
phase erhoben worden sind. In allen Interviews bzw. Beobachtungsprotokollen
der Basiserhebung dominiert die Kategorie »Organisierbarkeit des konfessionellen BRU«, die folglich am stärksten ausdifferenziert wurde. Eine besondere
Nähe zeigt sich in den Kategoriensystemen, die sich aus der Codierung der
Interviewdaten der Schulleitungen und der Lehrkräfte ergab. Zwar gibt es hier
u. a. auf Ebene der Kategorie »Subjektive Wahrnehmungen des Religionsunterrichts an der Projektschule« akteursspezifische Unterschiede, die Subkategorien
bilden sich insgesamt jedoch in beiden Akteurskontexten annähernd gleich ab.

Lehrkräfte	Schulleitungen
Reputation des Religionsunterrichts – Schüler:innen – Lehrerkollegium – Schulleitung – duale Partner:innen – Eltern	Reputation des Religionsunterrichts – Schüler:innen – Lehrerkollegium – Schulleitung – duale Partner:innen – Öffentlichkeit/Eltern – StMUK (Kultusministerium) – Kirche
Rahmenbedingungen Verhältnis Kirche/Staat Religion im Schulleben	Rahmenbedingungen Verhältnis Kirche/Staat Religion im Schulleben Einflüsse gesellschaftlicher Rahmen- bedingungen
Rolle der Schulleitung	

2.5   Datenschutz und Forschungsdatenmanagement

Bei der Bewerbung um die Projektteilnahme haben sich die Projektschulen verpflichtet, an den vorgesehenen Erhebungen mitzuwirken. Umso wichtiger war es, einen datenschutzrechtlich sensiblen Umgang mit den Forschungsdaten zu gewährleisten. Die erstellten Fragebogenleitfäden wurden daher der Rechtsabteilung des Bayerischen Staatsministeriums für Unterricht und Kultus zur Prüfung vorgelegt. Überdies wurden mit Unterstützung der Rechtsabteilung der Otto-Friedrich-Universität Bamberg Einwilligungserklärungen für die Verarbeitung personenbezogener Daten entwickelt (gem. Art. 6 Abs. 1 der EU-Datenschutz-Grundverordnung – DSGVO), die von allen Teilnehmenden an der Erhebung eingeholt worden sind und für den Zeitraum der vereinbarten Datenaufbewahrung abgespeichert bleiben. In den Fällen nicht-volljähriger Schüler:innen wurden diese Erklärungen von den Erziehungsberechtigten unterschrieben. Den Teilnehmenden an den Erhebungen wurden im Vorfeld die Fragebogenleitfäden über eine gesicherte Webseite zugänglich gemacht. Abgesehen von den Projektlehrkräften und den Projektschulleitungen, die sich mit der Bewerbung um die Teilnahme am Projekt, zum Mitwirken an der Evaluation zu Forschungs- sowie Entwicklungszwecken verpflichteten, war die Freiwilligkeit der Teilnahme an der Erhebung gewahrt. Im Zuge der Datenauswertung wurden personen-, orts- und institutionenbezogene Daten anonymisiert, um potenzielle Rückschlüsse auf die Projektschulen und Interviewpartner:innen zu verhindern.

Die Interviews wurden folgendermaßen verschlüsselt: Erhebungszeitpunkt / Datenursprung [/bei Religionslehrkräften und bei Schüler:innen: Konfessionsmerkmal] / Projektschulcode / Ziffer der gem. Datenverarbeitungssoftware MAXQDA ausgewiesenen Analyseeinheit.

Folgende Abkürzungen wurden bei der Verschlüsselung verwendet:

- Erhebungszeitpunkt: BE = Basiserhebung, ZE = Zwischenerhebung, EE = Evaluationserhebung
- Datenursprung: TB = teilnehmende Beobachtung, L = Lehrer:inneninterview, SL = Schulleiter:inneninterview, SI = Schüler:inneninterview
- anonymisierter Projektschulcode: Buchstaben A bis H
- Konfessionsmerkmal: ev = evangelisch, ka = katholisch, mu = muslimisch, ok = ohne Konfessionszugehörigkeit

Die erhobenen Daten werden für einen Zeitraum bis zehn Jahre nach Abschluss der Erhebung auf den vom Rechenzentrum betriebenen zentralen Forschungsdatenmanagementsystemen der Otto-Friedrich-Universität Bamberg gespeichert.

3.   Ausgangsbedingungen in Fallportraits

Da es sich bei StReBe um ein forschungsgestütztes Entwicklungsprojekt handelt, das auf die Verbesserung der lokalen Organisationsformen zielt, war es besonders wichtig, die Ausgangssituation an den beteiligten Schulen gründlich zu rekonstruieren. Dies geschieht in den drei folgenden Kapiteln. Zunächst werden im vorliegenden Kapitel in verdichteten Fallportraits die Ausgangsbedingungen an den acht Projektschulen vor Beginn des StReBe-Projekts geschildert. In den zwei nachfolgenden Kapiteln werden die Daten dann kategoriengeleitet ausgewertet. Für die Fallportraits wurden ergänzend zu den Daten der Basisstudie auch schulstatistische Daten etwa zur Konfessionszugehörigkeit der Schüler:innen oder zu den lokalen Beschulungsformen (Blick- und/oder Teilzeitunterricht) ergänzend zurate gezogen.

In den Fallportraits geht es primär darum, die Probleme und Herausforderungen nachzuzeichnen, aufgrund derer sich die acht Schulen zur Teilnahme am StReBe-Projekt entschieden haben. Dass einzelne Schulen bereits zu Erhebungsbeginn mit ersten Umsteuerungsmaßnahmen begonnen haben, macht sich in den Beobachtungs- und Interviewdaten bemerkbar, spielt aber für die Rekonstruktion der Ausgangslage eine eher untergeordnete Rolle. Vielmehr werden diese frühen Reforminitiativen im Kapitel zur Auswertungs- und Erprobungsphase aufgenommen.

Insgesamt veranschaulichen die Fallportraits die komplexe, keinesfalls homogene Welt des konfessionellen BRU in Bayern. Sie geben Einblicke in die durch verschiedene Herausforderungen geprägte Situation dieses Unterrichtsfaches im Schuljahr 2019/20, dem Start des StReBe-Projekts – und bilden den kontextuellen Hintergrund für die im nächsten Kapitel präsentierte kategoriengeleitete Auswertung.

3.1   Schule A

Rahmenbedingungen
In dem großen Berufsschulzentrum wird der BRU im besonderen Maße durch
die wachsende religiöse und weltanschauliche Vielfalt herausgefordert, die in der
prozentualen Verteilung der Schüler:innenzahlen aus dem Schuljahr 2018/2019
deutlich wird: Während die evangelische und katholische Konfession mit jeweils
36 Prozent paritätisch verteilt sind, sind 14 Prozent der Schüler:innen bekenntnislos, elf Prozent muslimisch und drei Prozent andersreligiös. Der Anteil der
evangelischen und katholischen Lernenden ist in den letzten Jahren rückläufig,
wohingegen die Gruppe der Bekenntnislosen und Andersreligiösen steigt. Die
Größe der Schule, aber auch die Gemengelage aus Block- und Teilzeitunterricht
verstärken das komplexe Bedingungsgefüge des BRU.

Herausforderungen bei der Organisation des BRU ergeben sich besonders in
den Ausbildungszweigen, in denen mehrheitlich berufsschulberechtigte Lernende beschult werden, die nicht mehr verpflichtet sind, am BRU teilzunehmen.
Zum einen motivieren die dualen Partnerunternehmen ihre Auszubildenden,
sich aus Effizienzgründen vom BRU abzumelden, was bei großen Ausbildungsbetrieben ganze Schüler:innengruppen betrifft. Zum anderen werden die
Blockpläne aufgrund der Größe des Schulzentrums bereits im Frühjahr erstellt,
obwohl die genauen Zahlen der Schüler:innen, die zu Schuljahresbeginn im
Herbst ankommen, noch nicht vorliegen. Melden sich dann zum Beginn des
neuen Schuljahres die sog. Berufsschulberechtigten vom BRU ab – was bei
Blockunterricht teilweise bis in den November hinein möglich ist –, brechen im
laufenden Schuljahr ganze BRU-Gruppen weg. Dies erschwert die Planungssi-
cherheit für die Religions-, aber auch für die Fachlehrkräfte. Gerade für kirchliche Lehrkräfte ist bisweilen ein Defizit im Stundendeputat die Folge. Um eigene
Lerngruppen anbieten zu können, müssen aufgrund der Mindestgruppengröße
von fünf Lernenden pro Konfession Konfessionsgruppen der gleichen Jahrgangsstufe gekoppelt werden, teilweise auch aus unterschiedlichen Ausbildungszweigen. Bei Blockklassen kommt es jedoch häufig vor, dass trotz dieser
Kopplungen in einzelnen Blockschienen nicht genügend Lernende für jede
Unterrichtsgruppe vorhanden sind. Schüler:innen der Minoritätskonfession
kann in diesem Fall nur dann BRU angeboten werden, wenn sie auf Antrag am
Religionsunterricht der anderen Konfession teilnehmen.

Perspektiven der Schulleitung
Für die Schulleitung dominieren die Herausforderungen rund um die Organisation des konfessionellen BRU. Sie befragt den Aufwand bei der Organisation,
legt sie doch Wert darauf, dass alle fachrelevanten schulrechtlichen und kirchlichen Vorgaben eingehalten werden – gerade auch bei Genehmigungen eines

Gruppenwechsels der Schüler:innen. Das hat einerseits einen enormen verwaltungstechnischen Aufwand zur Folge. Andererseits erzeugt es einen Mehraufwand auf Seiten der Fach- und Klassenlehrkräfte, welcher der Akzeptanz des BRU im Kollegium schadet. Auch bei den dualen Partnerunternehmen und bei Schüler:innen hat der BRU Akzeptanzprobleme. Um die Reputation des Fachs bei den Ausbildern zu steigern, könnte sich die Schulleitung beispielsweise eine Austauschplattform zwischen Ausbildern und Religionslehrkräften im Rahmen der Ausbilder:innensprechtage vorstellen.

Gleichwohl betont die Schulleitung die Relevanz des BRU angesichts seines Beitrags zur Wertebildung und für gesamtgesellschaftliche Belange. Der diesbezügliche Mehrwert des Unterrichtsfachs könnte ihrer Ansicht nach dadurch gesteigert werden, dass im BRU vermehrt berufsbezogene Themen eingebettet werden. In diesem Zusammenhang macht die Schulleitung immer wieder deutlich, dass kirchliche Lehrkräfte weniger ins berufspädagogische Konzept der Schule integrierbar sind als staatliche Lehrkräfte. Letztere können überdies wegen ihres beruflichen Erstfachs flexibler in die Stundentafel eingeplant werden.

In Bezug auf die Schüler:innenzusammensetzung sieht die Schulleitung Bedarf an alternativen Organisationsformen von BRU: Neben Ethik, als »echte« Alternative zum konfessionellen BRU, ist ihr u. a. an einem »Religion*en*unterricht« gelegen, aus Gründen der organisatorischen Erleichterung zumindest aber an konfessionell-kooperativem Religionsunterricht.

Perspektiven der Religionslehrkräfte
Die Fachgruppe Religion setzt sich an dieser Schule aus staatlichen und kirchlichen Religionslehrkräften zusammen. Während die staatlichen Lehrkräfte mehrheitlich in ihrem beruflichen Erstfach eingesetzt werden, decken die kirchlichen Vollzeitlehrkräfte die Mehrheit des konfessionellen BRU ab (Stand Schuljahr 2018/2019). Die Lehrkräfte der Religionsfachschaft arbeiten konfessionsübergreifend vertrauensvoll zusammen.

Während eine Projektlehrkraft auf inhaltlicher Ebene wertschätzende Anerkennung für den BRU seitens des Fachkollegiums und der Mehrheit der Lernenden erfährt, wird die Wertschätzung durch den stetig wachsenden Organisationsaufwand für alle Beteiligten relativiert. Die fachbetreuende Lehrkraft beschreibt die Komplexität der Organisation von konfessionellem BRU und geht dabei vor allem auf die Einhaltung aller formalregulativen Vorgaben sowie auf die immer heterogener werdende Schüler:innenschaft und den damit erhöhten Aufwand bei der Gruppenbildung ein. Beide Projektlehrkräfte verweisen auf das komplexe Antragswesen, wenn es um die Teilnahme von Schüler:innen geht, die nicht der den jeweiligen BRU bestimmenden Konfession angehören, und wünschen sich Vereinfachungen. Auch auf Seiten der Schüler:innen identifizieren sie eine zunehmend negative Grundhaltung gegenüber dem BRU, besonders in Verbindung mit den organisatorischen Zwängen, Klassenkopplungen und teils langwierigen Gruppenbildungen. Dies zeigt sich in einer steigenden Zahl an Abmeldungen, vor allem von berufsschulberechtigten Schüler:innen. Auch melden sich einige Lernende bewusst dann vom BRU ab, wenn sie wissen, dass das Ersatzfach Ethik aus organisatorischen Gründen nicht angeboten werden kann und sie folglich eine Freistunde bekommen. Ist der konfessionelle BRU organisierbar, führt dies zu einem Gefühl der Benachteiligung bei konfessionellen Schüler:innen, da sie den Unterricht besuchen müssen und keine zusätzliche Freistunde haben.

Beide Lehrkräfte sehen die Notwendigkeit, pädagogisch und theologisch fundierte alternative Organisationsformen von konfessionellem BRU zu entwickeln, um die Präsenz und Akzeptanz dieses Unterrichtsfaches an ihrer Berufsschule auch zukünftig sicherzustellen. Eine Lehrkraft verweist diesbezüglich explizit auf Modelle der konfessionellen Kooperation, wenngleich in dieser Hinsicht auch die Sorge vor möglichen Einsparungen auf Personalebene artikuliert wird. Angesichts der hohen Zahl an nicht- und andersreligiösen Schüler:innen muss nach Ansicht der interviewten Lehrkräfte aber auch die Abdeckung des Ersatzfachs Ethik gewährleistet sein.

Perspektiven der Schüler:innen
Die Schüler:innen äußern sich positiv über den BRU, vor allem in Bezug auf Subjektorientierung, Diskursivität, Freiheit von Notendruck und insbesondere im Hinblick auf die Lehrpersonen. Sie schätzen, dass der Religionsunterricht einen offenen Zugang zu Religion und Religiosität ermöglicht. Die konfessionelle Positionierung der Lehrkraft sowie ihre eigene Konfession spielt für die Lernenden und das intersubjektive Miteinander kaum eine Rolle. Vielmehr sehen sie eine gute, vertrauensvolle Atmosphäre als zentralen Gelingensfaktor an und bewerten es in diesem Zusammenhang als negativ, wenn ihre Äußerungen durch andere Lernende, mit denen sie im Zuge der Klassenkopplungen im Religionsunterricht unterrichtet werden, zum Teil abgewertet werden. Daher befürworten sie einen BRU im – für sie gewohnten – Klassenverband. Einem interreligiösen Austausch im BRU stehen sie hingegen eher kritisch gegenüber. Deutlich wird, dass die interviewte Schüler:innengruppe, die in einem sozialen Ausbildungsberuf tätig ist, durchaus eine Relevanz von religiösen Inhalten bzw. dem Glauben für ihr berufliches Handeln wahrnimmt, während für die andere Schüler:innengruppe, die einem gewerblichen Ausbildungsberuf angehört, diese Relevanz nicht erfahrbar ist. Beide Schüler:innengruppen beschreiben, dass ihre beruflichen Ausbilder:innen dem BRU eher gleichgültig bis negativ gegenüberstehen. Sie selbst sprechen diesem Unterrichtsfach einen Mehrwert zu, wenn es Orientierung für die eigene Lebens- oder Berufswelt ermöglicht.

Fazit

Der organisatorische Aufwand für das flächendeckende parallele Angebot von evangelischem BRU, katholischem BRU und Ethik ist unter den skizzierten lokalen Voraussetzungen an einer Berufsschule dieser Größe kaum noch zu leisten. Der damit verbundene Mehraufwand für die Schulleitung und das Kollegium wirkt sich negativ auf die Reputation dieses Unterrichtsfaches aus. Die Schulleitung legt bei der Organisation des BRU besonderen Wert auf die Einhaltung aller rechtlichen Vorgaben, was aus der Perspektive der Religionslehrkräfte zunehmend in pädagogisch-herausfordernden Klassenkopplungen und Unterrichtsausfall (weil nicht organisierbar) resultiert. Die Schüler:innen äußern sich ablehnend zu der Zusammenlegung von Lernenden aus verschiedenen Klassen im BRU. Auf inhaltlicher Ebene und in Bezug auf die Religionslehrkräfte sprechen sie hingegen ihre Wertschätzung für dieses Fach aus.

3.2   Schule B

Rahmenbedingungen

Die große Berufsschule mit einem ländlich-geprägten Schulsprengel weist bezüglich der Konfessionszugehörigkeiten der Schüler:innen eine deutliche Majoritäts-Minoritätskonstellation auf. Im Schuljahr 2019/2020 gehören ca. 65 Prozent der Majoritätskonfession, nur 15 Prozent der Minoritätskonfession und ca. 16 Prozent anderen Religionsgemeinschaften an. Nur knapp sieben Prozent sind konfessionslos. In beiden konfessionellen BRU unterrichten staatliche und kirchliche Religionslehrkräfte. Für religiöse Anlässe wurde im Schulhaus ein »Raum der Stille« etabliert.

Im Teilzeitunterricht wird BRU konfessionell getrennt erteilt; dies funktioniert für die Majoritätskonfession bis auf wenige Ausnahmefälle. Um die Mindestgruppengröße von fünf Schüler:innen in der Minoritätskonfession zu erreichen, werden zum Teil jahrgangsstufenübergreifende Klassenkopplungen vorgenommen. Ist dies organisatorisch nicht möglich und wird auch kein Ethikunterricht angeboten, erhalten die betreffenden Lernenden »Ersatzunterricht«, indem sie zum Beispiel Sozialkunde in einer Parallelklasse besuchen.

In Ausbildungsberufen, für die Blockunterricht vorgesehen ist, findet BRU an dieser Berufsschule grundsätzlich an zwei Tagen in der ersten Unterrichtsstunde statt – er wird also bei der Stundenplanung gesondert berücksichtigt. Der BRU für die Majoritätskonfession kann meist ohne Probleme angeboten werden, der für die Minoritätskonfession dagegen nur schwer, da die erforderliche Gruppengröße von fünf Schüler:innen nur selten erreicht werden kann. Um für die Minoritätskonfession parallel zur Majoritätskonfession BRU anbieten zu können, müssen Schüler:innen aus verschiedenen Blockklassen zusammen beschult werden, um die vorausgesetzte Mindestgruppengröße zu erreichen. Da die Blockschienen der einzelnen Klassen jedoch unterschiedlich liegen, also nicht immer die gleichen Klassen pro Blockwoche parallel anwesend sind, bedeutet dies, dass diese, aus Klassenkopplungen resultierenden BRU-Gruppen der Minorität sowohl zahlenmäßig als auch in ihrer jahrgangsstufenbezogenen Zusammensetzung von Woche zu Woche variieren. Aus pädagogischer Perspektive ist dieses Setting sowohl für die Lehrkraft als auch für die Lernenden kaum tragbar.

Um diese Ausgangssituation für alle Beteiligten zu entspannen, hat die Schulleitung in enger Zusammenarbeit mit der Fachbetreuung Religion beschlossen, den StReBe-Projektrahmen zu nutzen, um BRU in erweiterter konfessioneller Kooperation im Rahmen der Blockbeschulung zu erproben: Pro Blockklasse wird dabei eine konfessionell-kooperative Religionsgruppe gebildet, die von einer Religionslehrkraft unterrichtet wird. Die konfessionell gemischte Blockklassen-Schüler:innengruppe, die den größten Anteil an Lernenden der Minoritätskonfession aufweist, wird von der Minoritätslehrkraft, alle anderen Gruppen von der Majoritätslehrkraft unterrichtet.

Perspektiven der Schulleitung
Die Schulleitung legt viel Wert auf das flächendeckende Angebot von Religions- und Ethikunterricht an ihrer Berufsschule. Neben den organisatorisch herausfordernden Klassenkopplungen, um das Zustandekommen von BRU für die Minoritätskonfession zu gewährleisten, verweist sie auch auf einen Mangel an Ethiklehrkräften. Immer wieder betont die Schulleitung das Engagement der Religionslehrkräfte und spricht ihnen eine zentrale Rolle in der Gestaltung des Schullebens zu, z. B. im Rahmen von Gottesdiensten, Besinnungsstunden oder Morgengebeten. In Bezug auf die dualen Partnerunternehmen beschreibt die Schulleitung ein Spannungsfeld: Auf der einen Seite sieht sie sich maßgeblich in der Verantwortung dafür, dass BRU ordentlich angeboten wird – etwa, weil dieser zur ganzheitlichen Bildung beitrage. Auf der anderen Seite macht sie deutlich, dass der Fachunterricht an der Berufsschule Priorität hat und nötige Stundenkürzungen gegenüber den Ausbildungsbetrieben nur in den allgemeinbildenden Fächern, allen voran im Religionsunterricht, vertretbar sind. Als herausfordernd benennt sie auch das komplexe Antragsverfahren bei der Teilnahme von Schüler:innen am Unterricht der anderen Konfession.

Perspektiven der Religionslehrkräfte
Beide Projektlehrkräfte beschreiben die positive Reputation des BRU an ihrer Berufsschule, was sie nicht zuletzt in der Unterstützung der Schulleitung begründet sehen. Besonders kritisch sehen sie die jahrgangs- und ausbildungsübergreifenden Klassenkopplungen. Die Schule bemüht sich um eine gute Re-

ligionsunterrichtsabdeckung, was jedoch nur dadurch gelingt, dass lediglich zwei
statt drei BRU-Stunden gegeben werden, dass für den BRU von vorneherein
bestimmte Zeitschienen reserviert werden und dass die Klassen – falls möglich –
konfessionsbezogen zusammengesetzt werden. Beispielsweise werden in mehr-
zügigen Klassenstufen die wenigen Schüler:innen der Minoritätskonfession, aber
auch Ethik-Schüler:innen in bestimmten Klassen gebündelt. In den meisten
Klassen gehört die Mehrheit der Schüler:innen der Majoritätskonfession an. Die
Majoritätslehrkraft begrüßt, dass konfessionslose und andersgläubige Schüler:-
innen auf Antrag den konfessionellen Religionsunterricht besuchen dürfen,
grundsätzlich sollte für diese Lernenden jedoch ein flächendeckendes Ethikangebot zur Verfügung stehen. Trotz der Unterstützung von Schulleitung und
Lehrkräftekollegium bei der Organisation von konfessionell getrennt erteiltem
BRU ist es schwer, für die Schüler:innen der Minoritätskonfession geregelten
Religionsunterricht anzubieten, weil gerade in den Blockklassen Lernende aus
unterschiedlichen Berufen und unterschiedlichen Blockphasen – zum Teil auch
aus unterschiedlichen Jahrgangsstufen – gebündelt werden müssen. Letztlich
leiden die Lernatmosphäre und der Lernfortschritt darunter, da nicht selten die
Religionsgruppenzusammensetzungen ständig wechseln. Für die unterrichtende
Lehrkraft bedeutet dies einen außerordentlichen Planungsmehraufwand und
eine didaktische Erschwernis, weil sie jede Woche mit einer anderen Gruppen-
konstellation arbeiten muss. Dies stellt für die Religionslehrkraft der Minoritätskonfession eine große Einschränkung bei der Erteilung eines qualitätsvollen,
aufbauendes Lernen ermöglichenden BRU dar – nicht zuletzt auch bei der
Vergabe von Noten.

Perspektiven der Schüler:innen
Die interviewten Schüler:innen beschreiben den BRU im Vergleich zu ihrem vor
der Berufsausbildung an anderen Schulen besuchten Religionsunterricht als
weniger konfessionsspezifisch, grenzen ihn aber explizit vom Ethikunterricht
und damit einer reinen Wertevermittlung ab. Für sie ist eine christliche Kontu-
rierung sowohl inhaltlich als auch durch die Person der Lehrkraft deutlich
wahrnehmbar. Für viele gehört Religionsunterricht aufgrund ihrer konfessionellen Prägung einfach dazu. Bisweilen entscheiden sie sich aus pragmatischen
Gründen, am BRU teilzunehmen: Verbesserung des Notenschnitts, aber auch
weil sie angesichts von Fahrgemeinschaften ansonsten in der Schule »rumsitzen«
müssten. Die Befragten haben wenig Blick auf organisatorische Fragen, aber sie –
insbesondere die der Minoritätskonfession – schätzen die Lebensweltorientierung, den Raum für Meinungsaustausch und die entspannte und lockere Atmosphäre im BRU.

Fazit

Die zentrale Herausforderung des Religionsunterrichts an dieser Berufsschule liegt in der lokal bedingten Dominanz der konfessionellen Majoritätsgruppe auf Seiten der Schüler:innen, die wiederum die Organisation von konfessionellem BRU für die Minorität maßgeblich erschwert. Sowohl die Schulleitung als auch die Religionslehrkräfte verbalisieren großes Interesse an einem flächendeckend konfessionell-kooperativen BRU; vor allem für den BRU der Minoritätskonfession könne auf diese Weise eine Stärkung erwirkt werden.

3.3 Schule C

Rahmenbedingungen

An der Berufsschule, die ein urbanes sowie überregionales Einzugsgebiet umfasst, sind evangelisch oder katholisch getaufte Schüler:innen in der Minderheit: Der Minoritätskonfession gehören etwas mehr als 10 Prozent, der Majoritätskonfession knapp 30 Prozent an. Die Anzahl der konfessionslosen und andersreligiösen Schüler:innen bildet an dieser Berufsschule die Mehrheit. An der Schule unterrichten verbeamtete Lehrer:innen evangelischer wie katholischer Konfessionszugehörigkeit. Dass BRU an dieser Berufsschule visibel ist, belegen beispielsweise ein Religionsklassenzimmer sowie im Schulhaus aushängende Fotocollagen zu diversen Projekten aus dem Fachbereich Religion.

Die gesamte Schüler:innenschaft ist über das Schuljahr verteilt jeweils mehrere Wochen am Stück im Blockunterricht anwesend, es gibt keinen Teilzeitunterricht. Der BRU wird nach Konfessionen getrennt, aber klassenübergreifend organisiert und angeboten. Auch gibt es einen parallel stattfindenden Ethikunterricht. Sowohl der Religions- als auch der Ethikunterricht finden in den Blockwochen jeweils drei Schulstunden am Stück statt.

Zur lokalen Praxis an dieser Berufsschule gehört es, dass die Schüler:innen zu Beginn eines jeden Schuljahres aktiv wählen können, ob sie evangelischen Religionsunterricht oder katholischen Religionsunterricht oder Ethikunterricht besuchen möchten. In Informationsveranstaltungen am Schuljahresanfang informieren die beteiligten Religions- und Ethiklehrkräfte über das »Wahlangebot«. Die Lehrkraft der Minoritätskonfession kann so Schüler:innen ansprechen und zur Teilnahme am BRU der Minoritätskonfession motivieren. Auf diese Weise wird das Zustandekommen konstanter Lerngruppen auch für die Minoritätskonfession sichergestellt, da für diese Gruppe aufgrund der Mindestgruppenvorgabe von fünf Schüler:innen (gemäß §27 BaySchO) im Kontext der Blockbeschulung ansonsten keine durchgängige separate Beschulungsgruppe erreicht werden würde. Zugleich bedeutet dies, dass Schüler:innen der Majoritätskonfession z. T. in den BRU der Minoritätskonfession gehen oder in den

Ethikunterricht. Vereinzelt finden aber auch umgekehrte Bewegungen statt, wonach Schüler:innen der Minoritätskonfession sich im Majoritäts-BRU anmelden oder zu Ethik wechseln.

Perspektiven der Schulleitung
Die Schulleitung betont, dass der BRU für ihre Berufsschule wichtig sei. Am Angebot eines konfessionellen Religionsunterrichts hält sie fest in der Überzeugung, dass Schüler:innen grundsätzlich religiöse Bildung zuteilwerden solle. Insgesamt wird dem BRU – wie dem Ethikunterricht auch – attestiert, dass er zum Mündigwerden der Schüler:innen beitrage. Nicht zuletzt infolgedessen hebt die Schulleitung ihren Anspruch an der Aufrechterhaltung des BRU an ihrer Berufsschule hervor – auch in Abgrenzung zu anderen Berufsschulen im lokalen Umfeld, die aus unterschiedlichen Gründen teilweise keinen Religionsunterricht mehr anbieten. Demgegenüber sieht die stellvertretende Schulleitung die Durchführung und Beibehaltung eines konfessionell getrennten BRU vor dem Hintergrund der pluralen Schüler:innenschaft sowie aufgrund des Einflusses und Mitspracherechts der Religionsgemeinschaften in schulischen Belangen kritisch. Sie befürwortet die Einführung eines BRU im Klassenverband, was aus ihrer Sicht den positiven Nebeneffekt der Vereinfachung in der Organisation dieses Faches mit sich bringen würde.

Perspektiven der Religionslehrkräfte
Beide Projektlehrkräfte sehen im konfessionellen BRU eine wichtige, unverzichtbare Ergänzung zum Fachunterricht. Die lokale Wahl-Praxis zur Bildung der konfessionellen Religionsgruppen wird unterschiedlich bewertet: Während die Religionslehrkraft der Minoritätskonfession diese Vorgehensweise kaum infrage stellt, sieht die Religionslehrkraft der Majoritätskonfession sie eher kritisch; insbesondere die Info- bzw. Werbeveranstaltung am Schuljahresbeginn lasse Konkurrenzsituationen innerhalb des Religions- und Ethikkollegiums entstehen. Im Sinne einer Alternativgewinnung schließen jedoch beide Religionslehrkräfte eine konfessionelle Kooperation im Rahmen eines rechtskonform organisierten konfessionellen BRU nicht aus. Vor allem die Lehrkraft der Minoritätskonfession zeigt sich dafür offen, um auch weiterhin ihr BRU-Stundendeputat abdecken und konstante Lerngruppen bilden zu können. Projektarbeit ist an dieser Berufsschule etabliert und wird von beiden Lehrkräften als prägend für die Sichtbarkeit von Religion im Schulleben markiert. Sie haben bereits mehrere konfessionsübergreifende Projekte gemeinsam durchgeführt – auch als ergänzende Angebote zum konfessionellen BRU.

Perspektiven der Schüler:innen

Schüler:innen der Minoritätskonfession und Bekenntnislose, die den Unterricht der Minoritätskonfession besuchen, verweisen darauf, dass für ihre Teilnahme am BRU die Lehrkraft, die BRU der Minoritätskonfession unterrichtet, einen wesentlichen Motivationsfaktor darstellt. Die interviewten Schüler:innen bewerten den konfessionellen BRU fast ausschließlich von der Lehrkraft her: Ist diese ihrer Meinung nach gut, erachten sie auch den BRU als relevant. Dagegen spielen konfessionsspezifische Überlegungen oder die Konfession der Lehrkraft kaum eine Rolle für diese Schüler:innen, wenn es darum geht, sich zwischen dem Religionsunterricht der Majoritäts- oder der Minoritätskonfession oder dem Ethikunterricht zu entscheiden. Das konfessions- sowie religionsbezogene heterogene Miteinander im gewählten Unterricht erleben sie als unproblematisch; bisweilen erachten sie es gar als Bereicherung – gerade bei Diskussionen.

Manche der interviewten Schüler:innen, die den BRU der Majoritätskonfession besuchen, argumentieren überdies ausgehend vom Faktor Konfessionszugehörigkeit. Für sie erscheint es selbstverständlich, als Angehörige der Majoritätskonfession auch den BRU der Majoritätskonfession zu besuchen. Gleichzeitig schwingt in dieser Argumentation die spezifische Organisationspraxis dieser Berufsschule mit, insofern der Teilnahme am jeweiligen konfessionellen BRU eine »echte« Entscheidung vorausgeht.

Fazit

Insgesamt funktioniert der konfessionelle BRU an dieser Berufsschule auf Basis der wahlbasierten, flexiblen Gruppeneinteilung, die wiederum eine Voraussetzung für das Zustandekommen stabiler Lerngruppen der Minoritätskonfession darstellt. Die grundsätzliche Befürwortung des BRU seitens der Schulleitung sowie der personelle Einsatz der Religionslehrkräfte unterstützen die Organisation des konfessionellen BRU an dieser Berufsschule, wenngleich die stellvertretende Schulleitung einen konfessionell trennenden BRU kritisch sieht. Für die Lernenden zählt eine gelingende Unterrichtsgestaltung mehr als die Konfessionszugehörigkeit der unterrichtenden Religionslehrkraft. Deutlich wird an dieser Berufsschule, dass konfessioneller BRU nur im Zusammenhang mit dem Ersatzfach Ethik gedacht und entwickelt werden kann – insbesondere wenn, wie an dieser Schule, mehr als die Hälfte der Schüler:innen weder evangelisch noch katholisch ist.

3.4   Schule D

Rahmenbedingungen
In Wiederspiegelung der regionalen Gegebenheiten ist die Konfessionszugehörigkeit der Schüler:innen an der großen Schule besonders ungleich verteilt. Während 76 Prozent der Schüler:innen der Majoritätskonfession angehören, lassen sich der Minoritätskonfession lediglich knapp fünf Prozent zuordnen. Sechs Prozent gehören formal keiner Religionsgemeinschaft an, der Rest ist andersreligiös (alle Zahlen aus Schuljahr 2019/20). Der BRU der Majoritätskonfession wird von staatlichen und kirchlichen Religionslehrkräften erteilt, die in ausreichender Zahl vorhanden sind. Für den Unterricht für die Minoritätskonfession steht dagegen nur eine staatliche Lehrkraft zur Verfügung, die überdies auch noch an einer anderen Berufsschule unterrichtet. Diese Voraussetzungen erschweren es schulorganisatorisch, konfessionellen BRU für Schüler:innen der Minoritätskonfession anzubieten. Da Letztgenannte überdies je nach Block- oder Teilzeitunterricht in verschiedenen Zeitschienen und Wochentagen anwesend sind, ist es kaum möglich, konstante Lerngruppen zu bilden und dabei die Mindestgruppengröße von fünf Schüler:innen gemäß §27 BaySchO zur Bildung einer separaten BRU-Gruppe zu erreichen. Um dennoch religiöse Bildung zu erlangen und eine Note im Fach Religion zu bekommen, nimmt ein Großteil der Schüler:innen der Minderheitskonfession auf Antrag am BRU der Majoritätskonfession teil. Eine alternative Teilnahme am Ethikunterricht ist aufgrund fehlender Ethikstunden meist nicht möglich. Diese Rahmenbedingungen führen letztlich dazu, dass die Gewährleistung eines Religionsunterrichts der Minoritätskonfession an dieser Berufsschule zusehends an Grenzen stößt. Überdies wird an der Schule am Religionsunterricht gekürzt, um eine flächendeckendere Unterrichtsversorgung – gerade für die Minoritätskonfessionsschüler:innen – zu gewährleisten. Insbesondere gelingt es nur z. T. Ethik als Ersatzfach zu organisieren.

Perspektiven der Schulleitung
Die Schulleitung schreibt dem BRU hohe Relevanz zu, als wichtige Ergänzung zum berufsorientierten Fachunterricht und als Beitrag zu Wertebildung – diese Wertschätzung vertritt sie auch gegenüber den dualen Partnerbetrieben, die bisweilen die Relevanz von Religionsunterricht anfragen. Dieses Unterrichtsfach ist immer dann mit kritischen Anfragen seitens der dualen Partnerunternehmen und Schüler:innen konfrontiert, wenn Schwierigkeiten bei der Durchführung des Unterrichts auftreten. So berichtet die Schulleitung, dass Ausbildungsbetrieben kaum zu vermitteln sei, wenn ein:e Auszubildende:r wegen Religion entgegen ursprünglicher Planungen auf einen anderen Schultag oder in eine andere Blockschiene wechseln solle. Ebenfalls negativ auf die Reputation des Religi-

onsunterrichts wirke sich aus, wenn Ethikunterricht nicht als Ersatzfach angeboten werden könne. Die betroffenen Lernenden hätten folglich eine Freistunde,
was Unzufriedenheit bei den konfessionellen Schüler:innen auslöse. In der Folge
melden sich teilweise auch die Letztgenannten gezielt vom BRU ab, um eine
Freistunde zu erlangen, da an der Schule kein Ethikunterricht angeboten wird.
Insgesamt hänge die Qualität des BRU stark von den Religionslehrkräften ab,
welche die Schulleitung jedoch als motiviert, gut ausgebildet und schüler:in-
nenorientiert beschreibt. Wichtig ist ihr, dass auch im BRU Bezüge zu den Be-
rufsfeldern der Schüler:innen geschaffen werden. Den Einsatz von kirchlichen
Religionslehrkräften, die an verschiedenen Schulen unterrichten, nimmt die
Schulleitung hinsichtlich der Organisation von BRU als komplexitätssteigernd
wahr. Dennoch tue sie ihr Bestes, um auch für die Minoritätskonfession Religionsunterricht anbieten zu können – dazu aber sei die Zusammenlegung von
Schüler:innen unterschiedlicher Berufszeige und Klassenstufen nötig. Das Antragswesen empfindet sie als unkompliziert.

Perspektiven der Religionslehrkräfte
Den beiden eng miteinander kooperierenden Projektlehrkräften ist u. a. wichtig,
dass auch im BRU der Berufsbezug deutlich wird. Nicht zuletzt in gemischt-
konfessionellen Lerngruppen achten sie auf eine konfessionssensible Unterrichtspraxis, obgleich sie die konfessionelle Identität ihrer Schüler:innen als
wenig ausgeprägt einschätzen. Die interviewten Lehrkräfte vergleichen ihre BRU-
Erfahrungen auch im Kontext ihrer anderen Unterrichtsfächer. So empfinden
sowohl die Majoritäts- als auch die Minoritätslehrkraft das Arbeiten in den –
verglichen mit einer regulären Klassengröße – zahlenmäßig jeweils kleineren
BRU-Gruppen als angenehm. Ihnen liegt bei ihrem Unterrichten insbesondere
die Wertebildung der Schüler:innen am Herzen, was sich auch im gemeinsamen
Umsetzen von Jahresthemen für den BRU (z. B. Weltethos oder Digitalisierung)
artikuliert. Die Lehrkraft der Minoritätskonfession hat gleichwohl einen Rückgang ihrer Stundenzahl an dieser Schule zu registrieren: Während sie vor ein paar
Jahren noch sieben Stunden Religionslehre unterrichten konnte, war es aufgrund
der wenigen Schüler:innen ihrer Konfession im letzten Schuljahr nur noch eine
Unterrichtsstunde. BRU für die Minderheitenkonfession ist kaum organisierbar,
für die Majoritätskonfession dagegen in den meisten Fällen schon. Die Majoritätslehrkraft schätzt es, dass die einzelnen Abteilungen die Organisation des BRU
bestmöglich unterstützen. Beide Projektlehrkräfte betonen die Relevanz von
Ethik für einen »funktionierenden« konfessionellen BRU. Ein fehlendes paral-
leles Angebot von Ethikunterricht werde der steigenden Zahl an nicht- und andersreligiösen Lernenden nicht gerecht und würde – wie auch von der Schulleitung erwähnt – zu Abmeldungen vom BRU zugunsten von Freistunden führen.

Perspektiven der Schüler:innen
Die Schüler:innen bewerten die kleinen bzw. kleineren BRU-Gruppen positiv – vor allem die dadurch leichter mögliche vertraute Atmosphäre und den in der Folge persönlicher gestalteten Austausch. Beide Aspekte sprechen sie größeren Klassengruppen zwar nicht explizit ab, beschreiben das Arbeiten in diesen jedoch als »anders«. Obwohl sie eine konfessionsbezogene Sensibilität besitzen, resultiert ihre Teilnahmemotivation am BRU primär aus ihrer Berufsschulpflicht. Einerseits befragen sie die Notwendigkeit von Religionsunterricht an der Berufsschule, andererseits bewerten sie diesen inhaltlich jedoch als positiv und erkennen einen persönlichen Mehrwert. Ein extrinsischer Motivator zur Teilnahme am konfessionellen BRU liegt darin, dass das Ersatzfach Ethik zu unattraktiven Zeiten, wie zum Beispiel Freitagnachmittag, angeboten wird.

Fazit
Insgesamt zeichnet diese Projektschule aus, dass trotz des extremen Majoritäts-Minoritäts-Verhältnisses sowohl die Vertreter:innen der Majoritätskonfession als auch die Schulleitung ein hohes Interesse an einem funktionierenden BRU der Minoritätskonfession haben. Dies wird unterstützt durch ein engagiertes Auftreten der staatlichen Lehrkraft der Minoritätskonfession. Als Gelingensfaktor für das Funktionieren von BRU erweist sich u. a. auch die funktionierende Zusammenarbeit der Lehrer:innen beider Konfessionen. Deutlich wird in dieser Projektschule jedoch auch, dass dem Engagement aufgrund organisatorischer Rahmenbedingungen Grenzen gesetzt sind, denen mit einer Erteilung von BRU in gemischtkonfessionellen Lerngruppen begegnet werden könnte. Beachtenswert erscheint das Bedürfnis der Schüler:innen an einer vertrauensvollen Atmosphäre – ein Bedürfnis, das sie mit kleinen Gruppen scheinbar gut gestillt sehen.

3.5 Schule E

Rahmenbedingungen
An der kleinen Berufsschule gehören ca. 13 Prozent der Schüler:innen der Minoritätskonfession an, etwas mehr als 53 Prozent der Majoritätskonfession. Muslimische Schüler:innen sowie Angehörige sonstiger Glaubensrichtungen stellen an dieser Berufsschule einen Anteil von über 26 Prozent, Konfessionslose machen ca. acht Prozent aus (alle Angaben: Stand Schuljahr 2019/20). Der BRU der Majoritätskonfession wird durch staatliche Religionslehrkräfte erteilt, während die Minoritätskonfession durch eine kirchliche Lehrkraft vertreten ist. Letztere hat nur ein geringes Stundendeputat an der Schule und ist überdies an

mehreren weiteren Schulen in großer Distanz zum Projektschulstandort als Religionslehrkraft eingesetzt.

Der Religionsunterricht wird an dieser Berufsschule sowohl in Teilzeit- als auch Blockschienen organisiert, auch gibt es ein (meist parallel stattfindendes) Ethikunterrichtsangebot. Dieses Unterrichtsfach genießt in der Schule Wertschätzung, was sich u. a. darin äußert, dass es kaum auf sog. Randstunden gelegt wird. Erst mit Beginn des StReBe-Projekts kam der konfessionelle BRU der Minoritätskonfession hinzu, welcher bis dato nicht angeboten worden ist. Dadurch kann einigen wenigen Schüler:innen der Minoritätskonfession erstmals ein BRU-Angebot in ihrer Konfession gemacht werden. Die Schüler:innen der Minoritätskonfession, die aus klassenorganisatorischen Gründen nicht in diesen BRU gehen können, haben eine Freistunde. Die Lehrkraft der Minoritätskonfession erteilt Religionsunterricht in zwei Klassen. Weil die Mindestgruppengröße von fünf Schüler:innen, die gemäß §27 BaySchO zur Bildung einer separaten Beschulungsgruppe notwendig sind, in dieser Lerngruppe nicht ausschließlich mit Angehörigen der Minoritätskonfession erreicht werden konnte, wurden dieser BRU-Lerngruppe auch Schüler:innen der Majoritätskonfession – auf Basis von Anmeldeanträgen – zugeteilt. Diese Umgruppierung von Schüler:innen hat wiederum Auswirkungen auf den parallel stattfindenden konfessionellen BRU der Majoritätskonfession: Die darin beschulte, bereits vorher nicht besonders große Gruppe hat sich durch die Umgruppierung einiger Schüler:innen in den konfessionellen BRU der Minoritätskonfession verkleinert. Beide konfessionellen Lerngruppen werden einstündig pro Woche unterrichtet.

Perspektiven der Schulleitung
Die Schulleitung dieser Berufsschule steht dem Religionsunterricht grundsätzlich positiv gegenüber und erachtet ihn als wichtig für die Wesens- und freiheitlich-demokratische Grundbildung der Schüler:innen. Sie begrüßt die Erweiterung des Angebots eines konfessionellen Religionsunterrichts für die Schüler:innen der Minoritätskonfession. Zur lokalen Praxis äußert sie sich insofern, als sie das kollegiale Miteinander des sich veränderten Religionslehrkräftekollegiums und die damit verbundene Stärkung der Minoritätskonfession hervorhebt. Die mit dem Schulprojekt möglichen Veränderungsoptionen hinsichtlich der Organisation des (konfessionellen) BRU nimmt die Schulleitung als Bereicherung für das gesamte Schulleben wahr.

Perspektiven der Religionslehrkräfte
Die interviewte Lehrkraft der Majoritätskonfession bewertet die bisherige Organisation und lokale Praxis ihres BRU als unproblematisch. Schwerpunktmäßig betrachtet sie jedoch die Auswirkungen der Einführung eines konfessionellen BRU der Minoritätskonfession auf die Organisation des eigenen konfessionellen

BRU aus organisatorischen und didaktischen Gründen kritisch: Die gestiegene Komplexität der Gruppenbildung sowie die Verkleinerung der Majoritätsreligionsgruppe werden problematisiert, auch weil bewährte Handlungs- und lokale Praxen dadurch nicht mehr greifen.

In den Äußerungen der Lehrkraft der Minoritätskonfession spielen Fragen der Organisation und lokalen Praxen eine vergleichsweise geringe Rolle. Aus ihrer Perspektive steht eine inhaltlich-didaktische Entwicklung des Unterrichtskonzepts in einer Orientierung an der Schüler:innenklientel im Vordergrund. Die Lehrkraft zeigt sich dabei auch offen für alternative Organisationspraktiken des BRU (beispielsweise Projektunterricht) und sieht in ihnen eine Chance für sowohl die Persönlichkeitsentwicklung der Schüler:innen als auch einer konzeptionellen Weiterentwicklung der bereits bestehenden lokalen Praxen an dieser Berufsschule.

Perspektiven der Schüler:innen
Für die in den Fokusgruppeninterviews befragten Schüler:innen hat es de facto keine Relevanz, ob sie der Minoritäts- oder Majoritätskonfession angehören und ob sie von einer Lehrkraft der Minoritäts- oder Majoritätskonfession unterrichtet werden. Bei manchen Lernenden zeigt sich in Ansätzen eine Differenzsensibilität hinsichtlich der Konfessionen und konfessioneller Besonderheiten, wobei diese primär an der jeweiligen Lehrkraft festgemacht werden. Vor allem ethische Inhalte des BRU oder alternative Unterrichtsgestaltungsweisen kommen beiden Schüler:innen gut an.

Fazit
Der konfessionelle BRU funktioniert an dieser Berufsschule gemäß einer »Standbein und Spielbein«-Logik. Der BRU der Majoritätskonfession ist das »Standbein« und in seiner Organisation insofern gesichert, als genügend konfessionelle Schüler:innen auf die Teilzeit- und Blockschienen verteilt sind und beide staatlichen Majoritätslehrkräfte hinreichend flexibel für die Unterrichtsabdeckung eingesetzt werden können. Der Einsatz einer Minoritätslehrkraft und der damit verbundene Aufbau eines entsprechend konfessionellen BRU-Angebots markiert das »Spielbein«: In dieser Hinsicht kann Neues ausprobiert und evaluiert werden. Das Angebot eines konfessionellen Religionsunterrichts der Minoritätskonfession funktioniert letztlich aber nur in Kooperation mit der Majoritätskonfession. Insgesamt wird deutlich, dass aus der Einführung von BRU für die Minoritätskonfession eine organisatorische und religionsdidaktische Komplexitätssteigerung resultiert, die von den Majoritätskonfessionslehrkräften als herausfordernd angesehen wird.

3.6   Schule F

Rahmenbedingungen

An der großen Berufsschule gehören zu Projektbeginn 55 Prozent der Schüler:-innen der Majoritätskonfession an. 13 Prozent der Schüler:innen sind der Mi-noritätskonfession zuzurechnen, 23 Prozent andersreligiös und neun Prozent ohne Religionszugehörigkeit (Daten aus dem Schuljahr 2018/19). Der Unterricht wird zu gleichen Teilen von staatlichen und kirchlichen Religionslehrkräften verantwortet. Auch eine ausgebildete Ethiklehrkraft ist vor Ort.

Aufgrund fehlender Religionslehrer:innen, insbesondere auf Seiten der Mi-noritätskonfession, aber auch wegen des Mangels an Ethiklehrkräften war es für diese Berufsschule zunehmend herausfordernd, evangelische und katholische Religionslehre anzubieten. Nicht zuletzt die steigende Anzahl an Schüler:innen, die keiner dieser beiden Konfessionen angehören – unter anderem eine Folge der seit dem Schuljahr 2014/15 ständig gestiegenen Anzahl an geflüchteten Schü-ler:innen – hatte zu einer kontinuierlichen Komplexität der Organisation des Religionsunterrichts geführt. Mangelnde Raumkapazitäten taten ihr Übriges, so dass ein herkömmlich organisierter konfessioneller BRU an dieser Berufsschule nach übereinstimmender Auskunft der Schulleitung und der Religionslehrkräfte unbefriedigende Stundenkonstellationen und pädagogisch fragwürdige Grup-penzusammensetzungen bedeutete. So konnte der Religionsunterricht für die Minoritätskonfession lediglich über die Zusammenlegung von Schüler:innen unterschiedlicher Klassen, zum Teil auch über jahrgangsstufenübergreifende Lerngruppen organisiert werden. Diese Sammelklassen mussten meist in der »Stunde 0«, also noch vor dem eigentlichen Unterrichtsbeginn zwischen 07:10 Uhr und 07:55 Uhr, oder aber in der elften Stunde nach dem regulären Unterricht in der Zeit von 15:50 Uhr bis 16:35 Uhr den BRU besuchen. Parallel dazu wurde meist auch das Ersatzfach Ethik angeboten. Verwaltungsseitig, vor allem hinsichtlich der Organisation potenziell nötiger Lehrkraft-Vertretungen, erwiesen sich diese Gegebenheiten als kaum mehr regulierbar. Seitens der be-troffenen Lehrkräfte und Schüler:innen wurde die Randzeiten-Beschulungsform als sehr ungerecht empfunden.

Überdies ergaben sich irreguläre Situationen, wenn kein Ethikunterricht an-geboten werden konnte und Schüler:innen einer nicht-christlichen Religion deshalb – was über entsprechende Antragsverfahren durchaus möglich ist – am konfessionellen BRU teilnehmen mussten. Da hier aus rechtlichen Gründen der Ausweis der Religionsunterrichtsnote im Zeugnis in Orientierung am unter-richteten Lehrplan als »evangelisch-lutherisch« oder »römisch-katholisch« er-folgt, führt dieser Noteneintrag insbesondere für muslimische Schüler:innen bisweilen zu Konflikten mit ihren Gemeinden.

Diese zunehmende Komplexität in der Organisation von konfessionellem BRU und Ethik gab den Anlass zur Entwicklung von Alternativen in Bezug auf das Angebot von Religions- und Ethikunterricht – mit dem Ziel, allen Schüler:innen die Teilnahme daran zu ermöglichen. Im Rahmen einer Schulentwicklungsmaßnahme, an der die Schulleitung und Religions- sowie Ethiklehrkräfte beteiligt waren, ist bereits mehrere Jahre vor dem StReBe-Projekt das Konzept eines integrativen Faches entstanden, in dem nichtkonfessionelle, andersreligiöse, katholische und evangelische Schüler:innen kooperativ im Klassenverband unterrichtet werden. Der Unterricht erfolgt in der Regel durch eine konfessionelle Lehrkraft; bei entsprechend hohem Anteil an konfessionslosen- oder andersreligiösen Schüler:innen in einer Klasse wird entweder durchgängig oder phasenweise im Team mit einer Ethiklehrkraft unterrichtet. Im Rahmen der Schulentwicklungsmaßnahme ist eine Synopse der Lehrpläne (evangelische Religionslehre, katholische Religionslehre, Ethikunterricht) und damit verbunden eine gezielte Themenauswahl erstellt worden, um einen differenzierten unterrichtlichen Einbezug konfessioneller und nicht-konfessioneller Perspektiven zu ermöglichen. Diese Differenzierung findet sich auch in den schriftlichen Leistungserhebungen wieder.

Perspektiven der Schulleitung
Für die Schulleitung ist ein kompetenter Umgang mit Heterogenität integraler Bestandteil der beruflichen Bildung – nicht zuletzt, weil eine heterogene Ausgangslage die Alltags- und Berufsrealität der Jugendlichen und jungen Erwachsenen, die ihre Berufsschule besuchen, prägt. Unter anderem vor diesem Hintergrund expliziert sie hohe Wertschätzung gegenüber dem BRU, der einen Beitrag zur ganzheitlichen Bildung der Schüler:innen leiste. Insbesondere formuliert sie Hochachtung gegenüber der Arbeit der Religionslehrkräfte.

Im mittels der Schulentwicklungsmaßnahme erarbeiteten Konzept, das die lehrplanmäßigen Vorgaben für die beiden konfessionellen Religionsunterrichte und den Ethikunterricht integrativ in einem gemeinsamen Unterricht im Klassenverband berücksichtigt, sieht die Schulleitung in mehrfacher Hinsicht Potenzial: die Ermöglichung von Kompetenzzuwächsen im Umgang mit Heterogenität seitens der Schüler:innen, einen Beitrag zur Wertebildung sowie damit einhergehend die Stärkung der Klassengemeinschaft. Auf gesamtschulischer Ebene habe dieses Konzept einen positiven Einfluss auf die Reputation des BRU, der aufgrund des vormals hohen organisatorischen Aufwands im Lehrkräftekollegium kritisch beäugt worden war. Die integrative Umsetzung der Neukonzeption sei nach Ansicht der Schulleitung nur mit gut ausgebildeten und engagierten Lehrer:innen möglich und lebe von einer positiven Zusammenarbeit der beteiligten (staatlichen und kirchlichen) Religionslehrkräfte sowie Ethiklehrkräfte. Gleichwohl ist sich die Schulleitung bewusst, dass ihr alternatives Kon-

zept, in dem der konfessionelle BRU in einem Klassenverband-Unterricht integriert ist, evaluiert und auch rechtlich abgesichert werden muss.

Wie die Lehrkräfte berichtet auch die Schulleitung von steigendem Druck von
Seiten verantwortlicher Stellen der Kirchen, welche die aus ihrer Sicht fehlende
Konfessionsbindung und das ungeklärte Verhältnis zum Ethikunterricht mo-
nieren.

Perspektiven der Religionslehrkräfte
Die Religionslehrer:innen berichten von einer engen Zusammenarbeit innerhalb
ihrer Fachgruppe – sowohl interkonfessionell als auch mit den Ethiklehrkräften.
Durch die klassenweise, integrative Konzeption von Religions- und Ethikunterricht habe sich diese Zusammenarbeit noch verstärkt, obwohl oder gerade weil
die Vorbereitung des Unterrichts einen deutlichen Mehraufwand mit sich bringe.
Als didaktische Leitperspektive ihres Konzepts fokussieren die interviewten
Religionslehrkräfte die authentische Begegnung mit dem »Anderen« und zugleich die Förderung einer aktiven Auseinandersetzung mit Bekanntem.
Gleichzeitig werde mittels der Neukonzeptionierung ein schlüssiges Aufgreifen
des Berufsbezugs im BRU möglich, da die Schüler:innen in ihren Fachklassen
verbleiben und nicht mit fachfremden Ausbildungszweigen gekoppelt werden
müssen. Auf persönlicher Ebene verbalisieren die Religionslehrkräfte einen
Kompetenzzuwachs, der insbesondere aus den religionsbezogenen authenti-
schen Erfahrungsberichten andersreligiöser Schüler:innen resultiere.

Als herausfordernd am neuen Konzept beschreiben die Religionslehrer:innen
die Erhebung der Leistungsnachweise: Um im integrativen Religions- und
Ethikunterricht allen Perspektiven gerecht zu werden und auch eine entsprechende Zeugnisnote vergeben zu können, seien für jede Schüler:innengruppe
spezifische Aufgabenstellungen nötig. In schriftlichen Leistungsnachweisen gebe
es daher u. a. ausgewählte Aufgaben in drei Varianten: eine evangelisch-fokus-
sierte, eine katholisch-fokussierte und eine weltanschaulich-offene.

Perspektiven der Schüler:innen
An den zwei Fokusgruppeninterviews an dieser Berufsschule haben katholische,
evangelische, konfessionslose und andersreligiöse Schüler:innen teilgenommen.
Sie empfinden BRU dann als spannend, wenn er lebensnahe bzw. berufsbezogene
Themen behandelt und Orientierungsmomente eröffnet. In ihren Ausführungen
machen sie das Gelingen des Religionsunterrichts explizit an der Person und
Kompetenz der Lehrkräfte fest. Alle Interviewten sprechen sich für die bereits
eingeführte integrative Erteilung von BRU und Ethikunterricht aus. Begründungen dafür sind unter anderem das Kennenlernen anderer Sichtweisen, der
Zugewinn an Diskussionsmomenten sowie mehrperspektivische Bereicherungen
in Bezug auf ethisch-anthropologische Fragestellungen.

Fazit

Die Ausgangssituation an dieser Schule unterscheidet sich grundlegend von jenen der anderen am StReBe-Projekt beteiligten Schulen. Während die anderen Schulen am Projekt teilnahmen, um angesichts der kaum mehr bewältigbaren Organisationsschwierigkeiten für den eigenen Kontext passende Formen konfessionellen Religionsunterrichts zu entwickeln, liegt das zu bearbeitende Problem an dieser Schule darin, dass die bereits auf Schulebene etablierte Option eines an alle Schüler:innen gerichteten Religionsunterrichts rechtliche und didaktische Fragen aufwirft. Die Verantwortlichen vor Ort sind zufrieden mit ihrem Modell, wissen aber um dessen Spannungen zu der in Bayern herrschenden Rechtslage und spüren wachsenden Druck von Seiten der Kirchen.

3.7   Schule G

Rahmenbedingungen

An der großen Berufsschule herrscht eine relative Ausgewogenheit hinsichtlich der Verteilung der Konfessionen. Knapp 45 Prozent der Schüler:innen gehören der Majoritätskonfession, 33 Prozent der Minoritätskonfession an; 24 Prozent geben andere Konfessions- und Religionszugehörigkeiten an (Zahlen: Stand Schuljahr 2019/20). Die Prozentzahl der Schüler:innen ohne Religionszugehörigkeit lässt sich statistisch nicht sicher eruieren. Beide großen christlichen Konfessionen sind an der Schule sowohl durch staatliche als auch kirchliche Religionslehrer:innen vertreten. Der Religionsunterricht wird an dieser Berufsschule sowohl im Block- als auch im Teilzeitunterricht angeboten. Dabei stellt die Organisation des konfessionellen BRU für die Gruppe der Schüler:innen, die der Majoritätskonfession angehören, kein Problem dar. Das Zustandekommen der Mindestgruppengröße von fünf Schüler:innen, um konfessionellen BRU innerhalb einer Jahrgangsstufe anbieten zu können, ist – je nach Lerngruppe bzw. Ausbildungszweig – sowohl in der Minoritäts- als auch Majoritätskonfession nicht immer sichergestellt. Sofern eine konfessionelle Gruppe nicht zustande kommt, nehmen dieser zugehörige Schüler:innen auf Antrag am Religionsunterricht der anderen Konfession teil. In Fällen, in denen aufgrund des Lehrer:innenmangels das Ersatzfach Ethik nicht parallel zum konfessionellen Religionsunterricht angeboten werden kann, werden an dieser Berufsschule bekenntnislose sowie andersreligiöse Schüler:innen der zahlenmäßig kleineren konfessionellen BRU-Gruppe zugeteilt.

Ferner wird die Organisation von konfessionellem BRU unter anderem von Klassenkopplungen und teilweise Stundenkürzungen erschwert. Innerhalb der interkonfessionellen Fachschaft Religion arbeiten die Religionslehrkräfte gut zusammen. Sie sind zudem gut ins Lehrer:innenkollegium integriert.

Perspektiven der Schulleitung
Seitens der Schulleitung wird der BRU stark unterstützt – unter anderem aufgrund seiner allgemeinbildenden Funktion. Im Sinne einer Wertevermittlung, die dem BRU als Potenzial zugeschrieben wird, sollten alle Schüler:innen Zugang zu diesem Unterrichtsfach erhalten. Folglich wird der Organisation des konfessionellen Religionsunterrichts sowie des Ethikunterrichts in der Stundenplangestaltung Vorrang eingeräumt, um der Komplexität der parallelen Kopplung dieser drei Unterrichtsfächer Genüge zu tun. Auch weitere innerschulische organisatorische Umschichtungen sind nötig, um das Funktionieren von BRU zu gewährleisten. Entsprechend macht die Schulleitung geltend, dass die Organisation des konfessionellen Religionsunterrichts grundsätzlich viele Kapazitäten bindet und sich als sehr komplex darstellt. Daher zeigt sie sich offen gegenüber anderen Organisationsformen.

Perspektiven der Religionslehrkräfte
Sowohl die Lehrkraft der Majoritätskonfession als auch die der Minoritätskonfession stellen die die Konfessionsgrenzen überschreitende gute Zusammenarbeit als wesentlichen Gelingensfaktor für das Funktionieren von BRU heraus. Wenngleich an dieser Berufsschule der Religionsunterricht bislang konfessionell erteilt wird, spielt Zusammenarbeit, beispielsweise in Form von Projekten, eine wesentliche Rolle.

Für die Lehrkraft der Majoritätskonfession ist das Funktionieren des konfessionellen BRU verbunden mit einer auch didaktisch zu verfolgenden konfessionellen Perspektive: Ihre Unterrichtsidee folgt dabei dem Dreischritt von (1) Schülerorientierung über (2) theologische Orientierung hin zu einer (3) konfessionellen Orientierung im ökumenischen Horizont. Die Lehrkraft der Majoritätskonfession schätzt sich als konfessionell offen ein und artikuliert deutlich eine wertschätzende, offene Haltung gegenüber der Minoritätskonfession. Dieses konfessionell-kollegiale Miteinander bestätigt die Lehrkraft der Minoritätskonfession. Für dieses Miteinander spielt aus Sicht der Lehrkraft der Minoritätskonfession ein sensibler Umgang mit konfessionellen und teils auch religiösen bzw. ethischen Differenzen eine wichtige Rolle.

Beide Lehrkräfte sind – wenngleich die Organisation des konfessionellen BRU an dieser Berufsschule noch funktioniert – nicht zuletzt aus pädagogischen und didaktischen Gründen an einer Kooperation interessiert und bereiten diese auch didaktisch auf. Im Zentrum ihres Handelns steht die Motivation, Neues auszuprobieren, und hinsichtlich einer sich künftig verändernden Schüler:innenschaft für den Religionsunterricht den Spielraum des StReBe-Projekts für die Etablierung zukunftsbedeutsamer Maßnahmen und lokaler Organisationspraktiken zu nutzen.

Perspektiven der Schüler:innen

Die an dieser Berufsschule befragten Schüler:innen lassen durch ihre Äußerungen erkennen, dass sie die Bedeutung eines BRU aus berufsbezogener Perspektive an- bzw. hinterfragen. Demgegenüber bewerten sie dieses Fach als Möglichkeit für Austausch über allgemeinbildende Themen positiv. In Bezug auf die Organisation ist für die Schüler:innen die Konfessions- und Religionsbindung nicht relevant. Aus ihrer Sicht soll der Religionsunterricht zu einer Stärkung des gemeinsamen Miteinanders sowie zum Austausch mit anderen Religionen beitragen.

Fazit

Insgesamt wird der BRU an dieser Berufsschule nach wie vor konfessionell erteilt, worauf die Lehrkräfte auch Wert legen. Der bisweilen in gemischt-konfessionellen Lerngruppen erteilte Unterricht wird von allen befragten Gruppen wertgeschätzt – insbesondere hinsichtlich des berufsschulischen Allgemeinbildungsauftrags und in Bezug auf die Stärkung des Klassenverbandes. Vor allem hinsichtlich der Organisation des BRU der Minoritätskonfession werden jedoch Herausforderungen sichtbar. Für die lokale Weiterentwicklung des BRU werden die bereits etablierten konfessionell-kooperativen Projekte sowie die gesamtschulisch positive Reputation des BRU als Ressourcen markiert.

3.8   Schule H

Rahmenbedingungen

An der großen Berufsschule gehören mehr als 50 Prozent der Schüler:innen der Majoritätskonfession an, etwas mehr als 10 Prozent der Minoritätskonfession. Andersreligiöse und bekenntnislose Schüler:innen stellen zusammen einen Anteil von etwa 30 Prozent (Zahlen: Stand Schuljahr 2019/20). Es findet Blockschul- sowie Teilzeitunterricht statt. Die Stundenabdeckung in evangelischer und katholischer Religionslehre gelingt in den meisten Fällen. Den Religionsunterricht erteilen sowohl staatliche als auch kirchliche Lehrkräfte.

Die Minoritätskonfession, gesamtschulisch vertreten durch eine einzige Lehrkraft, wird in zwei Lerngruppen mit insgesamt vier Wochenstunden unterrichtet. Dabei stellt die Zusammenstellung der Lerngruppe der Minoritätskonfession insofern eine Herausforderung dar, als die Lernenden je nach Block- oder Teilzeitunterricht in verschiedenen Zeitschienen und Wochentagen an der Schule anwesend sind. In der Folge ist die Bildung von Lerngruppen mit der Mindestgruppengröße von fünf Schüler:innen für die Minoritätskonfessionsgruppe kaum erreichbar. Diese organisatorischen Rahmenbedingungen führen in der lokalen Praxis dazu, dass eine Teilnahme von nicht- und andersreligiösen

Schüler:innen am Unterricht der Minoritätskonfession gefördert wird, um die Mindestgruppengröße sicherzustellen. Diese Praxis ist auch dem fehlenden flächendeckenden Ethikunterrichtsangebot geschuldet. Sie ermöglicht letztlich das Zustandekommen eines Religionsunterrichts der Minoritätskonfession; jedoch sind die Angehörigen der Minoritätskonfession selbst in der betreffenden Lerngruppe in der Minderheit. In Fällen, in denen für die Schüler:innen kein konfessioneller Religionsunterricht angeboten werden kann, nehmen diese am konfessionellen Religionsunterricht der Majorität teil.

Die Organisation des konfessionellen Religionsunterrichts der Majoritätskonfession kann an dieser Berufsschule aufgrund der Mehrheitsverhältnisse relativ problemlos erfolgen. Zur lokalen Praxis der Organisation des Religions- sowie Ethikunterrichts an dieser Berufsschule gehört auch, dass die Fachschaft aktiv in die Stundenplangestaltung einbezogen wird. Diese steuert in großen Teilen selbstständig die Gestaltung der Stundentafel, den Einsatz der Religions- sowie Ethiklehrer:innen sowie die Gruppenbildung der Schüler:innen. Insgesamt wird dadurch der konfessionelle Religionsunterricht der Majoritätskonfession gut, derjenige der Minoritätskonfession zumindest für zwei Lerngruppen abgedeckt. Auf der organisatorischen Ebene bleibt insbesondere die unzureichende Abdeckung des Ethikunterrichts an dieser Berufsschule eine Herausforderung.

Perspektiven der Schulleitung
Die Schulleitung hat die Rahmenbedingungen und damit einhergehende Herausforderungen für die Organisation konfessionellen Religionsunterrichts im Blick und trägt zu deren Bewältigung beispielsweise mittels der Übertragung von Verantwortung an den Reli-Ethik-Fachbereich bei, der die Gruppenbildung und Stundentafelgestaltung selbst organisiert. Ihre eigene Verantwortung sieht die Schulleitung vor allem im Umgang mit den von Schüler:innen gestellten Abmeldeanträgen vom Religionsunterricht: Sie gibt diesen Anträgen nur bedingt statt, obwohl Schüler:innen diese Abmeldung ermöglicht werden müsste. Generell wünscht sich die Schulleitung eine höhere Abdeckung des Bedarfs an Ethikunterricht. Eine vertrauensvolle Zusammenarbeit mit den Religionslehrkräften ist ihr wichtig, ebenso der Einbezug beider Konfessionen ungeachtet des Majoritäts-Minoritäts-Gefälles. Die Schulleitung schreibt den Religionslehrer:innen eine Bindegliedfunktion innerhalb der gesamten Berufsschule sowie zwischen den einzelnen Berufsschulabteilungen zu. Inhaltlich betont sie die Potenziale eines ganzheitlich bildenden Religions- sowie Ethikunterrichts.

Perspektiven der Religionslehrkräfte
Die beiden interviewten Religionslehrer:innen stellen die Lebensweltorientierung des BRU heraus. Sie beschreiben ihr Fach als Ermöglichungsraum für Begegnung und Auseinandersetzung. Ihnen sind das gemeinsame Miteinander,

aber auch thematische Klärungen wichtig. Die Majoritätslehrkraft fokussiert in letztgenannter Hinsicht auch explizit konfessionelle Inhalte. Den Lehrpersonen der beiden Konfessionen ist gemeinsam, dass sie dem rechtlichen Rahmen in Bezug auf eine primär konfessionsseparierende Organisation des BRU wenig Aufmerksamkeit schenken. Als Chance erachtet die Majoritätslehrkraft, dass dem Fachbereich von der Schulleitung bei der Organisation ein großer eigener Spielraum zugeschrieben wird. Die Minoritätslehrkraft expliziert die heterogene Zusammensetzung ihrer Lerngruppen und sieht darin die Chance für (interreligiösen) Austausch und Perspektivenwechsel auf inhaltlicher Ebene. Sie richtet ihren Religionsunterricht an Themen aus, bei denen sie flexibel auf ihre Schüler:innen eingehen kann.

Perspektiven der Schüler:innen
Gerade diese offene Themenorientierung wertschätzen die Schüler:innen am BRU vor Ort. Aus der Perspektive der Lernenden, die den BRU der Minoritätskonfession besuchen, liegt der Mehrwert dieses Unterrichts im pluralitätsbasierten Austausch: Denn hier kommen Schüler:innen unterschiedlicher religiöser und weltanschaulicher Zugehörigkeit zusammen. Vor diesem Hintergrund fällt auf, dass Schüler:innen der Majoritätskonfession, die in ihrem BRU wenig mit religionsbezogener Heterogenität in Kontakt sind, zwar den interkonfessionellen, nicht aber den interreligiösen Austausch befürworten. Hinsichtlich der organisatorischen Rahmenbedingungen äußern sich die Schüler:innen dieser Berufsschule kritisch in Bezug auf die Unregelmäßigkeit von angebotenem Religions- und Ethikunterricht. Vor allem die Lernenden, die der Minoritätskonfessionsgruppe zugeordnet wurden, empfinden es als teils ungerecht, dass aufgrund des fehlenden flächendeckenden Angebots an konfessionellem Religions- sowie Ethikunterricht Schüler:innen anderer Ausbildungszweige und/oder Blockschienen ersatzlos frei haben.

Fazit
Hinsichtlich des Funktionierens von BRU an dieser Berufsschule sind Organisation und themenzentriertes Arbeiten zu differenzieren: Sowohl die Schulleitung als auch die Lehrkräfte beider Konfessionen – wie auch die Schüler:innen der Minderheitskonfession – beschreiben die organisatorischen Rahmenbedingungen vor dem Hintergrund fehlenden Ethikunterrichts sowie angesichts der Komplexität der Ermöglichung eines Angebots für Angehörige der Minoritätskonfession als herausfordernd. Insgesamt funktioniert an dieser Berufsschule die Organisation eines konfessionellen BRU der Majoritätskonfession weitgehend gut, während dies im Fall der Minoritätskonfession nur bedingt gelingt. Es wird jedoch auch deutlich, dass in Bezug auf die Bewertung des Religionsunterrichts organisatorische Herausforderungen eine eher geringe Rolle spielen.

Demgegenüber räumen die Lehrkräfte dem inhaltlich-thematischen Arbeiten sowie dem dabei entstehenden Raum für Austausch und Begegnung eine zentrale Rolle ein. Seitens der Lernenden, denen ein Konfessionsbezug vergleichsweise unwichtig ist, wird dies geschätzt und der BRU folglich als wertvoll wahrgenommen.

4. Der konfessionelle Religionsunterricht an Berufsschulen als organisatorische Gestaltungsherausforderung: kategoriengeleitete Entwirrung eines Problembündels

4.1 Zur Intention und Logik der Auswertung

Um die nachfolgende Auswertung adäquat einzuordnen, ist es wichtig, sich die Gesamtintention dieser Publikation noch einmal vor Augen zu führen. Während in der religionspädagogischen Debatte um einen zukunftsfähigen Religionsunterricht zumeist konzeptionelle Fragen im Vordergrund stehen, sollen hier im Sinne einer Bottom-Up-Logik am Beispiel des konfessionellen Religionsunterrichts an bayerischen Berufsschulen die tatsächlichen Organisationspraktiken auf Schulebene untersucht werden. Dadurch wird eine Fachentwicklung empirisch fundiert, in der die lokale Passung der organisatorischen Realisierungsformen des Religionsunterrichts stärker gewichtet wird.

Die Darstellung schließt unmittelbar an das vorausgehende Kapitel an, in dem acht Berufsschulen porträtiert wurden, an denen der konfessionelle Religionsunterricht nicht mehr oder nur sehr schwer in seiner traditionellen Form organisiert werden kann. Wurden die organisatorischen Gestaltungsherausforderungen dort fallspezifisch verdichtet, sollen sie nun auf der Basis der multimethodisch erhobenen empirischen Befunde kategoriengeleitet ausgewertet und systematisch reflektiert werden. Dabei liegt die Pointe auf dem Plural: In der kategoriengeleiteten Auswertung der empirischen Daten schälte sich ein komplexes Bündel von Organisationsherausforderungen heraus, die sich wechselseitig verstärken und gerade in ihrem Zusammenspiel die Akteur:innen vor Ort vor große, teilweise kaum zu bewältigende Hürden stellen.

Bevor dieses Problembündel kategoriengeleitet entwirrt wird, sind drei Präzisierungen nötig: Erstens gilt es sich vor Augen führen, dass es sich um qualitativ-empirisch erhobene Daten aus bayerischen Berufsschulen handelt, die mit den bestehenden Organisationsstrukturen von konfessionellem Religionsunterricht hadern oder zu kämpfen haben. Die Ergebnisse sind also nicht repräsentativ und lassen sich daher auch nicht generalisieren. Klar ist aber auch, dass es sich, wie in der Einleitung ausgeführt, nicht um Einzelfälle handelt. Im Gegenteil: Da die Organisationsschwierigkeiten beim konfessionellen Religionsunterricht flächendeckend und schulartübergreifend zunehmen, dürften sich die erfassten und beschriebenen Herausforderungen bei der Beibehaltung der bestehenden Strukturen zukünftig häufen.

Zweitens muss, um ein mögliches Missverständnis auszuräumen, der interpretative Zusammenhang zwischen diesem und dem nächsten Kapitel unterstrichen werden. Für sich gelesen könnten die Auswertungen dieses Kapitels den Eindruck erwecken, als ließe sich die Organisationsfrage von anderen Qualitätsdimensionen des Religionsunterrichts isolieren (zur religionspädagogischen Forschungslage vgl. Schweitzer, 2020). Eine solche Sicht liegt der in Wissenschaft wie Praxis gelegentlich geäußerte Klage zugrunde, es würde aktuell zu viel über organisatorische Fragen debattiert, während es »eigentlich« auf die didaktische Weiterentwicklung des Religionsunterrichts ankomme, die daher zu priorisieren sei. Wie im nächsten Kapitel deutlich wird, sind die organisatorische und didaktische Dimension des Religionsunterrichts jedoch ausgesprochen eng miteinander verflochten.

Drittens soll der problemorientierte Fokus auf Organisationsherausforderungen nicht verdecken, dass an allen untersuchten Schulen der Religionsunterricht, der angeboten werden konnte, auch als gelungen eingeschätzt wird. Daher beginnt die Auswertung mit einem Unterkapitel, das die je nach Akteursgruppe unterschiedlichen Perspektiven auf Organisationsschwierigkeiten für die weitere Interpretation vergegenwärtigt, mit der Pointe, dass die Organisationsherausforderungen sich nicht eins zu eins auf die Schüler:innenwahrnehmung niederschlagen (4.2). Danach richtet sich der Fokus auf zentrale Faktoren, welche die Organisation des konfessionellen Religionsunterrichts an den erforschten Schulen erschweren. Näherhin geht es um die Auswirkungen des religions- und konfessionsdemografischen Wandels (4.3), um berufsschulspezifische Faktoren (4.4), um den Einfluss von konfessionellen Majoritäts-Minoritäts-Konstellationen (4.5), um Schwierigkeiten bei der Lehrkräfteabdeckung (4.6), um das Verhältnis zum Ethikunterricht (4.7) und schließlich um administrative Erschwernisse (4.8). Eine systematisierende Ertragsbündelung schließt das Kapitel ab.

4.2 Die eigene Wahrnehmungslogik von Schüler:innen als Interpretationsvoraussetzung

Weil in der kategoriengeleiteten Auswertung dieses Kapitels die Akteursperspektiven der Schulleitungen, der Religionslehrkräfte und der Schüler:innen zusammenhängend analysiert werden, sind einleitende Differenzierungen nötig. Denn alle drei Gruppen haben einen spezifischen Blick auf die organisatorischen

Rahmenbedingungen des BRU. Im Fall der Schulleitungen und der Religionslehrkräfte ist die Sicht auf den Religionsunterricht professionell bestimmt:
Schulleitungen blicken auf das Fach vor dem Hintergrund der mit ihrer Lei-
tungsfunktion verbundenen organisatorischen Aufgaben, personalbezogenen
Verantwortlichkeiten und systemischen Entwicklungsinteressen. Für Religionslehrkräfte steht das Fach zumeist im Zentrum ihrer beruflichen Tätigkeit und
Identität. Weil es sich um Schulen handelt, in denen die herkömmlichen Organisationsformen des Religionsunterrichts an Grenzen stoßen und sich beide
Berufsgruppen wachsenden Belastungen ausgesetzt sehen, verwundert es nicht,
dass die Frage nach der Organisierbarkeit in den Interviews mit den Religionslehrkräften und Schulleitungen durchgängig einen hohen Stellenwert einnimmt.
Dies zeigt sich besonders in den Antworten auf die Intervieweinstiege, in der die
Befragten Lehrkräfte gebeten werden, die Situation des Religionsunterrichts an
ihrer Schule zu beschreiben.

Ganz anders verhält es sich bei den Interviews mit den Schüler:innen. Wenn
diese zu Beginn des Interviews in einem offen gehalten Einstiegsstimulus gebeten
werden, von ihrem Religionsunterricht zu erzählen, kommen sie von sich aus fast
nie auf organisatorische Fragen zu sprechen. Stattdessen beginnen sie damit, wie
sie diesen Unterricht erleben und was ihnen an ihm gefällt oder missfällt. Weil
sich die Wahrnehmungslogik in den Schüler:inneninterviews deutlich von denen
der beiden anderen Interviews unterscheidet, soll ihr vor der auf die Organisationsfrage fokussierten kategoriengeleiteten Dateninterpretation eigener Raum
gegeben werden.

Wie also äußern sich die befragten Schüler:innen zum Religionsunterricht?
Die Befunde der StReBe-Basiserhebung ähneln denen, die Laura Wolst (2020) in
ihrer Studie zu Kooperationen zwischen Evangelischem und Islamischem Religionsunterricht aus Schüler:innenperspektive zutage gefördert hat. Sie machen
deutlich, dass die interviewten Jugendlichen und Erwachsenen nicht primär in
Modellen oder Organisationsformen denken. Ausschlaggebend für ihr Quali-
tätsempfinden sind vielmehr ihre Erfahrungen mit der Lehrperson oder überhaupt mit dem Religionsunterricht, ihre generellen religiösen Einstellungen oder
auch ihr individueller Autonomieanspruch.

Besonders sticht der hohe Grad an Personalisierung hervor: Für viele interviewten Schüler:innen steht und fällt der BRU mit der Person und der Kompetenz der Lehrkraft. Ob die Bewertungen nun positiv, indifferent oder negativ
ausfallen, stets orientieren sich die Einschätzungen stark am Sein, Tun und
Lassen der unterrichtenden Person. Dabei ist es für die Schüler:innen besonders
wichtig, dass die Lehrkraft in ihrem Unterricht, wie mehrfach erwähnt wird, auf
die Schüler:innen und ihre Wünsche eingeht. Beispielhaft dafür ist folgende
Äußerung eines Schülers in Bezug auf seinen Religionslehrer: »*Also, er geht halt
wirklich auf die Wünsche ein und macht das interessant. Er lässt einem viel Zeit*

zum Diskutieren. Er lässt auch jeden aussprechen so. Man hat nicht so das Gefühl ja der Stoff muss durchgezogen werden.« (BE/SI2/ev/A/116) Vielleicht weil es sich im Berufsschulkontext um junge Menschen handelt, die sich an der Schwelle zum Erwachsenenalter befinden (oder diese schon längst überschritten haben), liegt ihnen viel daran, an der thematisch-inhaltlichen Ausrichtung des BRU teilzuhaben und von der Lehrkraft als Subjekte eigenen Rechts wertgeschätzt zu werden. In diesem Sinne begründet der Schüler einer anderen Berufsschule seine positive Sicht auf den BRU: »*Man hat die Wahl, was man für ein Thema macht. Am Anfang des Schuljahres wurden wir halt gefragt, ja wir haben so und so solche Themen, was interessiert uns und wir durften halt entscheiden. Und das ist so ein sehr hoher Faktor, den ich anrechne, weil man da einfach selber entscheiden kann, was einem gefällt. Oder wenn jetzt ein Sterbefall irgendwie in der Familie war und es geht irgendwie um Tod und dann sagt man, nein, ich möchte das nicht machen und dann wird darauf auch Rücksicht genommen.*« (BE/SI1/ev/C/15)

Fragt man nun näher danach, was den BRU für Schüler:innen attraktiv bzw. unattraktiv macht, häufen sich zwei Wortfelder, die beim ersten Hinsehen in einer Spannung zueinander zu stehen scheinen. Auf der einen Seite soll ein guter BRU »*spannend*« oder »*interessant*« sein, d. h. aktuelle, lebensbedeutsame Themen in einer Weise erschließen, die für die Schüler:innen ansprechend ist. Für einen Teil der Schüler:innen äußert sich solche Relevanz in der dem BRU attestierten persönlichen Lebensförderlichkeit, die mehrfach mit einer als lebensfern empfundenen Orientierung an traditionellen religionsspezifischen Inhaltsbeständen kontrastiert wird – so wie in folgender Positionierung: »*Also ich muss sagen, ich mag Religion ziemlich gern, weil wir oft nicht nur Themen behandeln, die jetzt wirklich was mit der Bibel oder Gott oder Jesus zu tun haben, sondern oft auch so persönliche Dinge, die einem auch im Leben so ein bisschen weiter helfen.*« (BE/SI1/ev/B/14) Für andere wiederum ist es vor allem der politische, gesellschaftliche und kulturelle Gegenwarts- und Weltbezug, der den BRU für sie spannend macht: »*Ja, ich find es auch abwechslungsreich und spannend, weil man eben nicht, also auch über Themen redet, die wo momentan so in der Welt passieren.*« (BE/SI1/ka/F/29) Auch interreligiöse Perspektiven können sich förderlich auf das Interesse der Schüler:innen auswirken, wie aus folgender Aussage hervorgeht: »*Ich finde es interessant. Auch spannend, was die anderen Religionen für ein Gesicht haben.*« (BE/SI1/ok/F/26) Diese Aussagen haben ihre negative Entsprechung in Bewertungen, die den BRU als »*langweilig*« (BE/SI1/ev/ D/32; BE/SI2/ka/C/20) oder – um es mit den Worten eines Schülers auszudrücken – gar »*kotzlangweilig*« (BE/SI1/H/77) charakterisieren, was teils auf die »*Gestaltung des Lehrers*« (BE/SI2/ka/H/32), teils auf die existenziell oder berufspädagogisch relevanten Themen und Inhalten (BE/SI2/ev/A/35; BE/SI1/ka/C/20) zurückgeführt wird.

Auf der anderen Seite wird die eigene Teilnahme am BRU auffällig häufig positiv damit begründet, dass dieser »*entspannt*« oder – ein anderes Wort, das oft fällt – »*locker*« sei. Ein Schüler spricht von einer »Freistunde« – was aber nicht despektierlich gemeint ist: »*Aber ich finde dennoch, dass es wie eine Freistunde ist. Also wir unterhalten uns. Es ist eine lockere Atmosphäre. Es ist auch gar nicht ein Kritikpunkt, aber es ist einfach, wie gesagt, eine lockere Atmosphäre unter den Schülern. Wir unterhalten uns. Wir sind am PC. Wir recherchieren wie heute. Wir stellen PowerPoint-Präsentationen vor. Deswegen, also ja, ich finde es ganz entspannt und cool.*« (BE/SI1/mu/H/25) Damit verbindet sich in den Interviews die Charakterisierung des BRU als das etwas »andere« Fach, das den unterrichtlichen Regelbetrieb im Berufsschulalltag unterbricht. Exemplarisch dafür steht folgende Aussage: »*Ich glaube, es ist auch ein bisschen angenehm, weil wir den ganzen Tag halt nur so Wirtschaftsfächer haben, und dann, dass wir eine Stunde haben, wo mal was ganz anderes ist.*« (BE/SI2/ka/F/34). Während hier offen bleibt, was genau an dem Fach anders ist, spezifiziert ein Mitschüler etwas später im selben Gespräch: »*Also vor allem, dass wir nur Wirtschaftsfächer haben, ist schon // Wo man runterkommen kann, so ein Fach. Wo man einfach mal abschalten kann. Man kann über Sachen reden, mit denen man // Oder über Sachen, die man eigentlich nicht in den anderen Fächern redet, reden, und das wird auch so akzeptiert und, genau*« (BE/SI2/ka/F/39). Dabei stellen die Attribute »spannend« und »entspannt« für die Schüler:innen keinen Gegensatz dar. Idealerweise bedingen sie sich wechselseitig – so wie im Unterricht einer Religionslehrerin, der ein Schüler Folgendes zugutehält: »*was die [...] hinbekommt, ist, dass die jede Stunde dann direkt entspannt ist und man sozusagen dem Schulalltag entflieht, um dann halt ja einfach neue Themen kennenzulernen und alles, um halt einfach Abwechslung zu bekommen*« (BE/SI1/ev/C/28).

Was aber tragen diese Annäherungen an Schüler:innen-Perspektiven auf den konfessionellen Religionsunterricht zur im weiteren Kapitel leitenden Frage nach der Organisation des BRU bei? Zunächst führen sie vor Augen, dass diese Frage für die interviewten Jugendlichen und Erwachsenen von randständiger Bedeutung ist und von ihnen nur selten explizit thematisiert wird. Implizit sind die systematisierten Äußerungen der Schüler:innen zu aus ihrer Sicht gutem BRU jedoch ausgesprochen wichtig. Denn der organisatorische Bestand des konfessionellen Religionsunterrichts wird vor allem deshalb brüchig, weil immer weniger Schüler:innen an ihm teilnehmen. Wie unten deutlich wird, ist der konfessionelle BRU insofern in besonderer Weise freiwillig, als vielen Schüler:innen nicht nur der Ethikunterricht, sondern auch die Abmeldung in eine Freistunde als Option offen steht. Daher steht dieses traditionsreiche Unterrichtsfach aktuell viel stärker als in früheren Zeiten vor der Notwendigkeit einer fortwährenden Plausibilisierung, der andere Fächer aus dem berufs- und allgemeinbildenden Bereich nicht in gleicher Form unterliegen. Natürlich steht es didaktisch jedem

Fach gut zu Gesicht, dass die Schüler:innen es gerne besuchen und das im Unterricht Erschlossene für subjektiv bedeutsam erachten. Nur sind Zufriedenheit und Relevanzempfinden für den konfessionellen Religionsunterricht längst nicht mehr lediglich eine Frage der didaktischen Qualität, sondern, etwas zugespitzt formuliert, eine Existenzfrage geworden. Darin trifft er sich mit Angeboten non-formaler Bildung wie der Jugendarbeit, der Firmkatechese oder der Konfirmandenarbeit, für die Freiwilligkeit eine Grundbedingung der eigenen Arbeit ist (vgl. dazu Simojoki, 2022). Daher sollen die Befunde dieses Unterkapitels im letzten Teil dieses Buches auf ihre Implikationen für eine organisatorische Weiterentwicklung des konfessionellen Religionsunterrichts hin befragt und weitergedacht werden.

4.3   Religions- und konfessionsdemografischer Wandel als Schlüsselherausforderung

Die grundlegendste Herausforderung für die Organisation des BRU bildet, wenig überraschend, die fortschreitende Pluralisierung der Schüler:innenschaft. Die Grundtendenz ist in allen untersuchten Berufsschulen gleich: Der Anteil der Schüler:innen, die der evangelischen oder katholischen Konfession angehören, an der Gesamtschülerschaft nimmt kontinuierlich ab, während die Anzahl insbesondere konfessionsloser und muslimischer Schüler:innen kontinuierlich steigt. Folgende Äußerung einer evangelischen Lehrkraft bringt eine Wahrnehmung auf den Punkt, die in ähnlicher Form von allen Interviewten gespiegelt und reflektiert wird: »*also Religionsunterricht wird von Jahr zu Jahr schwerer zu organisieren, weil wir auch heterogenere Klassen auch haben*« (BE/Lev/A/12). Bemerkenswert an der Aussage ist die kausale Verknüpfung zweier als kontinuierlich aufgefasster Prozesse: Weil die Schüler:innenschaft immer heterogener wird, erschwert sich auch die organisatorische Ermöglichung des BRU. Im Einklang mit der religions- und konfessionsdemografischen Gesamtentwicklung, wie sie etwa in der Freiburger Projektion zur Kirchenmitgliedschaft eingefangen und in die Zukunft projiziert wird (vgl. Gutmann & Peters, 2021; ferner als religionspädagogische Auswertung Peters, Ilg & Gutmann, 2019), gehen alle interviewten professionellen Akteur:innen davon aus, dass sich die schon jetzt in organisatorischer Hinsicht als herausfordernd erfahrene religiös-weltanschauliche Pluralisierung in der Zukunft weiter fortsetzen wird. Daher, so die Pointe der eingangs zitierten Interviewaussage, werden sich auch die organisatorischen Schwierigkeiten »*von Jahr zu Jahr*« verschärfen.

Zugleich zeigen die erhobenen Befunde, dass Schulen nicht gleichermaßen von dieser Entwicklung betroffen sind. Besonders deutlich machen sich Stadt-

Land-Differenzen in den Wahrnehmungen und Erfahrungen vor Ort bemerkbar. Eine Schulleitung in einer katholisch geprägten ländlichen Region sieht den BRU an ihrer Schule noch wenig von den gesamtgesellschaftlich wirksamen Pluralisierungsschüben tangiert: »*Wir sind gut monostrukturiert, sage ich jetzt mal, der Großteil ist katholisch. Immer noch.*« (BE/SL/B/39) Dabei indiziert der präzisierende Nachsatz, dass die Schulleitung diese relative Stabilität selbst als kontextuell bedingte Ausnahme deutet.

Erwartungsgemäß sind die mit der Pluralisierung verbundenen Organisationsherausforderungen an urban situierten Schulen deutlicher zu spüren. So gibt die Leitung einer Großstadtschule an, die Ethikgruppen seien »*immer die größten Gruppen*« (BE/SL/C/16). Dabei ist es keineswegs nur der BRU der Minoritätskonfession, der durch diese Entwicklung gefährdet wird. Vielmehr berichten Lehrkräfte und Leitungen an Berufsschulen in größeren Städten vermehrt von Konstellationen, in denen die Anzahl evangelischer und katholischer Schüler:innen zusammengenommen die für eine Klassenbildung nötige Größe unterschreitet. Nach Auskunft der interviewten Expert:innen sind zudem die verschiedenen berufsbezogenen Ausbildungszweige unterschiedlich intensiv von dieser Entwicklung betroffen. Beispielhaft dafür ist folgende Passage aus einem Interview mit einer katholischen Religionslehrkraft. Zunächst teilt sie ihre allgemeine Beobachtung, dass »*in verschiedenen Berufsgruppen die Schüler die römisch-katholisch oder evangelisch sind, einfach viel weniger werden*« – und fährt konkretisierend fort: »*in manchen Berufsgruppen ist es dann schwierig, eine Gruppe für Religion zu finden, weil fünf Leute braucht man*« (BE/L/ka/D/19). Eine Lehrkraft aus einer anderen Projektschule nimmt in einer längeren Gesprächspassage zum »*Schülermangel*« auf einen ähnlichen Fall Bezug: »*in einer Malerklasse gab es niemanden für den Religionsunterricht, das heißt nur drei oder vier Leute, und damit darf ich keinen Unterricht geben – wir brauchen ja mindestens fünf Personen –, weil entweder die übrigen Schülerinnen und Schüler bekenntnislos waren oder sie hatten eine andere Konfession*« (BE/L/ka/H/18).

Insgesamt bestätigen die Befunde, dass für die interviewten Akteure der gesellschaftlich bedingte religions- und demografische Wandel keine Einzelherausforderung, sondern eine fast schon selbstverständliche Ausgangsannahme darstellt. Kein:e Interviewpartner:in ist der Ansicht, dass es sich bei dem proportionalen Rückgang evangelischer und katholischer Schüler:innen um eine lediglich temporäre oder sogar umkehrbare Entwicklung handle. Vielmehr gehen sie davon aus, dass angesichts der fortschreitenden Pluralisierung der Schüler:innenschaft strukturelle Anpassungen bei der Organisation des Faches zumindest auf lange Sicht unvermeidbar sind. Aber auch die Ungleichzeitigkeit des religiösen Wandels schlägt in den Interviews durch. Während an den Schulen im Großstadtumfeld die heterogenitätsbedingten Organisationsschwierigkeiten so gravierend sind, dass sie teilweise die Existenz des BRU als Fachangebot überhaupt gefährden, lässt sich an anderen Schulen zumindest der BRU der Majoritätskonfessionen aufgrund der immer noch vergleichsweise stabilen religiösen Sozialisationsvoraussetzungen weiterhin relativ unkompliziert aufrechterhalten.

Diese eher allgemeine Beobachtung enthält bereits einen wichtigen konzeptionellen Fingerzeig für die strategische Weiterentwicklung des BRU: Es braucht offenbar Modelle, die adaptiv genug sind, um den kontextuell bedingt verschiedenen Ausgangsbedingungen vor Ort Rechnung zu tragen. Jedoch sind die lokalen Ausgangsbedingungen des BRU nicht nur von Region zu Region verschieden. Vielmehr deutet bereits die zuletzt zitierte Interviewaussage an, dass bei der Organisation des BRU auch schulartspezifische Faktoren eine Rolle spielen. Im nächsten Abschnitt wird sich zeigen, dass diese im Fall der beruflichen Bildung in besonderer Weise ins Gewicht fallen.

4.4   Schulartspezifische Herausforderungen

Wie in der Einleitung ausgeführt, schwingen in der Debatte um die Weiterentwicklung des Religionsunterrichts in Deutschland oft Normalitätserwartungen mit, die in der Regel die Regelbedingungen des allgemeinbildenden Schulwesens widerspiegeln. Diese können aber nicht einfach auf das systemisch hochdifferenzierte Feld beruflicher Bildung übertragen werden. Im Folgenden werden eine Reihe von berufsschulspezifischen Herausforderungen skizziert, die mit erklären, warum die Organisation des Religionsunterrichts in dieser Schulart besonders komplex ist.

Sinkende Schüler:innenzahlen
Bereits aus den Schulstatistiken geht hervor, dass man neben den oben aufgeführten gesamtdemografischen Tendenzen auch berufsschulspezifische Verlagerungen in der Schüler:innenpopulation im Blick haben muss. Nach den zum Abfassungszeitpunkt aktuellen statistischen Daten wurden im Schuljahr 2021/22 insgesamt ca. 237.000 Schüler:innen an bayerischen Berufsschulen unterrichtet (Bayerisches StMUK, 2023a, S. 44). Das unterstreicht zunächst noch einmal die quantitativ hervorgehobene Bedeutung dieses schulischen Bildungsfeldes. Trotz des in der Regel nur dreijährigen Bildungsgangs liegt die Schüler:innenzahl höher als bei den Mittel- und Hauptschulen (ca. 192.000) bzw. Realschulen (knapp 213.000) und gar nicht so weit weg von der Gesamtzahl an Gymnasien (etwas mehr als 318.000) mit ihrem acht- bzw. neunjährigen Bildungsgang (Bayerisches StMUK, 2023a, S. 32, 36, 40). Allerdings zeigt der Blick in die Schulstatistiken auch, dass die Gesamtschüler:innenzahl an bayerischen Berufsschulen beträchtlich gesunken ist. Im Schuljahr 2010/11 lag sie bei knapp

264.000 (Bayerisches StMUK, 2023a, S. 44). Damit muss der Religionsunterricht aktuell an Berufsschulen einen doppelten Rückgang bewältigen: die allgemeine Abnahme von Schüler:innenzahlen an bayerischen Berufsschulen und den fachspezifischen Rückgang von Schüler:innen mit evangelischer und katholischer Religionszugehörigkeit. Angesichts dieser Entwicklung stößt ein konfessionell untergliedertes Fachangebot immer mehr an Grenzen. Eine katholische Religionslehrkraft verdeutlicht dies im Interview: »*Also eine Klasse, die ja heutzutage auch in manchen Bereichen immer kleiner wird, diese Unterrichtsgruppen, weil nicht mehr so viel Auszubildende da sind, das spürt man schon auch. Wenn da natürlich jetzt eine Klasse nur aufgeteilt wird auf drei Unterrichtsgruppen, katholisch, evangelisch, Ethik, dann ist oft eine Gruppe nicht lebensfähig.*« (BE/L/ka/A/24)

In dieser Lehrkraftaussage klingt an, dass manche Ausbildungszweige deutlich stärker von dem doppelten Rückgang betroffen sind als andere. Auch hier sind die statistischen Angaben aufschlussreich: Während die Schüler:innenzahlen in der »Technischen Fachrichtung« oder im Bereich »Gesundheit und Körperpflege« zwischen 2010 und 2020 nur geringfügig gesunken sind, sind etwa die Zahlen im Bereich »Ernährung/Hauswirtschaft« regelrecht eingebrochen (von mehr als 27.000 auf knapp 13.500). Kein Wunder also, dass sich die Gruppenbildung für den BRU in diesem Berufsfeld besonders schwierig zeigt. Wie eine Religionslehrkraft im Blick auf Schüler:innen im Bereich der Gastronomie hervorhebt, sind auch die migrationsbedingten Pluralisierungseffekte je nach Ausbildungszweig unterschiedlich gelagert: »*Und wenn wir jetzt mal die Gastronomen nehmen, da ist es einfach schwierig, wenn Menschen aus der ganzen Welt hier ihre Ausbildung machen, mit verschiedenen Nationalitäten und verschiedenen Religionen. Dass man hier entsprechend noch eine Gruppe findet.*« (BE/L/ka/D/19)

Recht auf Unterrichtsbefreiung aufgrund von Vorbildung
Hinzu kommt ein weiterer Faktor, der in der existierenden Literatur zum BRU kaum, in den Interviews aber auffallend häufig erwähnt wird. Anders als in allgemeinbildenden Schulen in Bayern, an denen alle Schüler:innen verpflichtet sind, am konfessionellen Religionsunterricht oder am Ethikunterricht teilzunehmen, haben im Berufsschulsystem Schüler:innen mit Hochschulzugangsberechtigung oder mit bereits abgeschlossener Berufsausbildung die Möglichkeit, sich vom BRU befreien zu lassen. Da diese Entscheidung zur Abmeldung bis zu vierzehn Tage nach Schuljahresbeginn möglich ist, wird die Gruppenbildung erschwert. Eine Religionslehrkraft berichtet: »*[...] die Schüler haben tatsächlich die ersten beiden Wochen immer die Möglichkeit sich entweder abzumelden, sich befreien zu lassen, wenn sie die Voraussetzungen erfüllen, und erst während dieser Zeit [...], können wir in manchen Klassen endgültig entscheiden, welche Gruppe*

gebildet wird und welche nicht, das schließt sich dann teilweise aus, frühzeitig schnell stabile Gruppen zu haben« (BE/L/ev/A/14). Für die Religionslehrkraft an einer der Projektschulen war dieser Punkt ein entscheidender Antrieb dafür, am eigenen Standort nach praktikableren Gestaltungsformen zu suchen: »*Also […] weil es hat halt damals immer im Endeffekt drei bis vier Wochen gedauert, bis es überhaupt starten konnte. Bis das alles abgefragt ist, bis diejenigen, die sich befreien haben lassen, ihre Anträge abgegeben haben, bis das geprüft wurde, bis dann der Stundenplan stand.*« (BE/L/ka/F/15)

Gerade in Kombination mit der Pluralisierung der Schüler:innenschaft und der bekenntnisgebundenen Differenzierungslogik tragen die Abmeldungen dazu bei, dass beim BRU erforderliche Gruppengrößen nicht mehr erreicht werden. Die folgende Aussage einer für die Gruppenbildung verantwortlichen Lehrkraft verleiht den Planungsschwierigkeiten unter diesen Bedingungen plastisch Ausdruck:

> »*Und dann sind immer zwei, drei Abiturienten, die sich befreien lassen können, dabei. Dann sind wir vielleicht schon nur noch bei 16 Gesamtschüler – und jetzt haben wir evangelisch, katholisch und Bekenntnislose und Muslime da drinnen. Jetzt, wenn wir 18 durch drei teilen, kommen wir genau auf sechs Schüler pro Gruppe. Ab fünf können wir eine Gruppe bilden. Jetzt, die Verteilung kann mal sein: drei katholische, acht evangelische und der Rest Muslime. Und dann ist man überall zu Beginn […] so an der Teilungsgrenze. Und letztes Jahr haben wir alles geteilt, was machbar, aber dann nach der Probezeit haben sich die Gruppenbildungen schon wieder ganz geändert. Dann hat man Situationen, dass Kollegen mit zwei drei Schülern da waren, das ist auch nicht sinnvoll.*« (BE/L/ev/A/31)

Dieser Effekt verstärkt sich noch in Ausbildungszweigen mit einem hohen Anteil von Schüler:innen mit Befreiungsmöglichkeit. Auch von Schulleitungen wird die im Fall des BRU besonders hohe Planungsvolatilität beklagt – und als einen wesentlichen Grund für Unterrichtsausfall aufgeführt; »[…] *wir kriegen relativ spät mit, welche Konfession ja unsere Schüler auch haben. Wir versuchen, es durch ein Onlineverfahren früher herauszukriegen und dann […] können wir auch planen. Und wenn hinterher von IT-Bereich, wo alle eigentlich volljährig sind und Abitur haben oder über 21 sind, dann kommen sie und wir haben sie geplant und dann sagen sie, wir melden uns ab. Und dann brechen unsere Gruppen zusammen und das während des laufenden Betriebs alles noch zu ändern, das schaffen wir dann nicht mehr.*« (BE/SL/A/56) Es ist also nicht der bloße Verwaltungsaufwand, der bei Schulleitungen für Frustrationen sorgt, sondern auch die schiere Dauer des Prozesses der Gruppenbildung. Im Abschnitt zu administrativen Herausforderungen soll dieser Aspekt eigens thematisiert werden.

Natürlich kann man die Freiwilligkeit des BRU auch als Chance begreifen, dieses Fachangebot besonders attraktiv zu gestalten. Wie oben ausgeführt, zeigen die Schüler:inneninterviews, dass dies in vielen Fällen wirklich gelingt. Jedoch sind auch hier die schulorganisatorischen Folgewirkungen der Abmeldungsmöglichkeit zu bedenken. Oft wird der BRU, wie eine Religionslehrkraft berichtet, in die »*letzten Stunden gelegt, so dass diejenigen, die eben kein Religionsunterricht haben, befreit werden, schon heimgehen können*« (BE/L/ev/B/11). Die Schüler:inneninterviews demonstrieren eindrücklich, wie stark sich die Stundenstellung auf die Teilnahmemotivation auswirkt. Folgende Interviewpassage gibt einen Einblick in die eher pragmatische Abwägungslogik: »*Also wenn es die letzte Stunde ist und man hat eine Stunde früher aus, dann wäre es für mich jetzt ein Vorteil. Aber wenn die sagen, in der dritten Stunde haben wir jetzt Religion und ich hätte jetzt in der Dritten eine Freistunde, [...] also für mich wäre das nicht so ein großer Vorteil, es ist halt neutral.*« (BE/SI2/ka/F/214) Eine katholische Schülerin, die an einer anderen Schule am Religionsunterricht teilnimmt, vermutet ebenfalls, dass ihre Entscheidung in Bezug auf eine potenzielle Abmeldung im Fall einer Randstunde anders ausgefallen wäre: »*Ja ich glaube, ich hätte es mir schon überlegt, vor allem wenn es die letzte Stunde gewesen wäre.*« (BE/SI2/ka/E/38) Ihre evangelische Mitschülerin moniert die mit der Stundenansetzung verbundene Ungleichstellung: »*Gerade in meinen Betrieb habe ich es mitbekommen, die haben zum Beispiel so in der dritten, vierten gehabt, dass sie es nicht eben abwählen können und dann früher heimgehen können. Ist ja eigentlich unfair denen gegenüber, wo sich nicht abwählen können.*« (BE/SI2/ev/E/43)

An diesem Punkt zeigt sich beispielhaft, wie stark sich ein in der religionspädagogischen Fachliteratur kaum reflektierter Sachverhalt auf die Organisationspraktiken und -erfahrungen vor Ort auswirkt. Die Komplexität, der die Beteiligten ausgesetzt sind, tritt in folgender dichter Beschreibung aus der teilnehmenden Beobachtung in zugespitzter Form zutage:

Während unseres Gesprächs kommt eine andere Lehrkraft mit einer Klassenliste auf die Religionslehrkraft zu. Sie fragt: ›Sag mal, du hattest doch diese Klasse auch. Da sind jetzt einige Ausbildungsverkürzer, die im Herbst gehen. Ich mache gerade die Zeugnisse. Du hast deine Kürzel für die Bewertungen noch nicht eingetragen.‹ Die Religionslehrkraft wirkt überrumpelt, sie/er sagt, dass sie/er nicht wusste, dass dies Verkürzter sind, da ›die Religionslehrer bei sowas ja oft außen vor‹ seien. Die Kollegin fragt weiter, welche Nummern sie hier jetzt eintragen muss. Teilweise beantwortet sie sich ihre Fragen im Gespräch selbst.

Sie hat jedoch den Sonderfall, dass zwei Schüler:innen erst im evangelischen Religionsunterricht waren und sich dann in Ethik angemeldet haben. Aufgrund ihrer Vorbildung haben Sie sich dann aber auch von Ethik abgemeldet. Ihr sei nicht klar, ob sie nun das Zeugniskürzel für Abmeldung vom evangelischen Unterricht aufgrund entsprechender Vorbildung oder Abmeldung vom Ethikunterricht eintragen soll. Die Religionslehrkraft wirkt ebenfalls ratlos. Beide geben wage Einschätzungen hin und her, kommen aber zu keinem Ergebnis. [...] Eine weitere Kollegin kommt hinzu. Auch sie wird mit der Frage konfrontiert. Auch sie gibt eine Meinung unter Vorbehalt hab. Die Kollegin mit der

Klassenliste schimpft: ›Da übernimmt man eine Klasse und darf sich dann gleich um
sowas kümmern. Das hätte doch schon die letzten Jahre eingetragen werden müssen. Das
nervt mich.‹ [...] Sie diskutieren noch kurz darüber, wie aufwändig solche Fälle sind.
(BE/TB/A/18–25)

Natürlich geht es in dieser Alltagsszene um einen besonders komplizierten Fall,
für den es scheinbar noch keine routinisierten Regelungen gibt. Zugleich zeigt er
an, dass die organisatorische Komplexität des BRU die Beteiligten nicht nur
überfordern kann, sondern auch auf die Wahrnehmung des Faches unter den
Akteur:innen abfärbt, die durch ihre Funktion – in diesem Fall als Klassen-
lehrkraft – diese Komplexität bewältigen müssen. Hier tritt zutage, was später
eingehender analysiert und reflektiert wird: Aufgrund seiner organisatorischen
Komplexität gilt der BRU für viele als ein »kompliziertes« Fach, das teilweise
»nervt«.

Legitimierungsdruck gegenüber den dualen Partnerbetrieben
Hinzu kommt, dass der BRU auch von Seiten der dualen Partner, also der
Ausbildungsbetriebe, unter wachsendem Legitimationsdruck steht. Insbeson-
dere Schulleitungen gehen ausführlich auf diesen Punkt ein. Dabei sind die
Einschätzungen an dieser Stelle auffällig ähnlich. Die dualen Partnerbetriebe
seien einerseits daran interessiert, die betrieblichen Ausbildungszeiten auszu-
bauen: »[...] *die pochen gerne auf zum Beispiel Lehrplanveränderung. Und zwar*
Lehrplanveränderungen dahingehend, dass Schüler vielleicht möglicherweise
mehr im Betrieb sind als in der Schule. Das heißt, es muss was gestrichen werden.«
(BE/SL/C/26) Andererseits werde gefordert, die fachlichen Anteile an der schu-
lischen Ausbildung zu stärken, oft zuungunsten der allgemeinbildenden Fächer.
Dabei wird nach Ansicht der interviewten Schulleitungen der BRU neben dem
Sportunterricht mehrheitlich kritisch hinterfragt: »*Also auch nicht alle, das muss*
man immer etwas differenziert sehen, aber ein Großteil, [...] sagt halt einfach:
Was wollt ihr mit Religionsunterricht in dem Alter? Die haben das alle schon
einmal durchgemacht. Das ist eigentlich nicht mehr notwendig. Macht eine
Stunde Deutsch oder macht eine Stunde fachlichen Unterricht, damit ihr gut
durch die Prüfung kommt.« (BE/SL/B/67) Die Aussage ist auch insofern beispielhaft, als auch andere Schulleitungen betonen, dass nicht alle dualen Partnerbetriebe über einen Kamm geschert werden dürfen. Auch die Schüler:innen
berichten in ihren Interviews sowohl von Geringschätzung (beispielsweise BE/
SI1/ka/A/56: »*Geschmarre. ((lacht)) Ja also voll. Das bringt halt einen nicht weit,*
so auch im Job und so. Braucht man nicht.«) als auch von positiven Bewertungen
des Religionsunterrichts: »*Also mein Chef findet das schon wichtig, weil wir doch*
mit versch-, also mit vielen Menschen zu tun haben und jeder doch eine andere

Religion hat. Und daher findet er es wichtig, dass wir auch damit umgehen können und auch es akzeptieren sozusagen.« (BE/SI1/ev/F/43)

Auch die Reaktionen der Schulleitungen auf die funktional bestimmten Erwartungen der dualen Partnerbetriebe ähneln sich. Die meisten Interviewten äußern zwar Verständnis für die betrieblichen Perspektiven, betonen aber durchgängig die konstitutive Bedeutung der allgemeinbildenden Fächer im Kontext der beruflichen Bildung: *»Aber unser Claim lautet eben: gute Bildung – und Bildung an Berufsschule ist für mich mehr als einen Facharbeiter – und da sag ich jetzt mal bewusst – ›heranzuziehen‹.«* (BE/SL/G/11) In diesen Bildungsauftrag ist nach Ansicht der Schulleitungen die religiös-weltanschauliche Bildung eingeschlossen, wobei in den Interviews der Schulleitungen dessen Beitrag zur Persönlichkeitsbildung besonders akzentuiert wird: *»Also wenn jetzt diese Zeit hergenommen wird und es würde daraus fachlicher Unterricht werden, dann würde ich das persönlich als Rückschritt empfinden. Weil eben die Fachlichkeit auch nur da gestärkt wird, indem das andere gestärkt wird, also das Menschliche.«* (BE/SL/F/28).

Zumindest zwei Schulleitungen sind der Ansicht, dass das aufs Ganze gesehen eher schwache Standing des BRU bei den dualen Partnerunternehmen die Stellung des Faches auf lange Sicht gefährden könnte: *»Jetzt in der Vergangenheit hat sich eingebürgert, dass man in erster Linie das kaufmännische Rechnen zusammengestrichen hat. Ich kann mir vorstellen, dass es irgendwann mal nicht mehr politisch unmöglich sein wird, dann halt auch an die allgemeinbildenden Fächer ranzugehen, weil das ja dann auch viel Zeit spart. Und die Argumentation wird sicher sein, wir brauchen die Auszubildenden bei uns im Betrieb, Religion ist das // steht da hinten an.«* (BE/SL/C/26) Aus ähnlichen Erwägungen heraus regt eine dem konfessionellen Religionsunterricht gegenüber vergleichsweise kritisch eingestellte Schulleitung dazu, den Kontakt zu den Betrieben aktiver zu pflegen: *»Ja also, das ist sicher eine Sache, über die man nachdenken muss, Religionslehrer meets Ausbilder. Dass die wirklich miteinander sprechen und zwar über das Thema Religion. […] Also es muss halt klar sein, wir haben hier ein Fach, bei dem man etwas, in Anführungszeichen, lernt, erfährt, was ich auch brauchen kann in meiner Tätigkeit, jetzt einmal als Auszubildender, später einmal als Arbeitnehmer, wo auch immer das stattfinden wird.«* (BE/SL/A/51).

Erhöhte Organisationskomplexität im Blockunterricht

Noch einschneidender wirkt sich ein weiteres berufspädagogisches Spezifikum auf die Organisation des BRU aus. In Bayern wird der Berufsschulunterricht in der Regel als Teilzeitunterricht an zwei Tagen in der Woche oder als Blockunterricht in zusammenhängenden Abschnitten in Vollzeitform erteilt. Insbesondere der Blockunterricht stellt ohnehin schon hohe Hürden für die Stundenplanung. Da diese alternative Form der Periodisierung spezifisch für die berufliche Bildung und zudem nicht in allen Bundesländern eingeführt ist, sind an dieser Stelle einige Erläuterungen notwendig. Um eine bessere Passung mit der betrieblichen Ausbildung zu erreichen, wird der Berufsschulunterricht in vielen Ausbildungsberufen zu Schulblöcken von zumeist mehreren Wochen zusammengefasst. Der Blockunterricht stellt besondere Anforderungen an die Jahresplanung, weil die Wocheneinheiten des Blockunterrichts aller betroffenen Ausbildungszweige gleichmäßig über das Schuljahr verteilt werden müssen.

Für den BRU sind im Blockunterricht grundsätzlich drei Stunden pro Blockwoche vorgesehen. Diese drei Stunden werden an manchen Schulstandorten zu einer Trippelstunde zusammengelegt, um auch den Stundenplan für Schüler:innen, die sich vom Religionsunterricht abgemeldet haben, sinnvoll zu gestalten. Dies wird in einem Interview von Seiten der Schüler:innen kritisiert, die teilweise ein »*Aufteilen*« auf die Woche vorziehen würden (BE/S2/ka/C/33, 35, 37). In Schulen, die eine solche Aufteilung in eine Doppel- und eine Einzelstunde vollzogen haben, ergeben sich wiederum gravierende organisatorische Folgeprobleme für die Stundenplangestaltung. Folgende Aussage beschreibt diese Schwierigkeit aus der Sicht der Fachleitung: »*Das ist gerade beim Blockunterricht. Der ist ja normalerweise eine Doppelstunde und eine Einzelstunde, also drei Stunden die Woche. Und wenn man das so aufteilt, dann ist ein Lehrer, der im Block unterrichtet, immer an zwei Tagen in einer Klasse irgendwo fixiert und dann wird es ganz abenteuerlich.*« (BE/L/ev/A/37) Dass die Religionslehrkraft an zwei Tagen in die dynamische Zeitstruktur des Blockunterrichts eingeplant werden muss, bedeutet für die Unterrichtsplanung, dass sie an diesen Tagen nicht oder nur schwer im eventuell an der gleichen Schule parallel laufenden Teilzeitunterricht eingesetzt werden kann.

Diese Organisationshürden tragen dazu bei, dass die Stundenzahl für den BRU in den Blockphasen an einigen Schulen von drei auf zwei reduziert worden ist. Eine Schulleitung, die dem BRU grundsätzlich positiv gegenübersteht und sich besonders wertschätzend zum Beitrag der Religionslehrkräfte zur Schulkultur äußert, sah sich nach eigener Auskunft geradezu gezwungen, das Fachangebot für diese Beschulungsform zu reduzieren: »*Im Blockunterricht haben wir jetzt schon gekürzt, statt drei Stunden geben wir zwei Stunden Religionsunterricht, weil es einfach anders gar nicht geht.*« (BE/SL/B/31).

Dass es an dieser Schule »*einfach anders gar nicht geht*«, hat mit der für die Organisation des BRU gravierendsten Struktureigenheit des Blockunterrichts zu tun. Da die Zeitschienen jenseits der Klassenebene von Blockphase zu Blockphase variieren, lässt diese Beschulungsform kaum Klassenkopplungen zu. Wie sich nun zeigen wird, ist dies eine gravierende Limitation, wenn man BRU auch für Minoritätskonfessionen ermöglichen will.

4.5   Herausforderung durch konfessionelle Majoritäts- und Minoritäts-Konstellationen

Um die organisatorische Komplexität des konfessionellen Religionsunterrichts hinreichend zu erfassen, muss man den für Deutschland charakteristischen Faktor konfessioneller Majoritäts-Minoritäts-Verhältnisse einrechnen (Simojoki, 2019). In Bayern, dem nach Fläche größten und der Einwohnerzahl nach zweitgrößten Bundesland Deutschlands, ist die konfessionelle Verteilung in besonderer Weise unausgewogen. Die aktuellsten Zahlen stammen aus dem bayerischen Zensus aus dem Jahr 2011 (vgl. Simojoki, 2019, 35). Auch wenn der Anteil katholischer wie evangelischer Kirchenmitglieder mittlerweile um einiges niedriger liegt, sind die Proportionen immer noch aussagekräftig. In fünf der insgesamt sieben bayerischen Regierungsbezirke bildet der Katholizismus klar die Mehrheitskonfession: Niederbayern (kath. 77 %, ev. 8 %), Oberpfalz (kath. 72 %, ev. 12 %), Unterfranken (kath. 62 %, ev. 20 %) Schwaben (kath. 60 %, ev. 16 %) und Oberbayern (kath. 53 %, ev.:14 %). In Oberfranken liegt der Anteil etwa gleich (kath.: 41 %, ev.: 43 %), während in Mittelfranken der Protestantismus leicht überwiegt (kath: 29 %, ev.: 44 %).

Entsprechend dazu sind, wie in den Schulportraits deutlich wurde, lediglich an zwei erforschten Berufsschulen evangelische und katholische Schüler:innen einigermaßen paritätisch vertreten. In den sechs weiteren Projektschulen bildet der Katholizismus die Mehrheitskonfession. Grundsätzlich zeigt sich: Je geringer der proportionale Anteil der Minoritätskonfession, desto schwieriger wird es, für diese Schüler:innen einen Religionsunterricht in der eigenen Konfession zu gewährleisten.

Während diese Feststellung Selbstverständliches artikuliert und auf alle Schularten zutrifft, stoßen beispielsweise an Grund- oder Mittelschulen praktizierte Organisationswege zur Sicherung eines eigenen Fachangebots für die Minoritätskonfession im Kontext beruflicher Bildung schnell an ihre Grenzen. Das gilt besonders für die in Bayern noch immer in der Breite etablierte Praxis jahrgangsübergreifender Klassenkopplungen. Diese Praxis wird in den Interviews fast durchgängig als pädagogisch wie organisatorisch nachteilig empfunden. Folgende Aussage einer Religionslehrkraft bringt das didaktische Problem eines solchen Unterrichts auf den Punkt: »*Ja, das einzige Problem sehe ich jetzt gerade beim evangelischen Religionsunterricht, weil wir da ja so wenig Schüler sind. […] Dann werden ja oft mehrere Jahrgangsstufen zusammengeschmissen. Und dann ist halt das Problem, wenn ich jetzt zehnte, elfte, zwölfte drinsitzen habe, welches Thema machst du mit denen? Dass nicht ein Drittel sagt, haben wir ja schon gehabt.*« (BE/L/ev/B/23)

Das Problem verschärft sich im Blockunterricht, weil hier bei Klassenkopplungen die Gruppen nicht mehr stabil gehalten werden können: »*Weil ja die Blöcke unterschiedlich laufen und dann hat man immer wieder neue Schüler mit drin. Es herrscht nie irgendwie eine Gruppengemeinsamkeit, weil man immer wieder wechselt. Mit den Noten ist es ein Problem. Mit dem Thema ist es ein Problem. Was mache ich jetzt, wenn ich die Woche nicht fertig geworden bin, nächste Woche schon wieder ganz andere Schüler habe?*« (BE/L/ev/B/18)

Die Lehrkraft beschreibt hier eine für alle Beteiligten im Grund unzumutbare Situation. Da es organisatorisch nicht möglich ist, mehrere Blockklassen in den gleichen Wochen parallel einzuplanen, variiert die Gruppenzusammensetzung von Blockphase zu Blockphase. Dadurch wird unterminiert, was für Unterricht und Lernen unerlässlich ist: ein langfristig angelegter Wissens- und Kompetenzaufbau, eine transparente Notengebung und eine lernförderliche Klassenatmosphäre. Die Religionslehrkraft der Minoritätskonfession zahlt hier einen doppelten Preis für die erschwerten Rahmenbedingungen: einerseits brechen ihr die elementarsten Rahmenvoraussetzungen regulären Unterrichts weg, andererseits erhöht sich ihr Planungs- und Organisationsaufwand, weil sie sich auf immer neue Klassenkonstellationen einstellen muss.

Für die Schulleitung und die Religionsfachschaft bildet diese auch systemisch untragbare Situation den Hauptgrund, am StReBe-Projekt teilzunehmen. Sie wollen das Projekt als Erprobungsraum für einen strukturellen Umbau des BRU nutzen, bei dem evangelische und katholische Lehrkräfte konfessionell-heterogene Klassen unterrichten, mit einem Lehrkräftetausch zum Schuljahreswechsel. Die Aufteilung der Religionsklassen soll sich am Anteil evangelischer Schüler:innen orientieren. Die katholische Fachleitung erläutert: »[…] *wir dürften ungefähr so ein Fünftel evangelische Schüler an der Schule haben. Und wenn wir fünf oder sechs Klassen haben, dann hat also die evangelische Lehrkraft auch eine Klasse, die sie gemischt konfessionell betreut. Und das ist für uns jetzt ein großer Vorteil, weil wir dann diese Teilung, diese doch etwas problematische Teilung und natürlich die problematische pädagogische Situation, die in diesen Klassen herrscht, dann übergehen können.*« (BE/L/ka/B/19) Die Orientierung an der konfessionellen »Realverteilung« kommt der Minoritätskonfession zugute: Während im nach Konfessionen getrennten Religionsunterricht pädagogisch sinnvolle Gruppengrößen für sie kaum mehr zu erreichen sind, ist sie nun entsprechend der Schüler:innengesamtzahl repräsentiert. Bemerkenswert ist dieser Schritt insofern, als er von der katholischen Fachleitung forciert wird, obwohl das eigene Fachangebot stabil angeboten werden kann und folglich in binnenkonfessioneller Hinsicht kein wirklicher Handlungsbedarf besteht. In dem Interview geht die Fachleitung explizit auf diesen Aspekt der, in ihren Worten, »*Privilegierung*« ein: »*Ich sehe also schon, dass wir natürlich als Majorität an der Schule natürlich einen Vorteil haben. Weil wir eben die einzelnen Klassen direkt be-*

dienen können. Was die evangelischen Lehrer:innen natürlich nicht können, die müssen also immer auf Sammelklassen zurückgreifen. [...] ich habe natürlich hier schon eine Privilegierung, wenn ich den katholischen Religionsunterricht vertrete.« (BE/L/ka/B/41)

Was veranlasst sie nun, ungeachtet der durch die Majoritätsposition gegebenen »Vorteile« für das Fachangebot »ihrer« Konfession, für umfassende Veränderung der Regelpraxis einzutreten? Gerade weil die skizzierten Ungleichgewichte in der konfessionellen Verteilung grundlegend für die Weiterentwicklung des Religionsunterrichts in Bayern (wie auch in vielen anderen Bundesländern) sind, lohnt es sich dieser Frage eingehendere Beachtung zu schenken. Die Fachleitung führt dafür zunächst zwei grundsätzliche Gründe ins Feld: *»Die Organisation ist so, dass wir versuchen diesen Werteunterricht* [Religionsunterricht; Anm. d. Verf.]*, der Gott sei Dank bei uns in Bayern oder auch in Deutschland noch einen hohen Stellenwert genießt, dass wir den möglichst umfassend anbieten können. Und dass wir die Organisation an der Schule mit Hilfe von Schulleitung und [...] dem Kollegium auch so gestalten können, dass [...] es doch fair auch gerade den Minderheiten gegenüber gestaltet werden kann.«* (BE/L/ka/B/22 f.) Das Attribut »möglichst umfassend« verweist darauf, dass das wertebildende Fachangebot möglichst viele Schüler:innen erreichen soll, weshalb die prekäre Situation des evangelischen BRU kein konfessionelles Sonderproblem darstellt. Mit dem korrespondiert das Fairnessargument, das explizit auf die (evangelische) Minoritätskonfession bezogen wird. Dabei deckt sich die Problemwahrnehmung hinsichtlich der Klassenkoppelungen fast eins zu eins mit jener der unmittelbar betroffenen Lehrkraft: *»Also ein Sammelsurium praktisch von Schülern [...], die noch dazu nicht gleiche Blockphasen hatten, sodass sich die einzelnen Klassen praktisch jeweils immer wieder erneuern. [...] eine Klassengemeinschaft kann hier praktisch nicht zustande kommen. Für die Lehrkraft ist es schwierig, Stundenthemen, die über eine Stunde hinausgehen, anzusetzen, weil die Schüler ja dann immer wieder wechseln. Von daher ist die Lehrkraft in ihrem Unterrichtskonzept eingeschränkt, als auch die Schüler praktisch in den Möglichkeiten, eine Gemeinschaft zu bilden und über längere Zeiträume sich mit einem Thema zu beschäftigen.«* (BE/L/ka/B/25) Im Blick auf die Schüler:innen betont die Lehrkraft zudem auch den didaktischen Mehrwert des zu erprobenden Modells: Zum einen könne sich so die *»Klassengemeinschaft«* viel besser entfalten, die ihrer Ansicht nach *»viel wichtiger«* sei als die unterschiedliche Konfessions- oder auch Religionszugehörigkeit (BE/L/ka/B/53). Die Trennung nach Konfessionen sei auch insofern schwer zu rechtfertigen, als es bei den meisten Themen *»keine Unterschiede«* (BE/L/ka/B/51) gebe und den in der Regel wenig sozialisierten Schüler:innen eine spezifische Konfessionsbindung kaum mehr anzumerken sei: *»Das ist also ein Gleich.«* (BE/L/ka/B/52) Zum anderen sieht diese Lehrkraft in der organisatorisch ermöglichten Klassengemeinschaft

»eine Chance […], dass man natürlich eher mal die unterschiedlichen Sichtweisen der Konfessionen vielleicht stärker in den Blick nimmt, im Bewusstsein, dass beide Konfessionen im Unterricht vorhanden sind. Was wo natürlich Schüler beider Konfessionen davon profitieren können, weil sie […] auch natürlich unterschiedliche Wahrnehmungen einfach dann verarbeiten können.« (BE/L/ka/B/53). Die katholische Fachleitung bezieht also sowohl die Perspektive der evangelischen Lehrkraft als auch die der Schüler:innen in ihr Überlegungen zu einer zukunftsfähigen Fachentwicklung ein, weshalb diese Schule bereits zu Projektbeginn klar konturierte Vorstellungen zur organisatorischen Weiterentwicklung hatte, die von der Schulleitung und den beteiligten Lehrkräften gemeinsam getragen wurden.

Je ausgeprägter sich die Minoritätssituation an der jeweiligen Berufsschule gestaltet, desto herausfordernder wird es, ein konfessionelles Fachangebot aufrecht zu erhalten oder zuallererst überhaupt einzurichten. Das gilt insbesondere für eine der Projektschulen, die mit Projektbeginn seit langer Zeit erstmals eine evangelische Religionslehrkraft mit geringem Stundendeputat einsetzen konnte. Bis dahin mussten die vereinzelten evangelischen Schüler:innen entweder am katholischen BRU oder am Ethikunterricht teilnehmen. Auch wenn die Schulleitung das Projekt eher ergebnisoffen dazu nutzen wollte, die Möglichkeit eines evangelischen BRU zu überprüfen, war die katholische Projektlehrkraft eher skeptisch, ob diese Entwicklungsperspektive wirklich tragfähig ist – aus einem einfachen Grund: »Wir bräuchten die Schüler dazu. Ganz klar ((lachend)), wie gesagt, wir haben die Schüler nicht, […] zwischen null und sieben ist unser höchstes, was wir an evangelisch. // Wir aber haben Klassen, wo kein Evangelischer drinnen ist, oder einer; also wir haben die Rahmenbedingungen nicht.« (BE/L/ka/E/85) Auch die für das Projekt eingeplante evangelische Lehrkraft zeigte sich bei aller Aufgeschlossenheit gespannt auf den Verlauf dieses Experiments, weil »hier der evangelische Religionsunterricht noch keine Tradition hat« (BE/L/ev/E/11).

An einer anderen Schule mit einer ähnlich ausgeprägten Diasporasituation hat die einzige evangelische Lehrkraft die Erfahrung gemacht, dass sich ein BRU in ihrer Konfession in seiner herkömmlichen Form kaum mehr realisieren lässt. Selbst bei Klassenzusammenlegungen käme die erforderliche Mindestzahl von fünf Schüler:innen nicht mehr zustande – für sie »ein Zeichen, es funktioniert einfach auf die bisherige Art und Weise nicht mehr« (BE/L/ev/D/35). Unter diesen Bedingungen schiene es naheliegend, keinen evangelischen BRU mehr anzubieten. Jedoch ist dies aus der Sicht der Religionsfachschaft wie auch der Leitung dieser Schule keine attraktive Option. Neben dem Bemühen, der Perspektive der betroffenen Lehrkraft und der evangelischen Schüler:innen gerecht zu werden, spielen hier auch pragmatische organisationale Erwägungen eine Rolle. Aufgrund des Religionslehrkräftemangels konnte der Wegfall der evangelischen Lehrkraft nicht kompensiert werden. Daher wurde an der Schule bereits im Jahr vor Projektbeginn eine Strukturänderung eingeleitet, die in einer Modellphase erprobt werden sollte: Statt jahrgangsgemischte Kleinstgruppen unterrichtet die evangelische Lehrkraft nun konfessionell heterogene Klassen mit in der Regel mehrheitlich katholischen Schüler:innen. Die Schulleitung sieht dadurch nicht nur das evangelische Fachangebot, sondern den gesamten BRU an ihrer Schule gestärkt: »*Da bietet uns jetzt dieses Modellprojekt auch wieder Vorteile, weil natürlich der evangelische Religionslehrer auch katholische Schüler unproblematisch in den Unterricht nehmen kann und wir damit die Abdeckung erhöhen können an der Schule.*« (BE/SL/D/13).

4.6   Personelle Herausforderungen

Am zuletzt genannten Beispiel wird besonders deutlich, dass die lokalen Organisationspraktiken an Berufsschulen nicht nur von Veränderungen in der Schüler:innenpopulation, sondern auch von der Lehrkräfteabdeckung herausgefordert werden. Der Vorteil der erweiterten Kooperation liegt aus der Sicht der betroffenen Schulleitung nicht zuletzt darin, dass dieses Modell Möglichkeiten bietet, das Stundendeputat der evangelischen Religionslehrkraft effektiver zu nutzen: Sie kann auch dann im BRU eingesetzt werden, wenn keine pädagogisch sinnvollen Gruppengrößen für ein rein evangelisches Fachangebot zustande kommen. Hier kommt der Aspekt personeller Ressourcen ins Spiel, der in der aktuellen Debatte um den BRU und seine Weiterentwicklung oft nicht hinreichend im Blick ist.

Besonders herausfordernd für mehrere der untersuchten Schulen ist der allgemeine Lehrkräftemangel an Berufsschulen, der sich nachteilig auf die Situation des BRU auswirkt. Der gängige Weg in das Lehramt an Berufsschulen in Bayern ist ein universitäres Studium mit Spezialisierung auf eine berufliche Fachrichtung. Die berufliche Fachrichtung bildet das sogenannte »Erstfach«, das unter anderem Agrarwirtschaft, Gesundheit- und Pflegewissenschaft, Wirtschaftspädagogik usw. sein kann. Je nach Studienort können verschiedene »Zweitfächer« in Form von allgemeinbildenden Unterrichtsfächern gewählt werden, darunter auch Evangelische oder Katholische Religionslehre (vgl. oben 1.2). So kommt es an einzelnen Projektschulen zu der Situation, dass faktisch ausreichend Lehrkräfte mit der Lehrbefähigung für den konfessionellen Religionsunterricht vorhanden sind, der Bedarf im Erstfach der Lehrkraft, beispielsweise Bau- oder Metalltechnik, jedoch so hoch ist, dass ihr Stundendeputat aus Sicht der Schulleitung keinen Einsatz im Zweitfach Religionslehre zulässt. So sieht sich eine Schulleitung durch den chronischen Mangel an Religionslehrkräften geradezu dazu gezwungen, das Angebot an BRU an ihrer Schule zurückzufahren: »*Mir fehlen heuer im Schuljahr 200 Stunden, das sind fast zehn Prozent der Lehrer-*

stunden und dann müssen ja noch alle Fachbereiche ein bisschen was abgeben.« (BE/SL/B/19) Warum die Verteilung der verfügbaren Lehrkräftestunden unter diesen Bedingungen auch bei ihm zulasten des BRU erfolgt, begründet diese Schulleitung mit einer doppelten Posteriorisierung. Zum einen habe der fachliche Unterricht *»immer Priorität«*, was auch mit den Erwartungen der Ausbildungsbetriebe zusammenhänge: *»Wir stehen natürlich immer unter Beobachtung unserer Kunden, sage ich jetzt mal, der Ausbildungsbetriebe, und wenn wir fachlich streichen, dann kostet es sofort, das geht überhaupt nicht.«* (BE/SL/B/31) Zum anderen gebe es auch unter den allgemeinbildenden Fächern Dringlichkeitsunterschiede. So könne er angesichts des hohen Anteils an Schüler:innen mit Migrationshintergrund den Deutschunterricht nur bedingt antasten. Sein Fazit fällt wenig günstig für den BRU aus: *»Ja, also unsere Prioritätenliste schaut so aus: Fachlich hat höchste Priorität, dann muss man gucken, ob man irgendwas mit Religion, mit Sport irgendwas streichen kann.«* (BE/SL/B/31) Dabei kann dieser Schulleitung keine negative Einstellung zum BRU attestiert werden. Im Gegenteil: Sie äußert sich wertschätzend zu diesem Fach. Vielmehr kommt hier eine allgemeinere professionelle Selektionsrationalität zur Sprache, die in sämtlichen Interviews mit Schulleitungen explizit oder implizit begegnet.

Der Ausfall von BRU wird auch in den Schüler:inneninterviews vereinzelt mit dem Lehrkräftemangel in Verbindung gebracht (beispielsweise BE/SI2/E/65–71), wobei die Einordnung dieses Zusammenhangs von der dem Fach zugewiesenen Wertigkeit abhängt. Ein Schüler fragt vor diesem Hintergrund das in seiner Klasse zum Schuljahresbeginn probeweise eingeführte Modell konfessionell-kooperativen Team-Teachings an: *»Unsere Klasse, jetzt sind ja zwei Lehrer, und es heißt ja in Deutschland überall Lehrermangel und so, und deswegen verstehe ich das nicht so ganz mit denen zwei Lehrern, dass man das (3). Wieso ist das so? Würde ja einer reichen. Ging ja auch letztes Jahr einwandfrei mit einem.«* (BE/SI1/ev/E/183) In einer anderen Schüleräußerung wird der Lehrkräftemangel zum Anlass einer bildungspolitischen Grundsatzkritik: *»Ich finde es gut, wenn der Religionsunterricht nicht ausfällt beziehungsweise verschoben wird, wie es schon des Öfteren mal war. Ja wegen Lehrermangel. Und das kann es halt eigentlich nicht sein, dass ein Haufen Gelder in Bildung investiert werden, aber eigentlich keiner da ist, der das Geld in Empfang nehmen kann«* (BE/SI2/ka/H/167).

In diesem Sinne zeigen sich auch die Schulleitungen interessiert an der Gewinnung von Religionslehrkräften, besonders dann, wenn diese Lehrkräfte im Rahmen der staatlichen Lehrkräftebildung mit Religion als Zweitfach ausgebildet sind und im oben geschilderten Sinne flexibler einsetzbar sind – *»und das macht die Organisation einfacher«* (BE/SL/D/25). Manche interviewten Schulleitungen begründen ihre Präferenz für staatliche Religionslehrkräfte darüber hinaus auch pädagogisch-konzeptionell. Gerade in der Berufsschule, argumentiert eine Schulleitung, komme es darauf an, den berufsvorbereitenden Fachunterricht und den allgemeinbildenden Unterricht zu verschränken. Das gelänge jedoch »*nur wenn ein Kollege Religionsunterricht macht, der im Zweitfach die Religion hat und gleichzeitig fachlich auch noch drin ist. Der kann im Prinzip spielend wechseln von ›mein Fach‹, Fachunterricht, hin zu Religion und sieht dann auch sofort die Anknüpfungspunkte*« (BE/SL/A/76).

Wie in diesem Interview spielt auch in vielen anderen Interviews ein Faktor mit, der im bayerischen Kontext besonders zum Tragen kommt: Der BRU wird zu erheblichen Anteilen von sog. kirchlichen Religionslehrkräften erteilt. Darunter fallen zumeist an (kirchlichen) Fachhochschulen ausgebildete Religionslehrkräfte im Kirchendienst sowie Pfarrer:innen, Gemeinde- bzw. Pastoralreferent:innen oder Priester, die entweder über einen Abstellungsvertrag hauptamtlich an der Schule arbeiten oder im Rahmen ihres pastoralen Dienstauftrags mit zwei bis sechs Wochenstunden an Berufsschulen unterrichten.

In den Interviews mit den Schulleitungen divergieren die Einschätzungen hinsichtlich der kirchlichen Lehrkräfte. Während die zuletzt zitierte Schulleitung den Einsatz kirchlicher Lehrkräfte grundsätzlich kritisch sieht, weil diesen »*das Andocken an das Fachliche*« (BE/SL/A/60) fehle, äußern sich die meisten anderen wertschätzend – und durchaus auch unter organisatorischem Gesichtspunkt: Da diese Lehrkräfte, sofern sie hauptamtlich Religion unterrichten, über ein hohes Stundendeputat von bis zu 24 Stunden verfügen, tragen sie wesentlich dazu bei, dass BRU flächendeckend angeboten werden kann. Allerdings schwindet dieser Vorteil, wenn die kirchlichen Lehrkräfte nur mit wenigen Stunden an der Schule unterrichten. So äußert sich eine Schulleitung darüber erfreut, »*Religionslehrkräfte mit sehr vielen Stunden hier bei uns*« zu haben, um dann hinzuzufügen: »*Und nicht Pfarrer, die nur mit zwei, drei Stunde kommen*« (BE/SL/G/17). Der kritische Nachsatz bezieht sich nicht auf die Qualität des BRU, sondern dessen Organisierbarkeit. Wie Religionslehrkräfte, die an mehreren Schulen unterrichten, sind auch Pfarrer:innen, die BRU neben ihrer gemeindlichen Tätigkeit erteilen, an bestimmte Zeitfenster gebunden: »*Das führt zum Teil dazu – und das ist ja wahrscheinlich aus der Sicht der Fachleute etwas absurd –, dass der Religionsunterricht den Stundenplan macht, weil der im Prinzip gesetzt werden muss*« (BE/SL/G/15).

Damit einhergehende Spannungen spiegeln sich auch in den Lehrkräfteinterviews und in den ethnografisch erhobenen Daten wider. Am Projekt beteiligte kirchliche Lehrkräfte berichten von persönlichen wie familiären Belastungen, die damit verbunden sind, an mehreren Schulen und teilweise auch noch in der Gemeinde arbeiten zu müssen (BE/TB/G/136; BE/TB/E/34). Dabei wird auch reflektiert, dass durch die multiplen Einsatzorte die eigenen Möglichkeiten limitiert sind, sich in einem mit Vollzeitlehrkräften vergleichbaren Maße in das Schulleben einzubringen: »*Für mich, mein Auftrag ist hier 18 Stunden Religionsunterricht zu halten. Ich habe noch in der Gemeindearbeit zu tun. Natürlich kann ich mich dementsprechend nur bedingt einbringen, was natürlich von Vollzeitlehrkräften, auch Religionslehrkräften oder den staatlichen Kollegen und Kolleginnen an der Schule natürlich anders erwartet wird. Aber da habe ich einfach meine zwei Seiten und die muss ich natürlich beide bedienen und manches geht, manches geht eben dann nicht.«* (BE/L/ka/G/44 f)

Hinzu kommt: Kirchliche Lehrkräfte sind besonders existenziell von der sinkenden Zahl konfessionszugehöriger Schüler:innen betroffen, weil sie – anders als ihre Kolleg:innen im Staatdienst – die dadurch abnehmenden Religionsstunden nicht durch zusätzliche Stunden im Fachunterricht ausgleichen können (BE/L/ev/H/23). In diesem Zusammenhang wurde auch vereinzelt die Befürchtung geäußert, dass die Zusammenlegung der bislang konfessionell getrennten Lerngruppen zu einem Rückgang an Lehrer:innenstunden führen könnte (BE/TB/D/320).

4.7   Herausforderungen im Verhältnis zum Ethikunterricht

Noch gravierender wirken sich die personellen Herausforderungen aus, wenn man den Blick über den BRU hinaus auf den Ethikunterricht ausweitet. Vor dem bislang skizzierten Hintergrund läge ja der Schluss nahe, dass der Ethikunterricht der eigentliche »Gewinner« der skizzierten Veränderungen in der Schüler:innenpopulation sei. Jedoch gestaltet sich das Verhältnis zwischen Religions- und Ethikunterricht im Lichte der empirischen Befunde um einiges komplexer, wobei sich in den analysierten Organisationspraktiken die Interdependenzen zwischen den beiden Fachangeboten besonders bemerkbar machen.

Ungeachtet der beschleunigten Pluralisierung der Schüler:innenschaft war zum Interviewzeitpunkt nur an vier der insgesamt acht Projektschulen ein flächendeckender Ethikunterricht eingerichtet. Als Hauptgrund für ein fehlendes Ethikangebot nennen die Schulleitungen das Fehlen von ausgebildeten Ethiklehrkräften: *»Und in Ethik fehlt uns entsprechendes Lehrpersonal im Moment. Das würde ich mir wünschen, dass wir da mehr hätten.«* (BE/SL/D/11) Zwar dürfen in Bayern alle grundständigen Berufsschullehrkräfte ohne domänenspezifische Professionalisierungsvoraussetzungen »fachfremd« Ethik unterrichten.[3] Jedoch legen Schulleitungen wie Lehrkräfte im Fachkollegium darauf Wert, dass die Ethik erteilenden Lehrkräfte *»erstens bereit sind und wirklich auch persönlich geeignet sind, das ist immer Grundvoraussetzung«* (BE/L/ka/D/34). Daher setzen sie darauf, dass die in Bayern erst 2019 grundständig eingeführte universitäre Lehrkräftebildung für den Ethikunterricht an Berufsschulen mit-

---

3 Siehe dazu https://www.institut-wipaed.rw.fau.de/studium/bachelorstudium-wirtschaftswiss enschaften/uebersicht-ueber-die-zweitfaecher/ethik/ (10. 10. 2023).

telfristig für eine bessere Rekrutierungslage sorgt: »*Wobei bei Ethik ja immer das Problem war, dass wir ja eigentlich bisher keine Ethiklehrer hatten in der richtigen Ausbildung, sondern dass das jetzt erst losgeht als Zweitfach, als Ergänzungsfach, als Unterrichtsfach, das an den Universitäten anzubieten.*« (BE/SL/A/56)

Um dem akuten Mangel an qualifizierten Ethiklehrkräften zu begegnen, äußert eine Schulleitung den Wunsch, Religionslehrkräfte im Ethikunterricht einzusetzen, seien doch »*diese auch gut geeignet, so einen Unterricht anzubieten*« (BE/SL/B/39). Dabei ist ihr bewusst, dass dieser Weg nach der geltenden Rechtslage verschlossen ist. In Bayern ist der parallele Einsatz von Religionslehrkräften im Ethikunterricht untersagt, um die »persönliche Glaubwürdigkeit« der Lehrkraft zu wahren und auch verwaltungspraktisch einer »Verwässerung« des Religions- und Ethikunterricht vorzubeugen (KMS VII. 7-5 S 9402.1-7.58 735).

Es wäre jedoch ein Kurzschluss, aus dem fehlenden Ethikunterricht einen Vorteil für den BRU abzuleiten. Im Gegenteil: Der Ausfall dieses Alternativfachs wirkt sich nach Auskunft vieler Interviewten negativ auf den BRU aus. Kann nämlich kein Ethikunterricht angeboten werden, haben die zumeist konfessionslosen und nichtchristlichen Schüler:innen, die nicht am konfessionellen Religionsunterricht teilnehmen wollen, eine Freistunde. Wie eine Schulleitung berichtet, verstärkt diese Option die Bereitschaft der konfessionszugehörigen Schüler:innen, sich vom BRU abzumelden: »*Wir haben auch ganz viele Schüler, die sich erst dann abmelden, wenn sie sicher sind, wir können kein Ethik anbieten vom Lehrer. Dann kommt die Abmeldung. Dann ist es eine Freistunde.*« (BE/SL/A/ 177) Eine Religionslehrkraft aus derselben Schule berichtet, dass solche Konstellationen auch an der Motivation seiner Schüler:innen zehren: »[…] *jetzt fällt Ethikunterricht aus. Das ist natürlich für die Schüler, die dann in den Religionsunterricht gehen und dann Ethikunterricht findet nicht statt, fühlen sich die Religionsschüler natürlich irgendwie benachteiligt. Nicht natürlich, aber es gibt immer wieder diese Diskussion.*« (BE/L/ev/A/17)

Die Tendenz zur Abmeldung wird verstärkt, wenn BRU in den Randstunden liegt und für den Teil der Klasse, der nicht am diesem Fachangebot teilnimmt, der Berufsschultag später beginnt oder früher endet. Eine Schulleitung führt diesbezüglich aus: »*Wobei das natürlich schon damit zusammenhängt, wie weit der Religionsunterricht geblockt ist und die Blöcke am Anfang oder am Schluss liegen, also sprich, dass die später anfangen können oder früher gehen können. Also ich kenne es auch anders und da gibt es durchaus Schüler, die sagen, ja bevor ich jetzt eine Stunde rumhock, gehe ich in Unterricht rein. Aber das ist, wenn es am Rand liegt, dass da keiner freiwillig dableibt, das ist realistisch, ja.*« (BE/SL/C/23) Ähnlich konstatiert diese Lehrkraft, dass die Fliehkräfte zunehmen, wenn BRU an den Rändern des Schultages platziert wird: »*Weil die Erfahrung zeigt, dass es oftmals sonst schwierig ist für die Schüler, wenn Reli in den Randstunden ist, und dann dürfen die anderen nach Hause gehen. Das ist oft schwierig.«* (BE/L/ka/D/34)

Die untersuchten Schulen gehen mit dieser Situation unterschiedlich um. Eine Projektschule, an der die Abdeckung von Ethik parallel zum BRU überdurchschnittlich gut ist, löst diese Spannung zum Teil über den Besuch von Ersatzunterricht: Sofern Ethikunterricht in Ausnahmefällen nicht parallel zum konfessionellen BRU angeboten werden kann und es sich nicht um Randstunden handelt, haben die konfessionslosen und andersreligiösen Schüler:innen grundsätzlich die Möglichkeit, auf Antrag am konfessionellen BRU teilzunehmen. Andernfalls müssen sie, parallel zum konfessionellen BRU, allgemeinbildenden oder fachlichen Ersatzunterricht in Parallelklassen besuchen (BE/SL/B/51). An einer anderen Schule berichten Religionslehrkräfte, dass die Schüler:innen aus dem Kollegium heraus ausdrücklich über die Möglichkeit der Abmeldung vom BRU informiert werden, auch mit dem Hinweis, dass kein Ethikunterricht angeboten wird (BE/TB/A/31).

Die Schwierigkeit, Religions- und Ethikunterricht organisatorisch unter einen Hut zu bringen, hat an mehreren untersuchten Schulen zu modellähnlichen Praktiken geführt, die teilweise über den Gestaltungsrahmen von Art. 7 Abs. 3 GG hinausgehen. In einer Projektschule etwa werden die Ethikschüler:innen mehrheitlich dem BRU der Minoritätskonfession zugewiesen: *»Das heißt, das wird dann so umgesetzt, dass dann angeschaut wird in der Klasse, wo gibt es mehr Evangelische, wo gibt es mehr Katholische. Und die Gruppe mit den jeweils weniger Schülern bekommt dann die potenziellen Ethikschüler, falls kein Ethik angeboten werden kann. Das ist so hier die entsprechend gängige Praxis. Funktioniert in der Regel.«* (BE/L/ev/G/17; vgl. BE/L/ka/G/21)

An Schulen, deren Schülerschaft in großer Mehrheit einer christlichen Konfession angehört, haben die Schüler:innen der Minoritätskonfession die Wahl, entweder den BRU der Majoritätskonfession oder den Ethikunterricht zu besuchen (BE/L/ka/H/20; BE/L/ev/E/12). Aufgrund des Mangels an verfügbaren Ethiklehrkräften wird Ethikunterricht konträr zu den oben skizzierten Bestimmungen auch von einer Religionslehrkraft der Minoritätskonfession mitgetragen.

Allerdings ist an Schulen, an denen der Ethikunterricht flächendeckend eingerichtet ist, die Situation auch nicht frei von Spannungen. Denn die Religionslehrkräfte bekommen dann unmittelbarer zu spüren, dass die religionsdemografische Entwicklung eher dem ethischen Fachangebot in die Hände spielt: *»Heute melden sich viel mehr Schüler zum Ethikunterricht an, als es in früheren Zeiten war. Und es sind generell schon einfach viel mehr Schüler da, die von Haus aus für Ethik vorgesehen sind, weil sie bekenntnislos oder weil sie einer Religion angehören, die keinen Religionsunterricht bekommt. Und deswegen ist heute* *manchmal auch die Ethikgruppe auch die größere Gruppe als eine konfessionelle Gruppe.*« (BE/L/ka/A/31)

An einer Projektschule verschärft sich die gefühlte Konkurrenzsituation dadurch, dass die Religions- und Ethiklehrkräfte zu Beginn des Schuljahres ihr jeweiliges Fachangebot den Schüler:innen vorstellen, die dann auf dieser Basis ihre Entscheidung fällen können (BE/TB/C/114). Während die Religionslehrkraft der Minoritätskonfessionen dieses »*Hausieren*« (BE/L/ev/C/59) eher als Chance begreift, beklagt die Lehrkraft der Majoritätskonfession, dass es aufgrund solcher »*Werbung*« zu einem »*Konkurrenzdenken*« komme, das insbesondere ihr Verhältnis zur Ethiklehrkraft belaste (BE/L/ka/C/21).

Wie sich in den Schulportraits zeigte, hat sich eine weitere Schule schließlich dafür entschieden, die Perspektiven des konfessionellen BRU und des Ethikunterrichts in einem übergreifenden Fachangebot im Klassenverband zusammenzuführen. Bei allen verfassungs- und religionsrechtlichen Fragen, die dieser Schritt aufwirft, muss doch gesehen werden, dass er aus einer organisatorischen und didaktischen Problemwahrnehmung erwächst. Organisatorisch stellte sich die Frage, wie der pluralisierten Schüler:innenschaft aus immer mehr konfessionslosen und nicht-christlichen Jugendlichen angesichts des Mangels an Ethiklehrkräften ein adäquates Fachangebot gewährleistet werden kann. Didaktisch boten die ohne dieses übergreifende Fachangebot gegebenen Strukturen aus der Sicht der beteiligten Akteur:innen zu wenig Möglichkeiten gemeinsamen Lernens auf interreligiöser und interweltanschaulicher Ebene.

Beide Faktoren spielen mit, wenn sich mehrere Schulleitungen auf lange Sicht für ein integratives Fachangebot aussprechen, das sich an alle Schüler:innen richtet und Religion im Rahmen einer allgemeineren Werteorientierung thematisiert. Sie versprechen sich davon zunächst organisatorische Vorteile, so wie diese Schulleitung, die ihr Plädoyer für einen »*Werteunterricht mit Religion*« folgendermaßen pointiert begründet: »*Dann müsste man auch nicht den Unterricht teilen*« (BE/SL/C/18). In der Regel aber sind die Argumentationen komplexer, wie beispielsweise bei dieser Schulleitung: »*Provokant hab ich ja schon mal die These in den Ring geworfen, ob man nicht den Religionsunterricht komplett abschafft zugunsten eines Werteunterrichts. Und dann aber auch die Konfessionen und alle Religionen, die vielleicht relevant sind an dieser Schule oder in dieser Klasse hier auch zum Tragen kommen. Das fände ich ja eigentlich auch viel spannender, dass man gerade die Bekenntnislosen darüber informiert oder eben auch Muslime über den christlichen Glauben informiert und da unterrichtet. Oder umgekehrt übrigens, das finde ich das Spannende. Aber das ist so die Sicht des Verwalters natürlich, die ich da in meiner Brust habe, weil das einfach zu organisieren ist. Da kann ich nämlich die Stunde setzen wie eine Sozialkundestunde und hab keine Dreiteilung der Stunden.*« (BE/SL/G/19) Hier wird deutlich, dass die Anfragen der Schulleitungen an den herkömmlichen BRU nicht nur »die Sicht des Verwalters« widerspiegeln. Vielmehr kommen hier auch Erwartungen wechselseitigen Lernens zur Sprache, die religionspädagogisch als »Didaktik des Perspektivenwechsels« konzeptionalisiert worden sind (vgl. bes. Woppowa, 2015; 2017). Ähnliches klingt in folgender Positionierung einer stellvertretenden Schulleitung: »*Aber was mich halt schon manchmal umtreibt ist, kommt es nicht den Schülern manchmal entgegen oder würde es dem Ganzen nicht entgegenkommen, indem wir das entschärfen, dass wir sagen, okay, wir beschränken uns mal nicht auf diesen konfessionsgebundenen Unterricht. Es werde, würde nicht nur die Organisation erleichtern, natürlich, das auch, aber es würde den Wind aus den Segeln nehmen, wenn ich sage, ich habe ein Fach, das nicht konfessionsgebunden ist, was auch nicht ethikgebunden ist, sondern ein, ein Wertefach, wo man [...] auch die anderen Religionen auch einmal abfragt, wo man sich gegenseitig auch kennenlernt, so ein Fach der Begegnung der einzelnen Themen.*« (BE/SL/A/57)

Insgesamt zeigt sich an dem erhobenen Datenmaterial, dass die für die neuere konzeptionelle Debatte charakteristische Konzentration auf das zunehmend kooperativ gestaltete Verhältnis zwischen evangelischem und katholischem BRU entschieden zu kurz greift. Vielmehr muss der Ethikunterricht stärker mitbedacht werden, weil die Frage nach der organisatorischen Realisierung des BRU zumindest an den untersuchten Berufsschulen nicht unabhängig von der Frage nach der Organisation des Ethikunterrichts systemisch adressiert werden kann.

4.8 Administrative Herausforderungen

In der StReBe-Basiserhebung trat zutage, dass bei den Bemühungen um eine Weiterentwicklung des BRU die religionspädagogisch oft ausgeblendete Ebene der Schuladministration mehr Aufmerksamkeit verdient. Insbesondere in den Interviews mit den Schulleitungen wird durchgängig der administrative Aufwand moniert, der mit diesem Fach verbunden ist. Als besonders unverhältnismäßig wird das Antragsverfahren im Fall der Teilnahme von Schüler:innen am BRU eines Bekenntnisses, dem sie selbst nicht angehören (als Rechtsrahmen siehe § 27 Abs. 4 BaySchO), kritisiert. Der Beantragungsprozess ist in einem kultusministeriellen Schreiben vom 21. Dezember 2009 detailliert geregelt – und gestaltet sich ausgesprochen komplex. Die zentrale Passage des Schreibens lautet:

> »Schüler, die keiner Religionsgemeinschaft angehören oder für deren Religionsgemeinschaft Religionsunterricht als ordentliches Lehrfach für die betreffende Schulart an öffentlichen Schulen in Bayern nicht eingerichtet ist, können auf Antrag am Religionsunterricht eines Bekenntnisses als Pflichtfach nach Maßgabe der Schulordnungen für die einzelnen Schularten unter folgenden Voraussetzungen teilnehmen:

- schriftlicher Antrag der Erziehungsberechtigten bzw. des volljährigen Schülers an den Schulleiter;
- kein Entgegenstehen zwingender schulorganisatorischer Gründe;
- Zustimmung der zuständigen Stelle der Kirche oder Religionsgemeinschaft, für deren Bekenntnis der betreffende Religionsunterricht eingerichtet ist; diese Stelle bestimmt sich nach dem Recht dieser Religionsgemeinschaft (kath.: örtlich zuständiges Ordinariat, ev.: örtlich zuständiger Dekan bzw. Schulbeauftragter);
- bei Schülern eines anderen Bekenntnisses ist dem Antrag zusätzlich das schriftliche Einverständnis der zuständigen Stelle der Religionsgemeinschaft beizufügen, der die betreffenden Schüler angehören.

Wenn die Zustimmung der zuständigen Stelle(n) vorliegt, spricht der Schulleiter die Zulassung zur Teilnahme aus, die für die Besuchsdauer der betreffenden Schulart gilt, soweit nicht die Zustimmung einer beteiligten Religionsgemeinschaft widerrufen wird.«

Es handelt sich also um ein aufwändiges Verfahren, bei dem bis zu vier persönliche und institutionelle Zustimmungen einzuholen sind. Folgende Passage aus dem Interview einer dem BRU gegenüber positiv eingestellten Schulleitung gibt einen plastischen Einblick in die administrativen Erschwernisse:

»Es ist ja grundsätzlich so, wenn ein Schüler vom evangelischen, also wenn ein evangelischer Schüler in den katholischen Religionsunterricht rübergehen will, dann geht das ja nicht so ohne Weiteres, und die Kirchen müssen zustimmen. Das heißt, die abgebende Kirche in Anführungszeichen, die aufnehmende muss zustimmen, der Schulleiter muss zustimmen, der Schüler muss es natürlich auch wollen, der Religionslehrer muss dabei sein und wenn der Schüler minderjährig ist, müssen die Eltern noch zustimmen. Also das ist ein Antragsverfahren, das ist ein Riesenaufwand für uns, weil wir halt immer wieder verschiedene Formblätter durchlaufen müssen. Dann ist es so ein Stapel Papier, der wird dann weitergereicht an die Kirchen, die müssen das durcharbeiten und dann geht es wieder zurück an die Schule.« (BE/SL/B/41)

Das systemische Problem liegt darin, dass eine Regelung, die ursprünglich auf Einzelfälle hin konzipiert war, aufgrund des konfessions- und religionsdemografischen Wandels auf eine schulische Situation bezogen werden muss, in der eine höhere Zahl solcher Anmeldungen aus strukturellen Gründen notwendig werden oder schon geworden sind.

Da es den am StReBe-Projekt beteiligten Schulen zunehmend schwer fällt und teilweise nicht möglich ist, auf Klassenebene einen evangelischen und katholischen BRU anzubieten, müssen alle Schüler:innen der Minderheitenkonfession das geschilderte Antragsverfahren durchlaufen. Da dafür die Zustimmung beider Kirchen eingeholt werden muss, zieht sich der Genehmigungsprozess nach Schilderung der Schulleitungen weit ins Schuljahr hinein, so dass die Religionsgruppen oft erst Wochen nach Schuljahresbeginn wirklich geklärt sind. Eine Schulleitung, die diese Regelung besonders kritisch sieht, formuliert zuspitzend:

> *»Ja, wir müssen auch sagen, wenn wir momentan Katholische in den evangelischen oder Evangelische in den katholischen hineinnehmen, müssten wir immer warten, bis die Genehmigung auch vom Bistum, vom Dekanat da ist. Bis das da ist, ist das Schuljahr schon halb vorbei. Wir wissen ja zum Teil erst im Oktober, November, wie sich die Gruppen bilden und dann wechseln die, dann kommt die Bescheinigung. Erst einmal müssen wir sie sammeln und wegschicken, dann kommt sie im April und dann brauchen wir nicht mehr anfangen. Also wenn wir das zusammennehmen, dann muss auch das Verfahren vereinfacht werden.«* (BE/SL/A/161)

Im letzten Satz schwingt ein Problem mit, das bei der organisatorischen Weiterentwicklung im Rahmen des StReBe-Projekts zentral berücksichtigt werden musste. Wie Schulleitungen anderer Schulen ist auch diese daran interessiert, die Fachentwicklung an ihrer Schule im Sinne eines konfessionell-kooperativen Religionsunterrichts voranzutreiben. So sehr sich dieses seit den 1990er Jahren in Baden-Württemberg, Berlin, Hessen, Niedersachsen, Nordrhein-Westfalen und Schleswig-Holstein eingeführte Gestaltungsmodell mittlerweile regional ausdifferenziert hat (vgl. Sajak & Simojoki, 2023), ist doch in der Regel eine didaktische Konstellation vorgesehen, bei der eine konfessionell-gemischte Klasse von der Lehrkraft einer Konfession unterrichtet wird. Nach aktueller Regelungslage müssten alle Schüler:innen, die nicht der Konfession der Lehrkraft angehören, einen Antrag auf Teilnahme am einem BRU eines anderen Bekenntnisses stellen. Für die interviewte Schulleitung hätte diese Umstellung zur Folge, dass sie zu Schuljahresbeginn Tausende solcher Anträge unterschreiben müsste.

Weiter verkompliziert wird die Umsetzung des geltenden Antragsverfahren durch die fortschreitende religiöse Pluralisierung der Schüler.innenschaft. So macht die zuvor zitierte Schulleitung darauf aufmerksam, dass *»wir dann wirklich Zustimmungen uns einholen müssen mit einem gesonderten Formular noch bei Christlich-Orthodoxen und dergleichen, das haben wir ja alles. Und das ist in der Masse nicht mehr, also bei so einer Schulgröße, nicht händelbar.«* (BE/SL/A/160) Angesichts der absehbar steigenden Zahl orthodoxer Schüler:innen (vgl. dazu umfassender Simojoki, Danilovich, Schambeck & Stogiannidis, 2022) auch an bayerischen Berufsschulen, wird die von der Schulleitung beklagte Komplexität künftig noch zunehmen.

Ein weitere Hürde ganz eigener Art wird für muslimische Schüler:innen namhaft gemacht. Wie ja die meisten staatskirchen- und schulrechtlichen Bestimmungen zum Religionsunterricht im Gefolge von Art. 7 Abs. 3 GG sind auch die Regelungen zur Teilnahme am Religionsunterricht einer anderen Konfession implizit auf kirchliche Organisationsstrukturen hin verfasst worden. Eine Anwendung auf muslimische Schüler:innen scheitert oft im Ansatz daran, dass diese auf keine »abgebende Stelle« zurückgreifen können.

An einer Schule kommt es zu der paradoxen Situation, dass die Gruppenbildung dadurch erschwert wird, dass die Schulleitung in durchaus kritischer

Intention darauf insistiert, dass die formalen Regularien eingehalten werden: »[...] *seit ein paar Jahren machen wir das mal ganz konsequent, nur um auch einmal festzustellen, ah, ist das überhaupt noch ein händelbarer Aufwand?*« (BE/ SL/A/160) Eine Konsequenz dieser strikten Handhabung der schulrechtlichen Vorgaben ist, dass muslimische Schüler:innen, wie eine Lehrkraft mit ausdrücklichem Bedauern beschreibt, keinen Zugang mehr zum konfessionellen BRU haben: »*Mittlerweile ist es so, tatsächlich, die bekommen keine Bescheinigung der abgebenden Kirche, dass sie dort Teilnehmer sind, weil sie oft gar nicht wissen, wer ihre abgebende Kirche [gemeint: Religionsgemeinschaft; Anm. d. Verf.] ist. Und von daher haben wir überhaupt keine Muslime mehr im Religionsunterricht mit auf Antrag, weil das formal gar nicht zulässig ist.*« (BE/L/ev/A/ 32) Die dadurch verhinderte Teilnahme von muslimischem Schüler:innen wird von den Religionslehrkräften dieser Schule nicht nur strukturell als Schwächung, sondern auch inhaltlich als »*Verarmung an Auseinandersetzung mit unterschiedlichen Standpunkten*« (BE/L/ka/A/16) gewertet.

An den Schulen, an denen die administrativen Rechtsvorgaben umgesetzt werden, kommen insbesondere die Religionslehrkräfte auf eine weitere Schwierigkeit zu sprechen: Angesichts des fortschreitenden Wegschmelzens konfessioneller Identifikationen ist die dem Antragsverfahren zugrundeliegende Bürokratielogik den meisten Schüler:innen nicht zugänglich. Eine evangelische Lehrkraft berichtet: »*Für die Schüler ist das auch recht ähnlich wie bei diesen Datenschutzerklärungen. Die Schüler lesen das oft gar nicht, verstehen auch oft gar nicht, aus Gutwilligkeit wird es dann oft auch unterschrieben.*« (BE/L/ev/A/ 30). Im Kontext der teilnehmenden Beobachtung wurde geäußert, dass diese Schieflage vor allem durch die Klassenleitungen ›ausgebadet‹ werde, welche die den Schüler:innen unverständlichen Anträge immer neu erklären müssten (BE/ TB/A/236).

Angesichts dieser Herausforderungen ist es nicht überraschend, dass die meisten am StReBe-Projekt beteiligten Schulen eigene, oft einfachere Verfahrenspraktiken im Umgang mit den Teilnahmeregelungen entwickelt haben. In der Regel wird die Frage »*schulintern*« (BE/L/ka/C/15) gelöst, was konkret bedeutet, dass das Einverständnis der Schüler:innen bzw. der Erziehungsberechtigten sowie die Bestätigung der Schulleitung eingeholt wird, nicht aber die Zustimmung der abgebenden bzw. aufnehmenden Religionsgemeinschaften.

Zu dem hier thematisierten Teilnahmeproblem kommen zwei weitere Hürden hinzu, die in diesem Kapitel bereits ausführlich zur Sprache kamen: zum einen die komplexe Stundenplanung, von der in erster Linie die Schulleitung betroffen ist, und zum anderen die Administration der Abmeldungen vom BRU, die wie auch die An- und Ummeldungen von den Klassenleitungen geschultert werden muss. Durchweg beklagen die professionellen Akteur:innen daher, dass die mit dem Fach verbundenen administrativen Mühen der Reputation des BRU im

Schulkollegium schadet. Problematisch ist dabei, dass diese Mühen sich ausgerechnet zu Schuljahresbeginn am stärksten bemerkbar machen, was, wie eine Schulleitung schildert, zu Frust im Lehrkräftekollegium führt:

> *»Von den Klassleiteraufgaben nimmt der Religionsbereich den höchsten Umfang ein. Und da muss man ganz klar sagen, das ist nicht der Stellenwert. Religion ist nicht, soll nicht dafür da sein, um die Organisation zu belasten. Das kann es nicht sein. Das ist dann aber das, was häufig hängen bleibt bei meinen Klassleitern, ne. Die sagen, ach, ich kann es nicht mehr sehen. Ordnerweise habe ich drüben die Anträge mit Abmeldungen und dergleichen.«* (BE/SL/A/171)

Insgesamt fördert dieser letzte Analyseaspekt der multiperspektivischen Datenauswertung eine weitere religionspädagogische Leerstelle zutage. Während in der wissenschaftlichen wie kirchlichen Debatte um eine Weiterentwicklung des BRU schuladministrative Fragen in der Regel eher am Rande gestreift werden, bilden sie aus der Sicht der an diesem Unterricht beteiligten professionellen Akteur:innen ein Haupterschwernis bei der organisatorischen Gewährleistung dieses Schulfaches. Neben den Religionslehrkräften und Schulleitungen ist hier besonders an die Klassenlehrkräfte zu denken, auf die in Bayern teilweise beträchtliche Zusatzbelastungen zukommen. Auch wenn in lokalen Agreements mit den kirchlichen Verantwortlichen teilweise pragmatische Vereinfachungen erreicht werden, wird der administrative Aufwand von den professionellen Akteur:innen durch die Bank als ein Faktor dargestellt, der die Stellung des BRU an der Schule schwächt und teilweise sogar gefährdet. Wenn die Kirchen die ihnen verfügbaren Möglichkeiten nutzen, hier für Erleichterung zu sorgen, wird dies nicht nur dem BRU zugutekommen, sondern auch ihrem eigenen Ansehen im berufsschulischen Handlungskontext.

4.9 Systematisierende Ertragsbündelung

Die bisherigen Analysen gewähren bislang in dieser Detailschärfe noch nicht erhobene Einblicke in die organisatorische Komplexität des konfessionellen Religionsunterrichts an bayerischen Berufsschulen. In der inhaltsanalytischen Auswertung trat eine ganze Reihe interdependenter Faktoren zutage, die je für sich die strukturelle Gewährleistung mehrerer bekenntnisgebundener Fachangebote erschweren: die ungebremst fortschreitende Pluralisierung und Entkonfessionalisierung der Schüler:innenschaft, berufsschulspezifische Faktoren (Blockunterricht, Befreiungsoptionen, Vorbehalte seitens dualer Partnerbetriebe etc.), konfessionelle Majoritäts-Minoritäts-Konstellationen, personelle Herausforderungen wie der (Religions-)Lehrkräftemangel und der Einsatz von kirchlichen Lehrkräften, Abmeldungen bei ausfallendem Ethikunterricht und schließ-

lich der administrative Aufwand, den der BRU Schulleitungen und Klassenlehrkräften auferlegt. Bereits für sich genommen setzen diese Entwicklungen den
konfessionellen Religionsunterricht an bayerischen Berufsschulen unter erheblichen Transformationsdruck. Allerdings ist ihre Wirkung erst angemessen erfasst, wenn man sie in ihrem wechselseitigen Zusammenhang in den Blick
nimmt. Die in diesem Kapitel rekonstruierten Organisationsherausforderungen
sind nicht isoliert zu betrachten. Sie bedingen und verstärken sich wechselseitig.
Zusammengenommen führen sie dazu, dass immer mehr Berufsschulen auch in
Bayern vor den mit diesem Wahlpflichtbereich verbundenen Organisationsherausforderungen kapitulieren – und gar keinen Religions- und Ethikunterricht
mehr anbieten.

Im Licht der in diesem Kapitel ausgewerteten empirischen Erträge lohnt es
sich, bei der Weiterentwicklung des BRU die Graswurzelebene stärker in den
Blick zu nehmen und zu gewichten. In den am StReBe-Projekt beteiligten Projektschulen wird der BRU nur dann gestärkt, wenn die Fachentwicklung die
spezifischen Konstellationen und Herausforderungen vor Ort adressiert und,
positiver gewendet, das Erfahrungswissen der auf lokale Ebene Handelnden
ausschöpft und an lokale Stärken anknüpft.

Ferner zeigt sich an den Befunden der Basiserhebung, dass die für die Fachentwicklung der letzten Jahrzehnten dominante Figur der Kooperation über die
im religionspädagogischen Diskurs vieldiskutierten Perspektiven interkonfessioneller und interreligiöser Zusammenarbeit hinausreicht: Zum einen ist der
Ethikunterricht stärker mit zu bedenken, weil die Frage nach der organisatorischen Gestaltung des BRU vor Ort nicht unabhängig von der Frage nach der
Organisation des Ethikunterrichts gelöst werden kann (vgl. Gronover, Krause &
Marose, 2021, S. 10). Zum anderen verdient das oft administrative Zusammenwirken mit Schulleitungen und Klassenlehrkräften verstärkte Aufmerksamkeit,
weil sich die schulische Plausibilität des BRU auch daran entscheidet, wie sich
dieses Fach in das Gesamtgefüge schulischer Leitungs- und Organisationspro-
zesse einfügt.

Bevor die Implikationen dieser Erkenntnisse für die Weiterentwicklung des
BRU konkretisiert werden, soll noch ein Zusammenhang vertieft werden, der
bereits in diesem Kapitel mehrfach aufscheint: Das Organisationsproblem ist
keine Einzelbaustelle, sondern tangiert den BRU in seiner ganzen Breite. Die in
den Interviews durchgängig artikulierte Umständlichkeit des BRU schwächt das
Standing des Fachs bei der Schulleitung, im Kollegium und teilweise auch bei den
Betrieben – was sich wiederum negativ auf die Berufszufriedenheit und die
professionelle Identität der Religionslehrkräfte auswirkt. Besonders deutlich
kommt in den bisherigen Analysen zum Vorschein, dass die organisatorischen
Rahmenbedingungen auch die Qualität des BRU tangieren. Unmittelbar kann
die immer schwierigere Gruppenbildung zu Rahmenbedingungen führen, in

denen ein planvoller Kompetenzaufbau kaum mehr möglich ist, etwa wenn Lehrkräfte im Blockunterricht Schüler:innen aus mehreren Klassen unterrichten, so dass die Gruppenzusammensetzung sich von Blockphase zu Blockphase ändert. Mittelbar werden fast alle für guten Religionsunterricht relevanten Faktoren von Organisationsschwierigkeiten tangiert. Da diese Verflechtungen bislang nur grobkörnig zum Vorschein kamen, sollen sie sie nun detaillierter adressiert werden.

5. Bezugshorizonte der organisatorischen Gestaltung und Weiterentwicklung des konfessionellen Religionsunterrichts

Im Folgenden werden Ergebnisse der StReBe-Basiserhebung präsentiert, die zentrale Bezugshorizonte des BRU präsentieren. Aus den erhobenen Daten lassen sich zusätzlich zu den in Kapitel 4 herausgearbeiteten Aspekten weitere religionsdidaktische Referenzpunkte ableiten, die für die Weiterentwicklung des Religionsunterrichts an bayerischen Berufsschulen relevant sind: Dabei wird sich zeigen, dass diese Bezugshorizonte maßgeblich von der Frage der Organisierbarkeit des konfessionellen BRU mitbestimmt sind, dass also auch Fragen der Grundlegung und Didaktik dieses Unterrichts nicht ohne den erwiesenermaßen markanten Faktor der Organisation von BRU gedacht werden können. Die aus den Daten emergierten Bezugshorizonte von gelingendem BRU verweisen neben der grundsätzlichen Bezugnahme zu Wahrnehmung und Reputation dieses Unterrichtsfaches (5.1) insbesondere auf folgende Aspekte: Potenziale des BRU für berufliche Bildung (5.2), die Konstruktion von Differenzordnungen im Kontext des BRU (5.3), professionelles Selbstverständnis von Religionslehrkräften (5.4) sowie Subjektorientierung als didaktische Leitperspektive (5.5).

5.1 Stellenwert und Reputation des Religionsunterrichts im berufsschulischen Kontext

Die im vorigen Kapitel präsentierten Herausforderungen des BRU und insbesondere die damit verbundenen Belastungsmomente für die Unterrichtsorganisation führen nicht selten dazu, dass die Reputation des Religionsunterrichts leidet. Obwohl die Religionslehrkräfte selbst von Schüler:innen, von ihren Kolleg:innen und von der Schulleitung oft als engagiert wahrgenommen werden, obwohl das Fach inhaltlich in seiner – meist wertebildungsbezogen vorinterpretierten – allgemeinbildenden Relevanz anerkannt ist und obwohl viele Schüler:innen dieses Unterrichtsfach aufgrund seiner »Andersheit« mögen, ist es um die Reputation des BRU an Berufsschulen bisweilen nicht besonders gut gestellt. Diese ambivalente Situation wird von mehreren Faktoren bestimmt – u. a. von der grundsätzlichen Einstellung der Befragten zum BRU als ordentlichem Unterrichtsfach, aber auch von dessen organisatorischer Ausgestaltung. Zur Verdeutlichung der Ambivalenz werden im Folgenden zunächst die vielfach wahrgenommenen allgemeinbildenden Potenziale des BRU als Grund für dessen positive Bewertung vorangestellt. Sodann werden weitere Faktoren präsentiert, die zeigen, dass die (organisationsbezogene) Wahrnehmung des Religionsunterrichts nicht selten Auswirkungen auf dessen Reputation hat.

Allgemeinbildung und Schulkultur: Potenziale des Religionsunterrichts
Neben den Fächern Deutsch, Englisch, Sport oder Politik und Gesellschaft gehört der konfessionelle BRU zu den allgemeinbildenden Pflichtfächern im Berufsschulunterricht. Abgesehen von dem dominanten Faktor »Wertebildung« (vgl. 5.7) finden sich in den Daten der Basiserhebung weitere Aspekte, die dem BRU als positiver Beitrag zur beruflichen Bildung zugeschrieben werden. So wird diesem Unterrichtsfach von Schulleitungen attestiert, nicht nur Fachliches, sondern auch »*das Menschliche*« (BE/SL/F/28) zu stärken. Dies nehmen Schüler:innen ähnlich wahr. Wenn sie Religionsunterricht positiv bewerten, dann auch, weil man in diesem Fach »*so ein bisschen was, was mehr mit dem Leben zu tun hat*« (BE/SI2 /F/13), lernt. Exemplarisch sei dies an einer Schüler:innenäußerung verdeutlicht: BRU wird geschätzt, »*weil wir auch über Thema Tod zum Beispiel aktuell reden und das find ich eigentlich ist so etwas Lebensnahes*« (BE/SI1/A/13). Ein Schulleiter wiederum schätzt am BRU, dass im Unterricht grundsätzliche Fragen, die mit dem jeweiligen Ausbildungsberuf einher gehen, zur Geltung gebracht und mit den Schüler:innen diskutiert werden können: »*Zum Beispiel muss das bei Bankkaufleuten irgendwo sich niederschlagen: Was ist eigentlich Aufgabe von Banken und was ist da vielleicht der christliche, ethische Ansatz bei Vergabe von Krediten oder Sonstigem? Bei andern geht es – vielleicht Anlagenmechaniker – um Umwelt: Wie steht Religion zu Umwelt und Umweltschutz? Das muss man eigentlich so mitberücksichtigen*« (BE/SL/A/45).

Überdies rekurrieren die Interviewten, wenn sie positiv auf den Religionsunterricht eingehen, auf die schulkulturelle Funktion der Religionslehrkräfte. Diese wirken – wie es eine Schulleitung artikuliert – als »*Bindeglied im ganzen Haus. Die kommen durch alle Abteilungen.*« (BE/SL/H/13) Religionslehrkräfte erreichen bisweilen mehr Schüler:innen einer Berufsschule als ihre Fachunterricht-Kolleg:innen. Sie tragen häufig auch visibel zum »*Schulklima*« (BE/SL/E/ 12) und »*Schulleben*« (BE/SL/B/65) bei. Auch ihre liturgischen Kompetenzen, die im Rahmen von schulischen Feierlichkeiten zur Geltung kommen, werden positiv honoriert und in ihrer Bedeutung für die gesamte Schule anerkannt, wie folgende Aussage einer Schulleitung belegt: »*Also unsere Entlassfeiern [die mit einem ökumenischen Gottesdienst beginnen; Anm. d. Verf.], unsere Anfangsgot-*

tesdienste. Da kommt auch immer wieder das Feedback: Das habt ihr wieder toll gemacht. Auch von Seiten unseres Sachaufwandsträgers: Der Landrat ist immer begeistert, wenn er rausgeht.« (BE/SL/B/77)

Wertschätzung und Unterstützung: Schulleitungen als Schlüsselfiguren
Die Daten der StReBe-Basiserhebung zeigen, dass es insbesondere von den Schulleiter:innen und ihrem Blick auf den BRU abhängt, welchen Stand dieses Unterrichtsfach an der jeweiligen Berufsschule hat bzw. wie die Religionslehrkräfte die Reputation ihres Faches einschätzen. Das ist zunächst nicht überraschend, liegt doch die Letztentscheidung darüber, aufgrund der oben skizzierten schulorganisatorischen Hürden, keinen BRU anzubieten, bei der Schulleitung. Pikant ist, dass diese Entscheidung in Bayern erfolgen kann, ohne dass sie gegenüber dem Kultusministerium kommuniziert werden muss.

Eine Projektlehrkraft, die von ihrer Schulleitung Unterstützung für den BRU erfährt, bringt die Wahrnehmung der Gestaltungsmacht der Schulleitungen folgendermaßen auf den Punkt: »*Die Schulleitung ist echt eine Ausnahme [...] was ich so mitbekomme, weil ich auch Gespräche geführt habe mit anderen Schulleitern und die haben gesagt: ›Evangelischer Unterricht ist mir viel zu anstrengend.‹ Weil oft kommt der gar nicht zustande und es müssen ja – glaub' ich – mindestens fünf sein. Und wenn dann nur fünf Schüler sich melden und einer krank ist, dann hab' ich das Gebarke und ich will das nicht organisieren. Und ich will das auch nicht bezahlen. Da ist unsere Schule wirklich die Ausnahme und, dass die [...] [die Schulleitung] sich so wahnsinnig einsetzt für den evangelischen Unterricht*« (BE/L/ka/C/43). Von der Einstellung der Schulleitung gegenüber dem BRU hängt nicht zuletzt ab, welche Ressourcen diesem Fach zugesprochen werden, in welchen Zeitfenster innerhalb des Stundenplans es stattfindet oder ob gar eigene Räumlichkeiten zur Verfügung gestellt werden. Ist die Schulleitung diesem Fach positiv gestimmt, werden u. a. potenzielle Organisationsschwierigkeiten produktiv angegangen. Ob beispielsweise Fachgebietsleiter:innen für den BRU in Gremien an der Berufsschule eingebunden sind oder nicht, sagt viel über die Wertschätzung dieses Fachs sowie über die schulischen Mitgestaltungsoptionen der Religionslehrkräfte aus. Eine Projektlehrkraft, die Fachgebietsleitende für Religion ist, nimmt diese Mitbeteiligung positiv wahr: »*Und Religionslehrer sind eigentlich auch fest mit dabei bei organisatorischen Sachen. Sei es jetzt diverse Sitzungen im Sinne von der erweiterten Schulleitung beziehungsweise jetzt heute findet die Schulbeiratssitzung statt mit Vertretungen aus der Wirtschaft, da bin ich nachher [...] mit am Start*« (BE/L/ev/G/39). In solchen Gremiensitzungen können u. a. Schwierigkeiten des BRU kontrolliert werden, wie eine andere Projektlehrkraft weiß: »*Aber ich denke mit gemeinsamen Gesprächen gerade zum Beispiel bei den Jour-Fix-Sitzungen, wo die Abteilungsleiter eng zusammensitzen. Da kann man so etwas auch ganz gut darstellen und man kann auch die eigene Position dann gut darstellen und natürlich auch Verständnis wecken bei den anderen Kollegen«* (BE/L/ka/B/67).

Der schulische Stellenwert des BRU zeigt sich überdies darin, ob die Unterrichtsstunden in sog. Randstunden – etwa am Beginn oder Ende eines Schultages oder gar am Ende der Schulwoche – gelegt werden. Solche Randstunden sind bei Berufsschullehrkräften wenig beliebt, verleiten sie doch bisweilen Schüler:innen, zu »schwänzen«; Nachmittagsstunden wiederum sind zudem von Konzentrationsschwierigkeiten der Lernenden geprägt. Religionslehrkräfte sind für diesen Aspekt sensibilisiert und nehmen eine gute Positionierung ihres Unterrichts im Stundenplan als Zeichen von Wertschätzung des BRU wahr. Der Eindruck einer Projektlehrkraft in Bezug auf die Reputation ihres Fachs auf Seiten der Schulleitung veranschaulicht dies: »*Also schon wertschätzend, auf jeden Fall. Wir kriegen seltenst Randstunden. Klar jedes Fach soll auch mal eine Randstunde kriegen, aber nicht so das typische Religionsschema: auf die erste oder auf die zehnte.*« (BE/L/ka/E/13) Dass Schulleiter:innen den BRU auch sehr fördern, zeigt sich beispielsweise in der Bereitstellung entsprechender Fachräume, was von den Lehrkräften ebenfalls als positive Reputation interpretiert wird, wie eine andere Lehrkraftaussage zeigt: BRU wird von der Schulleitung »*nach Möglichkeit auch räumlich sehr schön unterstützt*«, z. B. durch einen eigenen Religionsraum, der auch »*in der Planung beziehungsweise Neukonstruktion des Gebäudes [...] auch ein Bestandteil sein*« (BE/L/ev/G/13) wird.

Zu bedenken ist überdies, dass nicht nur die Schulleiter:innen selbst eine Berufsschule in leitender Hinsicht prägen. Auch die Einstellung der anderen an der Schulleitung Beteiligten zum BRU wirkt sich auf die Reputation dieses Unterrichtsfaches aus. Von einem diesbezüglichen Extremfall wurde im Rahmen der teilnehmenden Beobachtung berichtet: Im Gespräch zwischen Religionslehrkräften im Lehrer:innenzimmer beklagte eine Person Folgendes: Als »*ein Mitarbeiter der Schulleitung die Klasse am Jahresanfang zum ersten Mal unterrichtete, [...] wies [er] die Schüler explizit auf die Option der Abmeldung vom konfessionellen Religionsunterricht hin und verwies darauf, dass Ethik für ihre Gruppe voraussichtlich nicht angeboten werden könne. Daraufhin meldeten sich eine große Zahl dieser Schüler vom evangelischen Unterricht ab, vermutlich in der Hoffnung eine Freistunde zu ergattern.*« (BE/TB/A/31)

Bedenkenswert erscheint, dass innerhalb von Schulleitungen die Reputation des BRU nicht nur von der schulbezogenen Wahrnehmung dieses Unterrichtsfaches abhängig ist, sondern auch von den individuellen Meinungen zu Kirche und Religion. Wird Kirche beispielsweise negativ wahrgenommen, wirkt sich das auch auf die Relevanzzuschreibung bezüglich des konfessionellen BRU aus, wie folgende Begegnung mit einem stellvertretenden Schulleiter zeigt. Dieser, so die Protokollnotiz, »*läuft mit uns die Treppe hinunter. [...] Er sagt sinngemäß, dass es fraglich ist, ob es denn Sinn macht, allein den konfessionellen Religionsunter-*

richt zu fördern [...]. Er sagt, dass er Protestant und mal wieder enttäuscht von der Engstirnigkeit der katholischen Kirche ist, angesichts des gestern veröffentlichen Papstschreibens. Es sei veraltet, Frauen die Priesterweihe zu versagen, und die katholische Kirche müsse sich fragen, welches Weltbild sie vertritt.« (BE/TB/G/ 130–131)

Besonders deutlich zeigt sich die Abhängigkeit der Reputation des BRU von den Schulleitungen, wenn die leitenden Personen wechseln. Eine Projektlehrkraft berichtet von markanten Veränderungen dadurch: »*In der Schulleitung ist es jetzt nicht mehr so, hat es nicht mehr so den Stellenwert, wenn ich jetzt vergleiche // im Vergleich zur vorherigen Schulleitung, die dann doch auch zu den verschiedensten Angeboten gekommen ist – was weiß ich, wie unsere Weihnachtsfeier, die von der Religionsabteilung gestaltet wird, oder die Adventsfeier. Da war früher die Schulleitung automatisch immer dabei, selbstverständlich, hat das damit auch wertgeschätzt. Das ist jetzt nicht mehr der Fall.*« (BE/L/ka/A/59–60)

Fachunterricht vor Religionsunterricht: Interessen der dualen Partnerbetriebe
Auch wenn Verantwortliche in den Ausbildungsbetrieben nicht direkt in die Basiserhebung einbezogen wurden, sind sie doch immer wieder in den Interviewdaten präsent, insofern die interviewten Personen zum Teil auf die Betriebe Bezug nehmen. Dabei tritt zutage, dass die Arbeitgeber:innen der Berufsschüler:innen ihre Vorstellungen davon, wie und was im Berufsschulunterricht zu laufen hat, bisweilen deutlich artikulieren – sowohl gegenüber den Lehrkräften und der Schulleitung, als auch gegenüber ihren Auszubildenden. Den BRU – wie auch andere allgemeinbildende Fächer – setzen sie hinsichtlich dessen Relevanz ins Verhältnis zum Fachunterricht. Die interviewten Expert:innen und auch die Schüler:innen berichten von einer Gegenüberstellung von BRU und Fachunterricht. Nach Ansicht von manchen Ausbildungsverantwortlichen in den Betrieben trägt der BRU nicht oder zu wenig zum Erwerb von Fach- und damit beruflicher Handlungskompetenz bei – für sie das entscheidende Legitimationskriterium für ein Berufsschulfach. Damit einhergehende Anfragen adressieren sie nicht zuletzt an Schulleitungen, wie ein Schulleiter veranschaulicht: »*Gut, ich bin jetzt 36 Jahre im Berufsschulbereich tätig und seit 36 Jahren haben wir eigentlich immer das Akzeptanzproblem des Religionsunterrichts. Es gab schon vor 20 Jahren die Diskussionen mit den Betrieben: Können wir nicht Religion ersetzen durch Versicherungswirtschaft, Steuer oder Sonstiges? Das brauchen doch unsere Schüler viel mehr.*« (BE/SL/A/43) Die Schulleitungen finden sich hierbei in einem Spannungsfeld wieder, das sich auf ihre Entscheidungsprozesse niederschlägt. So beschreibt eine Schulleitung, dass Kürzungen aufgrund fehlender Lehrer:innenstunden fast immer zu Lasten des BRU entschieden werden, weil dies »*von außen*« akzeptiert würde: »*Im Blockunterricht haben wir jetzt schon gekürzt, statt drei Stunden geben wir zwei Stunden Religionsunterricht, weil es einfach anders*

gar nicht geht. Mir fehlen heuer im Schuljahr 200 Stunden, das sind fast zehn Prozent der Lehrerstunden [...]. Natürlich, der fachliche Unterricht hat immer Priorität, das muss man ehrlicherweise sagen. [...] Also es geht nicht darum zu sagen, dann streichen wir den Religionsunterricht komplett, sondern wir streichen halt da, wo es dann auch nach außen hin akzeptiert wird. Wir stehen natürlich immer unter Beobachtung unserer Kunden, sage ich jetzt mal, der Ausbildungsbetriebe, und wenn wir fachlich streichen, dann heißt es sofort, das geht überhaupt nicht.« (BE/SL/B/31) Darüber hinaus wirkt sich die anfragende Haltung vieler Ausbildungsbetriebe gegenüber dem BRU auf die Teilnahmebereitschaft der Schüler:innen und somit auf die Reputation dieses Unterrichtsfachs aus. So berichtet eine Projektlehrkraft von geschlossenen, *»mehr oder weniger angeordneten Abmeldungen«* (BE/L/ev/A/52) ganzer Schüler:innengruppen, weil die Ausbildungsbetriebe – hier: Banken – sie motiviert haben, in den Ethikunterricht zu gehen. Teilweise kommunizieren die Ausbilder:innen ihre ablehnenden Positionen direkt gegenüber ihren Auszubildenden, was am Beispiel der folgenden Aussage einer Schülerin deutlich wird: *»Also meine Chefin [hat] mich gefragt, was wir so momentan in unseren Fächern machen. Als ich mit Religion anfing, dann hat sie halt gesagt, ja, also da könnte man auch ein Fach wie Fachkunde nochmal in die Stunde reinziehen.«* (BE/SI1/F/41)

Die tendenziell negative Sicht der betrieblichen Partner:innen auf den BRU wird von den Schulleitungen jedoch nicht einfach kritiklos übernommen. So rekurriert eine Schulleitung auf eine innere Widersprüchlichkeit in den Erwartungen der Betriebe, die sich im Blick auf den Religionsunterricht besonders bemerkbar macht. Das oft als überflüssig abgelehnte Fach trage zu Kompetenzen bei, die für die Betriebe besonders wichtig seien: *»Wenn man Umfragen macht unter Betrieben, egal ob IHK, Industrie oder Handwerk, die Kompetenzen, die sie am ehesten sich wünschen, das ist Anstand, das ist Zuverlässigkeit, Ehrlichkeit. Das sind alles eigentlich persönliche Kompetenzen, die man mitbringen soll. Und die fachlichen, die sind eigentlich viel weiter hinten. Aber wenn man sie fragt, was soll Schule vermitteln, dann schaut das nämlich ganz andersrum aus.«* (BE/SL/H/46)

Gleichwohl herrscht unter den dualen Partnerunternehmen im Blick auf den BRU keine einheitliche Vorstellung. Nach Auskunft der Interviewten gibt es auch Ausbilder:innen, die BRU nicht von seinem scheinbar fehlenden Berufsfachbezug her bewerten, sondern ihm aus der Perspektive eines umfassenden Bildungsauftrags Mehrwert zusprechen. In diesem Sinne hält ein interviewter Schüler fest: *»also unser Arbeitgeber sieht es so, dass Religion ist halt ein Fach für Allgemeinbildung und deswegen ist es ihm schon wichtig.«* (BE/SI1 /G/39).

Organisationsschwierigkeiten: zentraler Reputationsfaktor

In der perspektivisch erweiterten Auswertung wird also deutlich, dass der Stellenwert des Religionsunterrichts im Kontext der untersuchten Projektschulen keineswegs nur von Organisationsfragen abhängt. Zugleich aber wirken sich die im vorigen Kapiteln systematisierten Organisationsschwierigkeiten in besonderer Weise reputationsmindernd aus. Die Daten der Basiserhebung zeigen, dass die mit dem Fach verbundenen administrativen Mühen bei allen interviewten Akteursgruppen als problematisch für das schulische Standing dieses Unterrichtsfaches angesehen werden. Eigens zu akzentuieren sind diejenigen Lehrer:innen, denen die Klassenleitung obliegt und die folglich das Antragswesen rund um den BRU abwickeln müssen. So erläutert ein Schulleiter: *»Also es wird aus der aus organisatorischer Sicht von den Klassleitern natürlich kritisch gesehen, weil es ein unglaublicher Aufwand ist, das festzustellen bei den Schülern, was sie jetzt wollen.«* (BE/SL/A/71). Ein Religionslehrer seiner Schule konkretisiert diesen unverhältnismäßigen Mehraufwand, der sich negativ auf das *»Renommee«* des BRU auswirke: *»die Anträge auf Befreiung, Abmeldung und Teilnahme […] entsprechend ausfüllen, und dann vergisst man was, und dann müssen aber die Gruppenbildungen gemacht werden, dann ist am 20. Oktober die Statistik«* (BE/L/ev/A/13). Nicht selten führen diese Aufwände zu distanzierten Haltungen der Nicht-Religionslehrkräfte dem BRU gegenüber, was auch die Religionslehrkräfte deutlich wahrnehmen. Überdies beobachtet ein interviewter Religionslehrer unter den jüngeren Kolleg:innen einen Einstellungswandel, insofern *»im gerade jüngeren Bereich dann nicht mehr so diese Selbstverständlichkeit von Religion […] und die Notwendigkeit im Religionsunterricht gesehen wird. Und damit können dann so manche Äußerungen unbedacht sein«* (BE/L/ka/A/11). Die auch gesamtgesellschaftlich wahrnehmbare Tendenz, dass Religion keine unhinterfragte Selbstverständlichkeit mehr ist (Ilg, 2023), schwächt zweifelsohne in Kombination mit dem organisatorischen Mehraufwand auch die schulische Reputation dieses Unterrichtsfaches.

Auch auf Seiten der Schüler:innen führt die zum Teil komplexe Organisation von konfessionellen Religionsgruppen und Ethikgruppen, die nicht mit der Klassengemeinschaft übereinstimmen, zu einer negativen Wahrnehmung des BRU. Für die Wahrnehmung dieses Unterrichtsfaches scheint besonders die Organisationspraktik der Klassenkopplungen äußerst abträglich zu sein: *»Also, ich finde, […] es sollte keine Trennung geben«* (BE/SI1/H/156), meint ein:e Lernende:r. Eine Schülerin beschreibt Klassenkoppelungen als belastend, da für sie die Vertrauensbasis in der zusammengesetzten Klasse fehlt: *»Bei uns sind halt Leute aus der anderen Klasse, die lachen einen aus, wenn man was Falsches sagt. Oder was ich halt nicht verstehe, ist: Wir sagen was, was halt unsere Meinung ist oder was auch richtig ist in dem Sinne dann. Und dann sagen die: ›Was erzählst du* *da für einen Käse?‹ Und das ist halt nervig, weil man will ja nur im Unterricht teilnehmen, wenn es die schon nicht machen.*« (BE/SI1/A/70)

Berufsschulpflichtige Schüler:innen, die am BRU teilnehmen, fühlen sich bisweilen benachteiligt, wenn ihre Mitschüler:innen oder Berufsschüler:innen anderer Schulen zum Teil Freistunden haben oder – im Falle eines Randstunden-BRU – einen späteren Schulbeginn oder ein früheres Schulende haben, weil kein Ersatzfach Ethik oder sogar kein BRU angeboten werden kann. Dies wirkt sich ebenfalls negativ auf die Reputation aus: »*Da fühlt man sich halt manchmal doch ungerecht behandelt, wenn wir halt dann erzählen, wir haben Sport und Religion und sitzen halt dann da jeden Tag bis 15.10 Uhr da, während andere, […] die haben mal um 13 Uhr aus. Und das finden wir halt dann nicht ganz cool*« (BE/SI2/C/193).

Nicht zuletzt die betrieblichen Ausbildungspartner:innen sind von diesen schulorganisatorischen Herausforderungen betroffen; so zum Beispiel, wenn der Berufsschultag des Auszubildenden ein paar Wochen nach Schuljahresbeginn wechselt, weil »seine« Religionsgruppe nur an bestimmten Wochentagen zustande kommt, wie ein Schulleiter zu berichten weiß: »*Und wenn ich gegenüber den Betrieben sagen muss, ja wegen dem Religionsunterricht muss der Schüler jetzt in die und die Klasse wechseln, das stößt nicht immer unbedingt auf Gegenliebe*« (BE/SL/D/10).

Insgesamt zeigt sich, dass die Reputation des Religionsunterrichts von verschiedenen Faktoren abhängt, die aber häufig mit der Organisation des BRU korrelieren. Zwei zentrale Faktoren sind dabei besonders zu gewichten: Steht die Schulleitung hinter dem BRU, wird dieser nicht selten bei der aufwändigen Organisation besser unterstützt (vgl. BE/L/ka/B/15). Ist die BRU-Organisation sehr aufwändig, leidet das Ansehen dieses Fachs im Lehrer:innenkollegium. In reputationsschwächender Hinsicht kommen das starke Interesse der Ausbildungsbetriebe am berufsfachlichen Unterricht sowie die kritische Sicht der Schüler:innen auf klassenübergreifende Gruppenbildungen hinzu. Nachdenklich machen diese Negativ-Kontexte letztlich, weil alle interviewten Akteur:innen dem BRU durchaus die Möglichkeit der Entfaltung allgemeinbildender und lebensbedeutsamer Relevanzen für die Schüler:innen zusprechen.

5.2   Potenziale des BRU für berufliche Bildung

Die Auswertung der verschiedenen Daten der StReBe-Basiserhebung in Bezug auf die Kategorie »Begründungen und Ziele« zeigt, dass dem BRU spezifische Potenziale zugeschrieben werden, die seine Position als Unterrichtsfach im Fächerkanon der Berufsschule positiv unterstützen. Im Folgenden werden die in

den Interviews besonders präsenten Aspekte Wertebildung und heterogeni-
tätsbezogene Standpunktklärung fokussiert.

Beitrag zur Wertebildung
Ein zentraler Aspekt, der in verschiedenen Nuancierungen als Potenzial des BRU
konstatiert wird, ist die Persönlichkeitsbildung im Horizont des Religiösen.
Seitens der Schulleitenden wird vor allem auf die wertebildende Dimension rekurriert. Viele von ihnen trauen dem BRU zu, den Berufsschüler:innen in dieser
Hinsicht ein elementares Angebot anzubieten: »*Werte vermitteln, Konflikte bewältigen*« (BE/SL/F/26). Aus diesem Grund sehen sie dieses Unterrichtsfach als
relevant an – nicht zuletzt, insofern dieser Kontext ausbildungsbedeutsam ist,
»*weil da auch ethische Fragen […] oftmals damit verbunden sind*« (BE/SL/G/25),
»*es Themen sind, die den Schüler betreffen und von denen der Schüler, ja, einen
Nutzen für sein Leben ziehen kann*« (BE/SL/D/46). Ein Schulleiter illustriert
dieses persönlichkeitsbildende, für den Beruf relevante Potenzial des BRU folgendermaßen: »*dass bei Religion, im Religionsunterricht, eine Haltung, Werte
vermittelt werden, die letztendlich auch die Leute dem Arbeitsleben, die mit
Kunden zu tun haben und so, brauchen*« (BE/SL/A/49). Schüler:innen antizi-
pieren in Bezug auf BRU Ähnliches: »*wie man jetzt richtig diskutiert, lernt man ja
dann auch irgendwie. Weil es in der Arbeit auch oder auch generell im Leben […]
nicht immer eine Meinung gibt, und, dass man auch akzeptiert die Meinung der
anderen und, dass man damit auch klarkommt*« (BE/SI2/D/70).

Dieser Vertrauensvorschub, die Berufsschüler:innen in ihrer Wertebildung zu
unterstützen, korreliert u. a. mit der Wahrnehmung eines Schulleiters, dass Religionslehrkräfte aufgrund einer entsprechenden Unterrichtsgestaltung von
ihren Klassen wertgeschätzt werden: »*Also, wir haben da auch ganz selten noch
ein Disziplinproblem.*« (BE/SL/B/81) Letztlich bestätigt sich ganz im Sinne religionspädagogischer Forschungserträge (Lindner, 2017, S. 182–184, 264; Jung &
Lindner, 2024), dass der Beitrag des BRU zur Wertebildung der Schüler:innen ein
starkes Argument für das Beibehalten dieses Faches im Fächerkanon der Berufsschule markiert – u. a., weil hier berufsbezogene Kompetenzen aufgebaut
werden können: Entwicklungspotenzial in letztgenannter Hinsicht deutet ein
Schulleiter an: »*dass man vielleicht den Religionsunterricht noch stärker auf den
Beruf ausrichtet, weil da ja auch ethische Fragen oftmals damit verbunden sind.*«
(BE/SL/G/25)

Insbesondere in den Interviews mit den Schulleitungen wird deutlich, dass die
für viele vorrangige wertebildenden Funktion des Religionsunterrichts ebenfalls
mit der Organisationsdimension verschränkt ist. Sofern dieser Aspekt zur
Sprache kommt, urteilen die Schulleitungen einhellig, dass die allgemeine Aufgabe der Wertebildung durch die Teilung der Lerngruppen nach der Konfessionszugehörigkeit beeinträchtigt wird. Aus diesem Grund – und nicht aus-

schließlich aus organisationspraktischen Gründen – plädieren sie für gemeinsames Lernen im Klassenverband. Die berufspädagogische Priorisierung der wertebildenden Funktion kann auch bei dem Religionsunterricht wohlgesonnenen Schulleitungen zu weitreichenden Reformperspektiven führen. Während eine Schulleitung sich einen »*Werteunterricht mit Religion*« (BE/SL/C/18) wünscht, wirft eine andere die Frage auf, »*ob man nicht den Religionsunterricht komplett abschafft zugunsten eines Werteunterrichts. Und dann aber auch die Konfessionen und alle Religionen, die vielleicht relevant sind an dieser Schule oder in dieser Klasse zum Tragen kommen*« (BE/SL/G/19).

Standpunktklärung im Umgang mit (religiöser) Heterogenität
Die interviewten Religionslehrkräfte begründen ihr Fach Religion – im Unterschied zu den Schulleiter:innen – weniger im Horizont der Wertebildung, sondern von den Chancen her, die sie religiösen Lern- und Bildungsprozessen angesichts einer weltanschaulich pluralen Gesellschaft attestieren. Fast durchgängig verstehen sie den BRU als Angebot, in dem unterschiedliche (religiöse) Standpunkte diskursiv verhandelt werden können – für sie ein wesentlicher Beitrag zur Allgemeinbildung und auch zur Vorbereitung eines verantwortlichen Verhaltens der Schüler:innen. Dabei sehen sie sich verpflichtet, nicht nur christliche Perspektiven zu fokussieren. Eine Projektlehrkraft versprachlicht die beanspruchte Perspektivenausweitung wie folgt: »*ich bin auch als Lehrkraft angehalten zu schauen, wie schaut es in anderen Religionen aus*« (BE/L/ev/F/13). Diesen mehrperspektivischen Blick erachten die Religionslehrkräfte als relevant – auch in berufsorientierter Hinsicht. Denn wie es eine Projektlehrkraft sich in die Perspektive ihrer Schüler:innen hineinversetzend formuliert: »*Ich hab halt auch, egal in welchem Job ich bin, hab ich Muslime als Kollegen und ich hab vielleicht auch, also ich hab die Bekenntnislosen natürlich, ich hab aber auch den Griechisch-Orthodoxen, ich hab die Evangelischen.*« (BE/L/ka/F/13)

Auffällig ist, dass die interreligiöse Lerndimension bei den Lehrkräften anders als bei den Schulleitungen kaum mit organisatorischen Veränderungsimpulsen besetzt wird. Eine Ausnahme bildet hier Schule F, bei der die Entscheidung für einen integrierten Religions- und Ethikunterricht mit der dialogischen Inklusion der nicht-christlichen Schüler:innen begründet wird. In den Aussagen der anderen Religionslehrkräfte erscheint interreligiöse Bildung zwar als eine grundlegende Aufgabe des Religionsunterrichts. Wenn es aber um die organisatorische Gestaltung des Faches geht, richten sie sich nicht an einer interreligiösen, sondern an einer interkonfessionellen Reformperspektive aus. Auch weil das Fachkollegium in der Regel aus katholischen und evangelischen Religionslehrkräften besteht, erscheinen konfessionell-kooperative Ansätze für die meisten Religionslehrkräfte als naheliegende Option für eine Weiterentwicklung des Religionsunterrichts an ihrer Schule.

Im Sinne dieser Argumentationslinie erwachsen Weiterentwicklungspotenziale für den BRU, denn Projektlehrkräfte, die bereits in gemischtkonfessionellen Lerngruppen unterrichten und bisweilen gar Schüler:innen aus anderen Religionsgemeinschaften in ihren Klassen haben, sehen große Potenziale in einer heterogenen Lerngruppe: *»Was aber natürlich hier eine Chance bildet, dass man natürlich eher mal die unterschiedlichen Sichtweisen der Konfessionen vielleicht stärker in den Blick nimmt, im Bewusstsein, dass beide Konfessionen im Unterricht vorhanden sind. Was, wo natürlich Schüler beider Konfessionen davon profitieren können, weil sie [...] unterschiedliche Wahrnehmungen einfach dann verarbeiten können.«* (BE/L/ka/B/53) Heterogenität, die sich in der Anwesenheit religionsbezogen heterogener Schüler:innen niederschlägt, wird als produktiv erachtet: *»Also für mich war das jetzt eine Herausforderung, aber ich sehe keinen Widerspruch. Ich komme gut zurecht. Im Gegenteil, ich frage die Muslime was, wie es bei ihnen ist und dann können wir das vergleichen, dann können die Bekenntnislosen mit einstimmen. Insofern haben wir eigentlich etwas, was die Gesellschaft auch im letzten Grunde abbildet.«* (BE/L/ev/H/23) Die Lehrkräfte sind sich dabei im Klaren, dass sie BRU primär aus der Sicht der christlichen Konfession(en) anbieten. Jedoch haben sie eine große Sensibilität für gesellschaftliche Erfordernisse. Und besonders im Hinblick auf religiöse Pluralität oder den Umgang mit unterschiedlichen Meinungen verorten sie einen elementaren Beitrag ihres Unterrichtsfaches; nicht zuletzt, wenn es darum geht *»Vorurteile abzubauen«* (BE/L/ka/F/29).

Konfessionell-kooperativen Organisationssettings von BRU attestieren sie hinsichtlich der Lernenden einen Beitrag zu *»Erweiterung ihres Horizonts«* – beispielsweise bezüglich katholischer Schüler:innen, die in einer gemischtkonfessionellen Lerngruppe von einer evangelischen Lehrkraft unterrichtet werden: *»Sie wissen wenig über ihren eigenen Glauben, aber sie wissen von den Evangelischen gar nichts. Und insofern finde ich es auch nicht schlecht, wenn sie mal jemand anderes vor sich haben«* (BE/L/ev/D/21). Die gemischt-konfessionellen Lerngruppen, in denen eventuell sogar Schüler:innen anderer Religionszugehörigkeiten sind, schaffen Authentizität (vgl. BE/L/ev/F/25) – eine Dimension, der auch von den Lernenden Lernqualität zugeschrieben wird: *»Ich finde es auch gut, die eigenen Meinungen [...] und auch [...] Gemeinsamkeiten, die wir jetzt auch mal gehabt haben, [zu kennen; Anm. d. Verf.]«* (BE/SI2/D/111).

An diesem Begründungs- und Potenzialkontext des BRU zeigt sich einmal mehr, dass auch hier organisationsbezogene Aspekte mitschwingen, wenn es darum geht, die Potenziale religiöser Bildung in der Berufsschule aufzugreifen. Eine konfessionell-kooperative Weiterentwicklung dieses Unterrichtsfachs scheint Chancen zu bergen.

5.3   Konstruktion von Differenzordnungen im Kontext des BRU

Markant in den Fokus der religionsdidaktischen Forschung der letzten Jahre ist die Frage der Konstruktion von Identitäts- und Differenzordnungen gerückt – insbesondere infolge eines verstärkten Augenmerks auf den Umgang mit Heterogenität im Religionsunterricht (vgl. Grümme, 2016; Grümme, 2017; Grümme, Schlag & Ricken, 2020; Riegel, Gronover, Brügge-Feldhake, Hofmann & Boschki, 2023), auf Optionen für Inklusion (Witten, 2020) sowie die dafür notwendige Sensibilität, um Vorurteile (Khorchide, Lindner, Roggenkamp, Sajak & Simojoki, 2022) oder Othering-Prozesse (Freuding, 2022) zu vermeiden. Nicht zuletzt können religionsunterrichtliche Settings, in denen Schüler:innen aus verschiedenen Konfessionen oder gar Religionen gemeinsam lernen, dazu beitragen, dass religionsbezogene Differenzen verstärkt wahrgenommen werden. Daher wird im Folgenden das Datenmaterial zunächst daraufhin untersucht, wie solche Differenzen konstruiert werden, um dann im Sinne der Gesamtlogik dieses Kapitels nach fachorganisatorischen Implikationen zu fragen.

Wahrnehmungen konfessioneller Differenz
Konfessionelle Differenz markiert für viele Berufsschüler:innen keinen lebensrelevanten Faktor mehr. In Bezug auf die für ihre Altersphase elementar wichtigen Freundschafts- und Beziehungsfragen beispielsweise geht es den Auszubildenden primär um eine Passung auf menschlicher Verhaltensebene: *»Man muss sich auf den Menschen einlassen. […] Und ich finde es ist nicht wichtig, ob der jetzt katholisch ist oder evangelisch.«* (BE/SI2/D/48) Die konfessionsbezogene Indifferenz der Schüler:innen nehmen auch die Projektlehrkräfte wahr: *»Also die fragen sich nicht, glaube ich, nach den Konfessionen, da geht es um andere Themen. Wer ist so cool gerade? Und wie die so Party machen. Ich habe sie auch mal gefragt, wie das wäre, wenn eine Partnerin evangelisch oder katholisch wäre. So etwas spielt hier keine Rolle.«* (BE/L/ev/E/72)
    Überhaupt sticht hervor, dass die Lehrkräfte selbst zwar konfessionelle Positionierungen im Unterricht für wichtig halten, dafür aber bei den Schüler:innen kaum Anhaltspunkte finden. Aus ihrer Sicht ist die Konfessionszugehörigkeit für die Jugendlichen an ihrer Schule keine relevante Kategorie: *»den meisten ist es wurst«* (BE/L/ka/A/70). Selbst bei interkonfessionellen Lerngruppen spielt dieser Aspekt eine untergeordnete Rolle, wie eine interviewte Lehrkraft ausführt: *»Also ich glaube, die, denen ist das gar nicht bewusst, dass jetzt der neben mir evangelisch ist oder katholisch.«* (BE/L/B/38) Gleichwohl verfügen Berufsschüler:innen über konfessionsgeprägte Erfahrungen und damit einhergehende Ordnungskategorien, wobei diese primär über (Nicht-)Wissensbestände oder phänomenologisch konturiert werden. Eine evangelische Schülerin gibt beispielsweise zu bedenken, dass sie *»Kommunion oder so«* (BE/SI2/G/15) nicht kenne. Ein evangelischer

Schüler wiederum erinnert sich an eine katholische Bischofsweihe: »*und der Domplatz war halt schön dekoriert und* [es wurde] *groß Tamtam gemacht. Und das sieht man halt dann bei den Evangelisten* [sic!] *eher weniger*« (BE/SI2/D/51). Etwas mehr Distinktionskraft hat die Unterscheidung zwischen religiösen und nicht-religiösen Wirklichkeitszugängen, so wie in dieser Aussage eines Schülers: »*also ich kann schon einen Unterschied erkennen zwischen jemandem, der atheistisch ist, und jemandem, der gläubig ist*« (BE/SI2/C/87). Insgesamt vermitteln die Schüler:inneninterviews den Eindruck, dass sich solche, meist außerhalb des BRU angeeigneten Differenzmarker nicht besonders stark auf Fragen der Lebensgestaltung oder Weltdeutung der Berufsschüler:innen auswirken.

Visibilisierung von Minoritätspositionen
Konfessionell getrennter BRU scheint Minoritätspositionen verstärkt sichtbar zu machen. Je nach bayerischer Region sind manchmal die katholischen, zumeist aber die evangelischen Schüler:innen in der Minderheit. Letztgenannte finden sich nicht selten in einer gemischt-konfessionellen Gruppe wieder, in der die katholischen Auszubildenden in der Überzahl sind – oder sie nehmen aus Mangel an Alternativen am katholischen BRU teil. Ein evangelischer Schüler beschreibt seine Minoritätsposition rückblickend so: »*Ich wurde meistens in Ethik oder Katholisch reingesteckt, weil die keinen Evangelisch-Lehrer hatten.*« (BE/SI1/G/72) Ihre Erfahrungen mit einem ähnlichen Setting bewertet eine evangelische Schülerin folgendermaßen: »*Also es war schon interessant letztes Jahr, weil ich ja quasi im katholischen Unterricht* [war], *obwohl ich evangelisch bin, und da hat man halt schon auch so interessante Themen gemacht, wie Abtreibung so halt und hat halt auch über Kommunion oder so geredet und das kenne ich ja als Evangelische jetzt nicht.*« (BE/SI2/E/15) Inwiefern die Schülerin in diesem Setting auch in ihrem Evangelisch-Sein berücksichtigt worden ist, geht aus den Interviewdaten nicht hervor, markiert jedoch eine zentrale Baustelle für konfessionssensibles Unterrichten in gemischt-konfessionellen Lerngruppen. Dabei ist besonders achtsam mit solchen Differenzen umzugehen, bei denen die Schüler:innen der von der Lehrkraft nicht repräsentierten Konfession nicht mitgehen können. Dass es auch bei tendenziell indifferenten Schüler:innen konfessionsbezogene Distanzerfahrungen gibt, zeigt folgende Bemerkung einer evangelischen Schülerin, die in einer gemischt-konfessionellen Lerngruppe unterrichtet wird: »*Und ich kann mich auch jetzt nicht mit allen Sachen vom katholischen Unterricht halt identifizieren oder von der katholischen Konfession.*« (BE/SI2/B/61)
   Im Berufsschulkontext nehmen Schüler:innen konfessionelle Differenz häufig vor allem in Bezug auf die Größe der jeweiligen Religionsgruppe wahr: So ist beispielsweise für Schüler:innen in Minoritätskontexten für »ihren« Religionsunterricht charakteristisch, dass sie im Vergleich mit der anderen eine kleine

Gruppe sind (BE/SI1/B/50). In Schulkontexten, in denen der BRU in gemischt-konfessionellen Lerngruppen erteilt wird, vermissen Schüler:innen nicht selten das Arbeiten in kleinen Gruppen. Beispielhaft dafür ist folgendes Zitat: »*Also ich bin sehr großer Fan von den kleinen Gruppen gewesen im evangelischen Bereich, weil man immer // im Kleinen kann man anders Unterricht machen als im Großen.*« (BE/SI2/D/12)

Auswirkungen auf den konfessionell getrennten BRU
Die konfessionsbezogene Indifferenz wirkt sich auch auf die Bewertung des getrennt konfessionell erteilten BRU durch die Schüler:innen aus. Denn für mehrere der interviewten Berufsschüler:innen erscheint ein konfessionell getrennter BRU »*überflüssig*« (BE/SI1/H/74), da Unterschiede nicht nur in Bezug auf Religion bestehen: »*So jeder ist unterschiedlich von uns, keiner ist gleich.*« (BE/SI1/H/ 156) Da die Auszubildenden um die Relevanz eines guten Umgangs mit Differenz wissen, finden sie ein gemischtkonfessionelles Unterrichtssetting »*sogar interessant und ergänzend, weil man […] kann halt dann auch von anderen Blickwinkeln sehen, wie das ist*« (BE/SI2/D/51). Manche sprechen sich über konfessionell-kooperative Formate hinausgehend für einen Religions- oder Ethikunterricht im Klassenverband aus, weil sie es positiv bewerten, dass in Deutschland viele Menschen mit Migrationshintergrund und folglich auch mit unterschiedlichen Religionszugehörigkeiten leben. Ein interviewter Schüler bringt dies folgendermaßen auf den Punkt: »*Aus diesem Grund finde ich, dass das toll ist, dass wir so eine gemischte Gruppe sind, dass wir alle verschiedene Meinungen haben und, dass wir dann alle darüber diskutieren. Und wenn einer einer anderen Meinung ist, ist alles gut. Und ja, am Ende essen wir unser Butterbrot zusammen in der Pause.*« (BE/SI1/H/54)

Dem steht jedoch die Beobachtung entgehen, dass sowohl interviewte Schüler:innen wie auch Lehrkräfte und Schulleitungen teilweise eine Grenze hin zur Integration von Muslim:innen oder Konfessionslosen ziehen. Eine Projektlehrkraft erklärt, »*dass es ihm wichtig ist, konfessionssensibel zu arbeiten*«, weshalb er es ablehnt, Schüler:innen aller Religionen und Bekenntnislose zusammen mit christlichen Schüler:innen zu beschulen. Es solle »*konfessioneller Religionsunterricht bleiben, wenn auch in kooperativer Form*« (BE/TB/ka/B/15). Dass muslimische Mitschüler:innen nicht gezwungen werden, am evangelischen oder katholischen Religionsunterricht teilzunehmen, ist das zentrale Argument für einen interviewten Schüler: »*deswegen finde ich die Trennung eigentlich schon gut. Die haben diese christlichen Feiertage nicht verstehen können und so. Und dann finde ich, sollten es* [hier: evangelischen oder katholischen BRU; Anm. d. Verf.] *die auch nicht haben.*« (BE/SI2/C/96) Ähnlich sieht es eine Schülerin, ohne eine stichhaltige Begründung anzuführen: Sie findet kooperativen BRU gut, »*halt außer mit den Ethikleuten und den anderen Religionen, weil das verträgt sich –*

glaub ich – nicht so.« (BE/SI1/A/169) Ein befragter Schulleiter meint: »*Es ist halt für einen Muslim schwierig zu sagen: ›Du gehst jetzt halt mit.‹ Oder: ›Möchtest du nicht in den evangelischen Religions- oder in den katholischen Religionsunterricht mit reingehen?‹ Das würde der ablehnen.*« (BE/SL/B/51) Ein anderer Schulleiter dagegen fände es spannend, wenn es einen religionenübergreifenden Unterricht gäbe, weil hier dann die Vielfalt gelebter Religion auch von Muslim:innen zur Geltung käme, indem »*die Schüler miteinander reden, wo sich wahrscheinlich auch herausstellt, dass* der *Moslem auch nicht existiert*« (BE/SL/A/47).

Auswirkungen auf Ebene der Unterrichtsgestaltung
Die attestierte konfessionsbezogene Indifferenz der Schüler:innen führt im Falle konfessionell-kooperativer BRU-Settings zu veränderten Anforderungen in Bezug auf die Unterrichtsgestaltung: Auf der Wissensebene sei – so die Wahrnehmung von Lehrkräften – zwar zwischen Evangelisch und Katholisch vieles ähnlich, aber es gebe »*eben auch gewisse Unterschiede und da kann man einfach ansetzen und da hinterfragen die Schüler auch*« (BE/L/ka/F/17). Konfessionelle Differenz wird in kooperativen Settings didaktisch genutzt, um Interesse zu wecken, aber auch um grundsätzliche Klärungen herbeizuführen: »*Es muss ja für die Schüler erst mal klar sein wieso gibt es evangelisch, wieso gibt es katholisch.*« (BE/L/ka/E/20) Lehrkräfte fühlen sich im kooperativ angelegten BRU scheinbar verstärkt zur Explikation und Thematisierung von konfessionsbezogenem Wissen aufgefordert: »*Also dass die* [Schüler:innen; Anm. d. Verf.] *dann erst darüber nachzudenken anfangen, jaja wie unterscheiden wir uns da überhaupt oder was haben wir gemeinsam?*« (BE/L/ka/A/68) Sie nehmen auch wahr, dass anderskonfessionelle Schüler:innen sich mit besonderen Unterrichtswegen erst anfreunden müssen. Beispielsweise hat eine evangelische Lehrkraft in den verschiedenen Schuljahrgangsstufen eine »*Kurzpräsentation mit Bibelstelle*« eingeführt: Die evangelischen Schüler:innen der gemischtkonfessionellen Gruppe kannten dies, »*bei den Katholischen* [hat es] *für totale Aufruhr*« gesorgt, dann aber im Verlauf des Schuljahres »*auch schon ganz tolle Beiträge*« erbracht. (BE/L/ev/D/47)

Ebenso zeigt sich, dass Religionslehrkräfte sich Strategien aneignen müssen, wie sie mit anderskonfessionellen Inhalten umgehen, die sie kritisch bewerten: »*Denn ein authentisches // Es ist ja immer die Frage nach dem Bekenntnis. Ich werde als Protestant wahrscheinlich nicht sämtliche Sachen, ich will nicht sagen Überzeugungen, [...] aus katholischer Sichtweise* [vertreten]. *Da habe ich eine andere Meinung, auch vonseiten meiner Kirche*« (BE/L/ev/F/33). Gleichwohl wollen sie die unterschiedlichen konfessionellen Perspektiven bewusst und mit »*gegenseitiger großer Wertschätzung unterrichten*« (BE/L/ka/A/67), um »*eine Gleichmacherei*« (BE/L/ka/B/35) auszuschließen. Wenn es Unterschiede gibt, versuchen sie »*beide Seiten [...] gleich darzustellen, weil sonst fühlt sich ja ir-*

gendwann mal die eine Hälfte der Schüler vielleicht diskriminiert« (BE/L/ev/B/
40).

Dass es nicht selten die Lehrkräfte sind, die konfessionelle Differenz im BRU-
Kontext erst markieren, sei ebenfalls erwähnt. So aktivieren sie in kommunikativen Situationen nicht selten konfessionelle Zuschreibungen, wenn Lehr-
kräftekolleg:innen beispielsweise als »*evangelisches Pendant*« (BE/TB/ev/A/27)
vorgestellt werden. Insbesondere in Team-Teaching-Settings wird konfessionelle
Differenz bzw. Identität didaktisch zur Geltung gebracht. In einem Fall konnte im
Rahmen der teilnehmenden Beobachtung die kontrastive Erläuterung der spe-
zifisch-konfessionellen Sicht mittels vergemeinschaftender »Wir«-Formulierung
registriert werden: Die katholische Lehrkraft »*wird nun aktiv, steht auf und geht
zum Pult:* ›*Wir Katholischen sehen das ein bisschen anders.*‹« (BE/TB/E/74) In
mehreren Fällen ließen sich ironisch gemeinte Zuschreibungen beobachten, etwa
wenn eine evangelische Lehrkraft sich »*an die gute Seite der Macht*« (BE/TB/G/
154) wendet und damit ihre evangelischen Schüler:innen der gemischt-konfessionellen Lerngruppe meint.

Insgesamt treten in den hier rekonstruierten Differenzkonstruktionen mehrere Spannungen auf, die bei der organisatorischen Weiterentwicklung des Religionsunterrichts im Blick behalten werden müssen. Sie ergeben sich aus der
Verarbeitung des dominanten Befundes, dass konfessionsbezogene Identitäts-
merkmale und Differenzen seitens der Schüler:innen kaum mehr als lebensbedeutsam wahrgenommen werden. Die mehrheitliche Indifferenz tritt nicht nur in
den Interviews mit den Schüler:innen zutage; auch für die Religionslehrkräfte
bildet sie selbstverständlichen Ausgangspunkt aller Überlegungen zur organisatorischen Gestaltung des Religionsunterrichts. Zur Spannung erwächst diese
Prämisse dadurch, dass die Lehrkräfte bei ihren Vorstellungen zur Weiterentwicklung des Religionsunterrichts eine klare Präferenz für konfessionell-kooperative Optionen erkennen lassen, in denen konfessionelle Identifikationen
und Differenzen tendenziell an Bedeutung gewinnen. Die Lehrkräfte sind sich
dieser Herausforderung bewusst und betonen daher die Notwendigkeit konfessionsbezogener Wissensaneignung nicht nur bei den Schüler:innen, sondern
auch bei sich selbst.

Eine weitere Spannung ergibt sich daraus, dass die didaktische Profilierung
der konfessionellen Differenzkategorie nur teilweise den Erwartungen der
Schüler:innen entspricht, die tendenziell die konfessionelle Trennung hinterfragen und Konfessionalität vor allem über Gruppengrößen registrieren. Zudem
sticht hervor, dass die interviewten Projektlehrkräfte der interreligiösen Lerndimension zwar hohe Relevanz beimessen und durchgängig für eine religiöse
Bildung eintreten, die Schüler:innen dazu befähigt, kompetent mit religiös-
weltanschaulicher Pluralität umzugehen. Jedoch gehen sie, wenn sie auf die
Organisation des Religionsunterrichts blicken, nur am Rande auf diejenigen

Schüler:innen ein, die einer anderen oder keiner Religionsgemeinschaft angehören.

Daraus ergibt sich eine Spannung zu den Erwartungen der Schulleitungen, die sich – oft unter der Leitperspektive von Wertebildung – auf lange Sicht Lerngruppen wünschen, in denen Schüler:innen unterschiedlicher religiös-weltanschaulicher Zugehörigkeit gemeinsam unterrichten werden; auch, weil die Schüler:innen selbst diese interreligiöse Zusammensetzung ihrer Lerngruppe bisweilen anfragen (vgl. im Gegensatz dazu Hinweise auf eine religiöse Indifferenz unter Berufsschüler:innen bei Gronover & Wagensommer, 2018, S. 293–295).

5.4   Professionelles Selbstverständnis von Religionslehrkräften

Überzeugung und fachliches Interesse
Religionslehrkräfte an Berufsschulen unterrichten aus Überzeugung – egal, ob sie als staatliche Lehrkräfte Religion als Zweitfach haben oder als kirchliche Lehrkräfte nur Religionsunterricht geben. Der BRU interessiert sie sowohl inhaltlich als auch aufgrund der damit verknüpfbaren persönlichen-seelsorglichen Handlungsfelder: »*Ich bin da mit Leib und Seele Religionslehrer*« (BE/L/ka/B/11), bringt es ein interviewter Lehrer stellvertretend für viele auf den Punkt. Staatliche Lehrer:innen schätzen es, mit den Schüler:innen »*einerseits im Fachunterricht zusammen zu arbeiten und dann sie in Religion zu haben.*« (BE/L/ev/D/19) Positiv daran ist für sie die Option, mit den Schüler:innen lebensweltorientiert arbeiten zu können und auf diese Weise persönliche Erfahrungen mit Fachlichkeit in Austausch zu bringen. So beschreibt eine Lehrkraft ihren Ansatz, Religion im Unterricht zu thematisieren, folgendermaßen: »*ich versuche das [Religiöse; Anm. d. Verf.] zu verknüpfen mit der Lebenswelt und auch mit dem beruflichen Schwerpunkt der Schüler*« (BE/L/ka/C/35). Religionslehrkräfte an der Berufsschule zeigen auf diese Weise, dass ihr Fach einen elementaren Beitrag zur beruflichen Bildung der Auszubildenden leisten kann. Nicht zuletzt die inhaltliche Vielgestaltigkeit des BRU reizt sie, sich für dieses Fach immer neu fachlich bilden zu müssen. So erläutert z. B. eine interviewte Lehrerin die Bedeutung ständiger fachlicher Professionalisierung: »*Und was die Religion angeht: Ich muss sagen, ich lerne gerade. Ich profitiere davon, weil ich mich auch noch nie so stark mit dem Islam auseinandergesetzt habe, wie ich es jetzt gerade tue.*« (BE/L/ka/F/23) Wenn es darum geht, kooperativen BRU zu erteilen, der Schüler:innen verschiedener Konfessionen oder gar Angehörige anderer Religion integriert, nutzen Lehrkräfte bisweilen eine didaktisch fragwürdige Strategie, insofern sie diese Schüler:innen als Repräsentant:innen der jeweiligen Religionsgemeinschaft zum Unterrichtsinhalt machen: »*Also das ist eben interessanter, sich dann auch ein-*

mal mit anderen Sachen zu beschäftigen. Oder dann zu sagen: ›Ja, wie ist es denn jetzt bei euch im Islam? Ist es da auch erlaubt? [...] Wie wird das bei euch gehalten?‹« (BE/L/ka/H/26) Problematisch ist diese Strategie u. a. auch, weil den Schüler:innen zugeschrieben wird, dass sie die muslimische Religion praktizieren – was jedoch nicht ohne weiteres angenommen werden kann.

Zugleich wissen sie um die Verantwortung in Bezug auf ihre fachliche Expertise, wie eine Lehrerin artikuliert: *»Natürlich hinterfrag' ich dann manchmal: ›Ist das das Richtige, was ich da auswähl'? Recherchier' ich da richtig, verstehe ich es auch richtig?‹«* (BE/L/ka/F/23) Bisweilen empfinden sie es als *»massive[n] Rechercheaufwand«* (BE/L/ev/F/15), der für die Vorbereitung von BRU nötig ist. Die Reflexivität der BRU-Lehrkräfte geht einher mit deren Bewusstsein, dass sie aus ihrer eigenen Konfessionalität heraus unterrichten. Letztgenannte wollen sie auch nicht aufgeben: *»Dann ist das nicht Ethikunterricht, sondern dann bring' ich auch katholische Inhalte rüber.«* (BE/L/ka/C/13) Markant in konfessionsbezogener Hinsicht zeigt sich zudem, dass es insbesondere kirchlichen Religionslehrkräften auch wichtig ist, anhand ihrer Person für die Schüler:innen *»Kirche auch sichtbar, erlebbar, spürbar [zu] machen [...], einfach mal die Fahnen der Kirchen sozusagen auch mit hochzuhalten«* (BE/L/ev/G/25). Auf diese Weise wollen sie konfessionelles Profil zeigen. Gleichwohl geht damit keine Vereinnahmungs- oder gar Missionierungsabsicht einher. Vielmehr markieren die Religionslehrer:innen konfessionelle Positionen bewusst – insbesondere beim Unterrichten mit Schüler:innengruppen, die mehr als eine Konfession abbilden. Ein Beispiel dafür bietet u. a. folgende Ausführung einer katholischen Religionslehrkraft: *»Wenn ich in einer Klasse relativ viele Bekenntnislose oder Evangelische habe, gehe ich schon auf die andere Situation ein, muss ich ja. [...] Sage dann zu den Katholiken also: ›Bei uns ist es so und so‹, und sage dann bei den anderen: ›Aber das ist bei uns etwas abgeschwächt oder anders‹.«* (BE/L/ka/H/24) Nicht unproblematisch ist die in diesem Zitat durchscheinende didaktische Struktur einer essenzialisierenden Gegenüberstellung eines *»Wir«*, das alle Schüler:innen der Konfession der Lehrkraft vergemeinschaftet (vgl. *»Bei uns ...«*), und eines *»[die] anderen«*. Für derartige unterrichtliche Herangehensweisen und Möglichkeiten, diese zu vermeiden, gilt es im Rahmen von Lehrer:innenfortbildungen zu konfessionell-kooperativer Unterrichtsgestaltung zu sensibilisieren.

BRU-Lehrkräften ist also einerseits ihre Konfessionalität wichtig, andererseits jedoch zeigen die interviewten Projektlehrkräfte durchwegs Interesse daran, auch Schüler:innen, die nicht ihrer eigenen Konfession bzw. Religion angehören, in ihrem BRU mit Expertise und Sensibilität zu begegnen: Dies erweist sich gerade an einer veränderten Organisationsgestalt des BRU, der sich für fast alle der interviewten Lehrkräfte nicht mehr als monokonfessionelles Fach zeigt, sondern als Unterricht mit Schüler:innen, die verschiedene Konfessionen und

(Nicht-)Religionszugehörigkeiten besitzen. Dass man dabei »*unterschiedliche Perspektiven einnehmen muss*« (BE/L/ev/F/13) und permanent gehalten ist, die eigenen fachlichen sowie fachdidaktischen Kompetenzen zu erweitern, erachten sie als Selbstverständlichkeit, nicht selten sogar als Bereicherung.

Eine besondere Fachkultur
Im Konzert der verschiedenen Unterrichtsfächer an Berufsschulen versuchen die interviewten Lehrkräfte dem von ihnen erteilten BRU eine spezifische Klang-farbe zu geben. Diese beschreiben sie nicht selten dadurch, dass sie ihr Fach bewusst in Abgrenzung zum berufsbildenden Fachunterricht konturieren. Die ihnen wichtige, bereits oben explizierte Lebensweltorientierung versuchen sie beispielsweise mit einer emanzipierten Lehrplanrezeption zu erwirken – unter anderem, indem sie »*die Schüler im Rahmen des Lehrplans selbst ihre Themen wählen*« (BE/L/ka/F/17) lassen. So erhoffen sie, größeres Interesse seitens der Auszubildenden für die gewählten Themen und mehr »*Diskussionspotenzial im Unterricht*« (ebd.) erreichen zu können. Auch der Aktualitätsbezug der Unter-richtsthemen ist ihnen wichtig, weshalb sie es als professionsnotwendig erachten, offen zu bleiben und »*dann auch die Themen wieder an[zu]passe[n]*« (BE/L/ev/ H/29). Mit dem Aufgreifen tagesaktueller Themen wollen sie die Schüler:innen »*auf eine Spur [...] bringen*« (ebd.) und zugleich in ihrer emanzipierten Posi-tionierung fördern. Die interviewten Religionslehrkräfte nehmen den BRU letztlich als Fach mit »*viel mehr Freiheiten*« (BE/L/ev/C/35) wahr; und nicht zuletzt deshalb schätzen sie diesen Unterricht.

Die besondere BRU-Kultur zeigt sich unter anderem daran, dass manche Religionslehrer:innen dieses Fach bewusst im Gegenüber zum beruflichen Fachunterricht anlegen, der von den Lernenden viel verlangt und meist wenig Zeit für Persönliches lässt: »*Für mich ist es zentral, dass der Schüler sich auch mal aus der Rolle des Azubis rausnehmen kann, [...] durchschnaufen kann*« (BE/L/ka/ E/46), bringt eine Lehrkraft dieses Ansinnen auf den Punkt. Daher gestalten die interviewten Projektlehrer:innen im BRU Gelegenheiten zum Nachdenken, zum Reden: Sie wollen den Schüler:innen Gelegenheiten zur Meinungsäußerung und zur Positionierung geben. Deshalb markiert für sie »*Interesse am Schüler und an der Religion des Schülers*« (BE/L/ka/F/23) eine elementare professionelle Hal-tung.

Damit einhergehend ist den Lehrkräften wichtig, »*dass die Atmosphäre offen ist*« (BE/L/ka/D/58) und die Schüler:innen in der Religionsgruppe »*miteinander kommunizieren*« (ebd.). Gerade in Religionsgruppen, die aus verschiedenen Klassen zusammengewürfelt werden, scheint es nicht immer leicht, diese offene Kommunikationskultur herzustellen. Viele Religionslehrkräfte sind jedoch darauf eingestellt und versuchen diese Offenheit sowohl durch persönliche Zu-gewandtheit als auch methodisch zu erwirken: »*Die schauen alle am Anfang ein bisschen, wenn ich da mal einen Stuhlkreis mache und mit Talkkarten [...] was mache. Aber es gefällt ihnen dann und sie kommunizieren dann auf ein Mal.«* (ebd.) Bisweilen nehmen sie sich zugunsten einer kommunikativen Unterrichtsatmosphäre bewusst zurück und organisieren mit viel Aufwand die Lernprozesse so, dass die Schüler:innen den BRU zu *»ihre[r] Sache«* (BE/L/ev/C/29) machen können.

Seelsorgliche Perspektiven
Der besondere Charakter des BRU ergibt sich für die Religionslehrkräfte auch aus dessen seelsorglichen Bezügen. Daher sind sie bereit, in die *»Beziehungsarbeit«* (BE/L/ev/D/20) zu investieren. Sie sehen, dass ihr BRU-basiertes Verhältnis zu den Lernenden *»so ein bisschen was anderes«* ist: *»Die kommen auch eher mal zu mir und sagen: ›Ich hab da [...] ein Problem.‹ Das ist ja so ein bisschen Seelsorge«* (BE/L/ev/C/37). Dies bestätigt ein Lehrer, der wahrnimmt, dass der BRU *»dann auch sozusagen das Fach für Probleme beispielsweise innerhalb der Klasse, die sonst nirgends angesprochen werden können«* (BE/L/ev/G/37) ist.

Diese seelsorgliche Rolle gehört für viele der Interviewten zum Profil ihres Religionslehrer:innendaseins: Sie erfahren sich als Ansprechpartner:innen bei *»Schicksalsschlägen«* (BE/L/ev/G/37) oder anderen Problemen, die von der Schulleitung *»gerne dann mal dem Relilehrer mit auf die To-do-Liste gesetzt«* (ebd.) werden. Religionslehrkräfte besitzen letztlich meist eine hohe Bereitschaft, sich *»an der Seelsorge der Berufsschule sehr intensiv«* (BE/L/ka/B/12) zu beteiligen – auch in der liturgischen Rahmung von schulischen Feiern.

Berufszufriedenheit als von Organisationsbedingungen abhängige Größe
Die Projektreligionslehrkräfte stehen insgesamt hinter ihrem Beruf. Wenn sie unzufrieden sind, hängt dies meist mit Nachteilen zusammen, *»die aufgrund der Organisation des Religionsunterrichts zu schlucken sind«* (BE/L/ka/B/67). Wie bereits ausgeführt, beklagen sie einen Verlust an *»Renommee«* des BRU durch den mit seiner Organisation verbunden Verwaltungsaufwand, etwa wenn *»die Klassenlehrer viel mit diesen Formalien betraut sind, die die Anträge auf Befreiung, Abmeldung und Teilnahme des Religionsunterrichts«* (BE/L/ev/A/13) betreffen. Besonders für kirchliche Religionslehrkräfte ist es zudem herausfordernd, immer nicht genau zu wissen, ob an der Schule genügend Religionsunterricht organisiert werden kann. Für sie stellen sich Unsicherheiten ein: *»Kann ich hier noch bleiben, die letzten Jahre, die ich unterrichte? Oder muss ich noch eine andere Schule, da auf Tournee gehen?«* (BE/L/ev/A/89) Aber auch für die staatlichen Religionslehrkräfte der Minderheitskonfession bleiben Wermutstropfen, wenn sie ihr Fach, um genügend Schüler:innen zu gewinnen, ständig plausibilisieren müssen. Letzteres empfinden sie als wenig schön: *»Also, ich komme mir manchmal vor so wie beim Hausieren bei der Einteilung, dass ich*

dann durch Ethik zieh und sage, wer hat denn nicht noch Lust und so?« (BE/L/ev/ C/59; vgl. auch BE/L/ev/D/35) Auch kann es durch derartige Praktiken zur Vermeidung von Unterrichtsausfall infolge von zu wenigen Schüler:innen in Ausnahmefällen zu *»erheblichen Spannungen«* mit Kolleg:innen kommen, *»weil da so ein Konkurrenzdenken«* entsteht. (BE/L/ka/C/21) Ein Übriges tun jahrgangsübergreifende Zusammenlegungen von Schüler:innengruppen oder Blocksituationen, die in regelmäßigen Abständen zu einer Veränderung der Religionsgruppenzusammensetzung (BE/L/ev/A/14; BE/L/ka/B/18) führen – hierdurch wird das Unterrichten elementar beeinträchtigt. Religionsunterricht, der aus Gründen besserer Organisierbarkeit auf die Randstunden oder gar vor (Stunde 0) bzw. nach (11. Stunde) diesen gelegt wird, stresst die Lehrkräfte – weniger aufgrund ihrer veränderten Unterrichtszeiten, sondern vielmehr, weil die Schüler:innen dann versuchen, sich von diesem Unterricht abzumelden oder im Unterricht selbst kaum motiviert sind.

Läuft die Organisation dagegen gut, steigt die Zufriedenheit der Lehrkräfte mit dem BRU, wie beispielsweise eine Lehrkraft artikuliert, die davon berichtet, dass es gelingt, Religionsunterricht für viele Schüler:innen anzubieten: *»Es ist eigentlich so bisschen Glückseligkeit«* (BE/L/ev/C/13; vgl. BE/L/ev/A/32).

Die erhobenen Daten der StReBe-Basiserhebung zeigen, dass Religionslehrkräfte zu ihrem Fach eine besondere Verbindung haben. Sie wollen BRU positioniert, offen sowie lebensweltorientiert gestalten und nehmen auch die ihnen zugeschriebene seelsorgliche Rolle an. Ihr professionelles Selbstverständnis ist von Überzeugtheit sowie der Bereitschaft geprägt, sich im Interesse an einem guten BRU beständig weiterzubilden. Insgesamt stehen die interviewten Religionslehrkräfte mit ihrem Unterrichtsfach grundsätzlich positiv im Einklang und sind motiviert, an dessen guter Ausgestaltung mitzuwirken. Unzufrieden sind sie vor allem dann, wenn ihr Religionsunterricht organisatorische Schwierigkeiten mit sich bringt, die sie selbst nicht lösen können oder die sie dazu zwingen, in Konkurrenz mit Kolleg:innen zu treten, damit die eigene Lerngruppe zustande kommt.

5.5   Subjektorientierung

In der religionsdidaktischen Theoriebildung ist die so genannte »Subjektorientierung« ein zentrales Prinzip der Gestaltung von religiösen Lern- und Bildungsprozessen. Damit wird als Ziel ausgedrückt, dass die Lernenden »religiöse Facetten und religiös relevante Fragen ihrer Lebensführung und -deutung als solche […] identifizieren und ihnen selbsttätig« nachgehen können (Schröder, 2012, S. 238; vgl. Stockinger, 2021). Auf diese Weise kann zu deren »Subjektwerdung« (Metz, 1977, S. 66) beigetragen werden, insofern die lernenden Subjekte zu einer begründeten Haltung bezüglich religiöser Weltdeutung finden und daraus lebensgestaltende Orientierung gewinnen können.

Für die Weiterentwicklung des BRU ist dieses regulative Prinzip ein wichtiger Gradmesser; denn es gilt im Blick zu haben, dass dieses Unterrichtsfach nicht aus sich heraus selbstzweckhaft gesetzt ist, sondern von seinem Beitrag zur Bildung der Berufsschüler:innen ausgehend begründet und gestaltet werden sollte. Sowohl Lehrkräfte als auch Schüler:innen heben immer wieder die existenzielle Relevanz und Lebensweltnähe als entscheidende Maßstäbe guten Religionsunterrichts hervor. »*In einer komplex und komplizierter gewordenen Welt*« erfahren Religionslehrkräfte seitens der Auszubildenden eine große Bereitschaft »*sich mit diesen Fragen von Religion, Ethik, Sinnfrage und so weiter [...] auseinanderzusetzen*« (BE/L/ka/A/12). Berufsschüler:innen hätten in ihrer besonderen Lebensphase diese Fragen immer mit dabei und könnten sie letztlich auch nicht einfach am Betriebseingang abgeben. Im Vordergrund stehen dabei ethische Fragestellungen, wie die Passagen aus den Gruppendiskussionen mit den Schüler:innen erweisen, die als so genannte »wichtige Themen« codiert worden sind: Lebensführung und Sinnfrage, Nachhaltigkeit, Organspende, Partnerschaft, Ehe und Sexualität, Tod und Sterbehilfe, Schwangerschaftsabbruch oder Sucht und Gewalt. All diese Themen fokussieren ethische Dimensionen, von denen die Befragten wissen, dass sie lebensbedeutsam sind. Eine Schülerin gibt beispielsweise zu bedenken, dass sie mit der Ausbildung »*einen wichtigen Schritt im [...] Leben gemacht*« (BE/SI2/F/70) hat, weshalb sie den BRU als Unterstützung interpretiert, um »*im späteren Leben mal auf eigenen Füßen stehen*« (ebd.) zu können. Eine andere Schülerin weiß es wertzuschätzen, dass es in der Berufsschule ein Fach gibt, »*wo wir mal selber über unsere Erfahrungen geredet haben*« (BE/SI1/A/51). Derartige Themen können zwar religionsbezogen angegangen werden, müssen es aber nicht. An dieser Stelle zeigt sich einerseits das Potenzial des BRU, der diese ethischen Themen religiös konturieren kann. Andererseits schwingt in Bezug auf das, was sich die Subjekte im Unterricht an Thematischem besonders wünschen, die Vulnerabilität dieses konfessionellen Unterrichtsfaches mit, die sich besonders im Verhältnis zum Ethikunterricht manifestiert. Eine interviewte Lehrerin diagnostiziert dies folgendermaßen: »*Ethik hat durchgehend immer den Boom und das nimmt stetig zu [...], dass man sagt, es geht zu diesen ethischen Themen und wir wollen Ethik haben, was das lebenspraktischer ist, als dieses konfessionell Gebundene*« (BE/L/ev/C/21). Zugleich wird der BRU positiv wahrgenommen: »*Also ich muss sagen, ich mag Religion ziemlich gern, weil wir oft nicht nur Themen behandeln, die jetzt wirklich was mit der Bibel oder Gott oder Jesus zu tun haben, sondern oft auch so persönliche Dinge, die einem auch im Leben so ein bisschen weiterhelfen.*« (BE/SI1/B/14)

Diese Zwickmühle gilt es bei der Weiterentwicklung des BRU im Auge zu behalten, denn dieses Unterrichtsfach wird scheinbar von vielen Auszubildenden besonders dann akzeptiert, wenn ethische Fragestellungen darin zur Geltung gebracht werden: »[...] *und wenn es jetzt nicht direkt um Gott, Bibel, Glauben usw. geht, ist es – sag ich mal – für die Allgemeinbildung oder so ist es sinnvoller*« (BE/SI1/G/26). Freilich gibt es auch Schüler:innen, die bei den als wichtig markierten Themen auch religionsbezogene Themen anführen. Tendenziell sind dies nicht dezidiert konfessionell bestimmte Lerninhalte, sondern Gegenstandsbereiche wie »*verschiedene Religionen*« (BE/SI1/A/16) oder »*Sekten*« (BE/SI1/B/19).

Zusammenfassend lässt sich festhalten: Wenn Schüler:innen sich positiv zum BRU äußern, rekurrieren sie, wie eine Religonslehrkraft auf der Basis eigener »*Zwischenevaluationen*« ausführt, auffällig oft auf »*lebensnahe praktische Dinge*« (BE/L/ev/A/18). Sie nehmen dieses Fach als »*sicherer Raum oder so, wo man sich dann halt eben austauschen kann*« (BE/SI1/G/102) wahr. Auch dass im BRU scheinbar weniger »*Notendruck*« (BE/SI2/F/208) als in anderen Unterrichtsfächern herrscht, trägt zu dessen positiver Einschätzung bei. Letztlich wird anhand der Interviews deutlich, dass einerseits Unterrichtsthemen besonders in Erinnerung bleiben, welche die Lernenden persönlich tangieren. Andersseits werden religionsunterrichtliche Settings positiv hervorgehoben, die Teilhabe ermöglichen und »*nicht nur die ganze Zeit am irgendwas Abschreiben*« (BE/SI2/A/41) einfordern, z. B. Ausflüge in ein Kloster (BE/SI2/C/68) oder aktivierende Unterrichtsmethoden.

An der subjektorientierten Auswertungsperspektive werden, was wichtig ist, die Grenzen einer organisationsgeleiteten Sicht auf die Weiterentwicklung des BRU sichtbar. Die subjektive Bedeutsamkeit des Religionsunterrichts entscheidet sich nicht an den organisatorischen Rahmenbedingungen, sondern an klassischen didaktischen Gütemerkmalen: interessanten Themen, einer offenen, aktivierenden Unterrichtsatmosphäre, die zugleich einen »Safe Space« markiert, in dem sich Schüler:innen wohl und wertgeschätzt fühlen.

5.6   Systematisierende Ertragsbündelung

Die Auswertungen dieses Kapitels haben einmal mehr gezeigt, dass BRU viele Potenziale besitzt, die von den Berufsschüler:innen, den Schulleitungen, aber auch den Religionslehrkräften wahrgenommen werden – insbesondere die wertebildende Dimension und die damit verbundene Fokussierung von lebens- und berufsweltrelevanten Fragstellungen sind dabei im Blick. Als weniger bis überhaupt nicht relevant dagegen erachten die Schüler:innen konfessionelle Unterschiede; kein Wunder daher, dass von ihnen die konfessionelle Trennung des BRU stark befragt wird – wie auch von verschiedenen Schulleitungen. Letz-

tere besitzen hohen Einfluss darauf, wie (und teilweise auch ob) der BRU stattfindet. Gerade die organisatorischen Schwierigkeiten, die bei der Unterrichtsplanung von konfessionell getrenntem BRU auftreten, sorgen sowohl auf Seiten
der Schulleiter:innen als auch auf Seiten des Lehrkräftekollegiums für eine negative Reputation dieses Unterrichtsfaches. Dazu zählen nicht nur die aufwän-
dige Stundenplangestaltung, sondern ebenso der mit dem Anmelde- bzw. Ab-
melde-Antragswesen verbundene Aufwand für Klassenleitungen, der bei der
jährlichen Erstellung statistischer Daten seinen Kulminationspunkt erreicht.
Beachtenswert ist auch, dass die dualen Partnerunternehmen nach Auskunft der
Interviewten eher wenig vom BRU halten; wenn, dann schätzen sie seinen Beitrag
zur Allgemein- und zur Wertebildung ihrer Auszubildenden. Diese herausfordernden Faktoren wirken sich negativ auf die insgesamt hoch motivierten und
für ihren Religionsunterricht einstehenden Religionslehrkräfte aus.

Bei alledem wird einerseits deutlich, dass sich die Weiterentwicklung des
Religionsunterrichts nicht auf die organisatorischen Gestaltungsfragen beschränken kann. Im Gegenteil: Guter Religionsunterricht entscheidet sich an den
klassischen didaktischen Fragen nach den Zielen, Inhalten und Arbeitsformen
des BRU wie auch der Kompetenz der unterrichtenden Lehrkraft, der von ihr
mitgeprägten Klassenatmosphäre und der schulkulturellen Einbettung des Faches. Andererseits machen die Auswertungen der vorliegenden Erhebungen ersichtlich, dass sich keiner dieser Faktoren unabhängig der Organisationsdimension denken lässt. So zeigte sich, dass die für die Schulleitungen und für die
Schüler:innen leitenden Zielbestimmungen in einer Spannung zu den gegebenen
Organisationsform eines nach Konfessionen getrennten Religionsunterricht
stehen. Während konfessionelle Kooperation viele der organisatorischen Probleme des Religionsunterrichts lösen würde und aufgrund der klaren Bekenntnisbindung auch von den Lehrkräften favorisiert wird, bleibt als Herausforderung, wie sich diese Entwicklungsperspektive zu der eher geringen Relevanz von
konfessionellen Gemeinsamkeiten und Unterschieden in den Schüler:innen-
und Schulleitungsinterviews verhält. Besonders gravierend wirken sich die Organisationsschwierigkeiten auf das professionelle Wohlbefinden der Religionslehrkräfte aus, die sich einerseits stark mit ihrem Fach identifizieren und sich
andererseits, sofern direkt davon betroffen, von den organisatorischen Hürden
ausgebremst fühlen.

Mit Blick auf die im StReBe-Projekt angezielte Weiterentwicklung des BRU
lassen sich aus den präsentierten Befunden zu den didaktischen Bezugshori-
zonten unter anderem folgende Merkposten ausmachen, die bei der Weiterentwicklung des BRU vor Ort im Blick behalten werden sollten:

– Ein organisatorisch einfacher gestalteter BRU kann die Reputation dieses
   Unterrichtsfaches im Gesamt der jeweiligen Berufsschule steigern. Möglich
   wäre dies beispielsweise durch vereinfachte Antragsverfahren, wenn es darum

geht, dass Schüler:innen den BRU besuchen wollen, obwohl sie nicht die »passende« Konfessionszugehörigkeit besitzen. Die Beschulung gemischt-konfessioneller Lerngruppen wiederum führt weniger Aufwand bei der Stundenplangestaltung mit sich und wird von den Auszubildenden aufgrund der vertrauteren Atmosphäre (die Klassengemeinschaft bleibt etwas besser erhalten) sehr geschätzt.

– Gegenüber Schulleitungen, dualen Partnerbetrieben, aber insbesondere gegenüber den Berufsschüler:innen sollten die bildenden Potenziale des BRU deutlicher zur Geltung gebracht werden – sei es durch mehr Berufsfeldbezug bei der Ausgestaltung des Unterrichts, sei es durch bessere Sichtbarkeit des sinnbezogenen und seelsorglichen Beitrags der religiösen Bildungsangebote oder sei es durch die Befähigung im Umgang mit weltanschaulicher Heterogenität. Hier könnten nicht zuletzt wiederkehrende Informationskampagnen, die sich insbesondere an die Schüler:innen und die dualen Partnerbetriebe richten, hilfreich sein.

– Religionslehrkräfte sind »Fans« ihres BRU – sie schätzen dieses Fach und tun vieles, um es schüler:innengemäß, kommunikativ und gegenwartsrelevant zu gestalten. Bei einer Weiterentwicklung des BRU im Sinne der Ergebnisse der Basiserhebung müssen die Lehrkräfte »mitgenommen« werden: Sie benötigen Anreize, ihre konfessionsbezogenen Überzeugungen zu reflektieren, sind auf religionsdidaktische Strategien für die Thematisierung verschiedener Konfessionen und Religionen in gemischtkonfessionellen Lerngruppen angewiesen. Letztere benötigen sie insbesondere, wenn es darum geht, dass sie anderskonfessionelle Perspektiven, die sie selbst nicht teilen, angemessen thematisieren. Manche Lehrkräfte haben dabei u. a. auch interessierte Schüler:innen im Blick, die am BRU teilnehmen wollen, obwohl sie einer anderen oder keiner Religionsgemeinschaft angehören; auch dafür gilt es ihnen Weiterqualifizierungsangebote zu ermöglichen.

– Bedenkenswert scheint überdies die seelsorgliche Dimension, die sowohl im BRU selbst als auch im Schulleben insgesamt hohe Wertschätzung genießt. Religionslehrkräfte können auf diesem Gebiet Elementares für die Schulgemeinschaft leisten, indem sie beispielsweise Schulfeierlichkeiten mitgestalten oder in Krisenfällen zur Seite stehen (van Elten & Schröder, 2018, S. 314–315). Auch dieses Potenzial sollte bei einer Weiterentwicklung des BRU nach Möglichkeit ausgeschöpft werden.

6. Religionsunterricht komplexitätsbewusst und kontextgerecht organisieren: Befunde und Einsichten aus der Entwicklungs-, Erprobungs- und Auswertungsphase des StReBe-Projekts

6.1 Der Ansatz: lokale Organisationsformen vor Ort entwickeln, wissenschaftlich begleitet erproben und empirisch auswerten

In diesem Kapitel sollen die Ergebnisse der Entwicklungs-, Erprobungs- und Auswertungsphase des StReBe-Projekts vorgestellt werden. Wie in der Einleitung und im Kapitel zum Forschungsdesign bereits ausgeführt, bestand die an die Basiserhebung anschließende Projektarbeit aus drei aufeinander aufbauenden Phasen:

– In der Phase der *Konzeptentwicklung* (erstes und zweites Quartal 2020) ging es darum, in einem staatlicher- wie kirchlicherseits geregelten Gestaltungsrahmen auf der Grundlage der empirisch erhobenen Befunde wie auch des Erfahrungswissens der Akteur:innen vor Ort für die jeweilige Projektschule passende Organisationsformen tentativ zu erarbeiten.

– Darauf folgte eine zweijährige Phase der *Konzepterprobung* (Schuljahre 2020/2021 und 2021/2022), in der die lokalen Organisationskonzepte zunächst auf Schulebene implementiert und in einem fortlaufenden Beratungsprozess modifiziert wurden. Diese Phase wurde erheblich beeinträchtigt durch den Einbruch der globalen Coronapandemie. Um die Effekte der Pandemie präziser veranschlagen zu können, wurde im Frühjahr 2021 eine Zwischenerhebung mit jeweils einem Interview mit den mit der Konzepterprobung der Projektschule maßgeblich befassten Religionslehrkräften durchgeführt.

– Die Phase der Konzepterprobung mündete in einer Evaluationserhebung, die im Frühjahr 2022 durchgeführt wurde. Diese Studie bildete den Ausgangspunkt der *Auswertungsphase*, die darauf zielte, auf der Basis der Evaluationsergebnisse konkrete Empfehlungen und Perspektiven für die Weiterentwicklung des Religionsunterrichts an bayerischen Berufsschulen zu erarbeiten.

In diesem Kapitel sollen Vorgehen und Erträge dieses Fachentwicklungsprozesses in Grundzügen dargestellt werden. Da das Forschungsdesign im zweiten Kapitel detailliert dargelegt wurde, werden erhebungs- und auswertungsmethodische Fragen nur dort einbezogen, wo sie aus Verständnis- und Transparenzgründen nötig sind. Dass die empirischen Befunde weniger ausführlich zur Darstellung kommen als in den bisherigen Kapiteln, liegt zunächst einmal in der Zielperspektive dieser Publikation begründet, die sich über den unmittelbaren Kontext bayerischer Berufsschulen hinaus mit der organisatorischen Gestaltung des konfessionellen Religionsunterrichts befasst. Hinzu kommt eine forschungsethische Begrenzung: Je detaillierter kontextuelle und teilweise auch interpersonale Aspekte der lokalen Konzeptentwicklung expliziert werden, desto größer ist die Gefahr der Rückführbarkeit der zitierten Aussagen und Beschreibungen.

6.2   Die Phase der Konzeptentwicklung: übergreifender Gestaltungsrahmen und lokale Passungsarbeit

Wie bereits mehrfach erläutert, zielte das StReBe-Projekt darauf, wissenschaftlich evaluierte, kontextspezifisch applizierbare und rechtlich abgesicherte Optionen einer zukunftsfähigen Ausgestaltung des konfessionellen BRU für bayerische Berufsschulen zu entwickeln, in denen die traditionelle Regelform des konfessionellen Religionsunterrichts nicht mehr organisatorisch gewährleistet werden kann. In einem ersten Schritt galt es daher, den Gestaltungsraum der lokalen Konzeptentwicklung klarer zu bestimmen. Einerseits war es den Projektträgern (Bayerisches Staatsministerium für Unterricht und Kultus – StMUK, Evangelisch-Lutherische Kirche in Bayern, Katholisches Schulkommissariat Bayern in Vertretung der bayerischen (Erz-)Bistümer) ein Anliegen, den Entwicklungsraum weit zu halten, damit mehrere Gestaltungsvarianten auf ihre Applizierbarkeit hin erprobt und ausgewertet werden können. Andererseits sollte durch klare Kriterien sichergestellt werden, dass bei den an den Projektschulen entwickelten Konzepten der Gestaltungsrahmen eines konfessionellen Religionsunterrichts gewahrt wird. In einem Kultusministeriellen Schreiben (KMS) an die Projektschulen wurden folgende Rahmenbedingungen festgehalten (Bayerisches StMUK, KMS vom 26.06.2020, S. 3).
– »Beide Konfessionen (evangelisch-lutherische und römisch-katholische) sind einbezogen und inhaltlich sowie personell repräsentiert.
– Evangelische bzw. katholische Religionslehre bleiben als ordentliche Lehrfächer mit Notengebung gewährleistet.

– Ein Religionsunterricht im Klassenverband mit allen Schülerinnen und Schülern ist nicht möglich. Das Ersatzfach Ethik ist Wahlmöglichkeit für die Schülerinnen und Schüler.
– Verfassungskonformität und Lehrplanorientierung sind gewährleistet.«

Als mögliche Gestaltungsmodelle wurden vier eigens hervorgehoben (S. 2 f.):
– »*Konfessionelle Kooperation im Rahmen des Lehrer:innentausch-Modells*« – mit dem Ziel, dass Schüler:innen der Minoritätskonfession ein Jahr lang Religionsunterricht in ihrer Konfession erhalten. Dabei wurde festgehalten, dass in den konfessionsgemischten Klassen ein Lehrkräftewechsel sowohl zum Schulhalbjahr als auch zum Schuljahreswechsel möglich ist.
– »*Modell der erweiterten Kooperation*«. Demnach können in »Ausnahmesituationen mit sehr geringen Schüler:innenzahlen bei der Minoritätskonfession« konfessionsgemischte Klassen dauerhaft von der Religionslehrkraft einer Konfession unterrichtet werden.
– »*Blockform*«: Nach diesem Modell für Blockklassen »kann Religionsunterricht als dreistündiger Block innerhalb der Stundentafel erteilt werden. In Tagesklassen kann Religionsunterricht als zwei- bzw. dreistündiger Block im Wechsel mit einem bzw. zwei anderen einstündigen Fächern angeboten werden.«
– »*Seminarform*«: Hier wird der »gesamte Religionsunterricht [...] außerhalb der Stundentafel an mehreren ›Arbeitstagen‹ pro Schulhalbjahr am Lernort Schule abgedeckt, die anderen Fächer der Berufsschule finden am Berufsschultag statt.«

Das KMS sieht auch die Möglichkeit vor, »dass die Projektschulen weitere praktikable und verfassungsgemäße Organisationsformen entwickeln« (S. 3), sofern diese Formen mit dem Staatsministerium und den Kirchen abgestimmt werden.

In diesem Rahmen haben die Projektlehrkräfte der teilnehmenden Schulen in Abstimmung mit der Schulleitung und dem Kollegium lokale Konzepte entwickelt, die zu einer organisatorischen Konsolidierung des Religionsunterrichts an ihrer Schule beitragen sollte. Im Sinne der »Bottom-Up-Logik« des Projekts lag die Verantwortung für die Konzeptentwicklung bei den Akteur:innen vor Ort, die jedoch in teilweise mehreren Beratungsgesprächen von der StReBe-Forschungsgruppe unterstützt wurden.

Zunächst muss festgehalten werden, dass keine der Projektschulen überhaupt in Erwägung zog, den Religionsunterricht in Seminar- oder Blockform anzubieten. Zumindest den an der Konzeptentwicklung beteiligten Akteur:innen erschienen diese als »neue Zeit- und Organisationsmodelle für den Religionsunterricht (Gronover, Schnabel-Henke et al., 2023) diskutierten Gestaltungsformen als wenig attraktiv, weil sie sich nur schwer in die etablierten Organisationsstrukturen integrieren lassen und daher die Planungskomplexität nicht reduzieren, sondern umgekehrt deutlich erhöhen.

Im Folgenden werden die acht lokalen Organisationskonzepte in knapper Form vorgestellt. Um die knapp umrissenen Konzepte einordnen zu können, lohnt es sich, die Schulporträts von Kap. 3 zu vergegenwärtigen. Systematisch richtet sich die Darstellung an der Reichweite der organisatorischen Umstellung des Religionsunterrichts aus. Drei der acht Schulen entschieden sich dafür, auf der gesamtschulischen Systemebene anzusetzen und den Gestaltungsspielraum des Schulprojekts dazu zu nutzen, den Religionsunterricht in ihrer Schule insgesamt auf neue Beine zu stellen:

- *Schule A: konfessionell-kooperativer Religionsunterricht mit Lehrkräftewechsel nach Schuljahresende*
  Die evangelischen, katholischen und weitere angemeldete Schüler:innen einer Klasse werden im Religionsunterricht gemeinsam unterrichtet. Der Unterricht wird entweder von der evangelischen Lehrkraft oder von der katholischen Lehrkraft gehalten. Zum Schuljahresende soll ein Lehrkräftewechsel erfolgen, so dass die konfessionell heterogene Lerngruppe im nächsten Jahr von der Lehrkraft der »anderen« Konfession unterrichtet wird. Bei dreijährigen Ausbildungsberufen unterrichtet, in Abhängigkeit von der konfessionellen Verteilung der Klasse, die konfessionelle Lehrkraft der Majorität zwei Jahre und die konfessionelle Lehrkraft der Minorität ein Jahr. Wenn die konfessionell-gemischte Gruppe mehr als 25 Schüler:innen umfasst, wird die Klasse konfessionell getrennt beschult.

- *Schule B: konfessionell-kooperativer Religionsunterricht mit Lehrkräftewechsel im Bildungsgang*
  Die evangelischen, katholischen und weitere angemeldete Schüler:innen einer Klasse werden im Religionsunterricht gemeinsam unterrichtet. Der Unterricht wird entweder von der evangelischen Lehrkraft oder von der katholischen Lehrkraft gehalten. Auf die teilweise jahrgangsübergreifende Zusammenlegung von verschiedenen Klassen, um die Mindestgruppengröße zum Zustandekommen des Religionsunterrichts der Minderheitskonfession zu erreichen, kann daher verzichtet werden. Die Verteilung der Religionsstunden orientiert sich proportional an der Konfessionszugehörigkeit der Schüler:innen. Ein Lehrer:innenwechsel im Bildungsgang wird angestrebt, so dass alle katholischen und evangelischen Schüler:innen während ihrer Berufsschulzeit mindestens ein Jahr durch eine Religionslehrkraft »ihrer« Konfession unterrichtet werden.

- *Schule D: konfessioneller Religionsunterricht in[4] erweiterter Kooperation*
Die evangelischen, katholischen und weitere angemeldete Schüler:innen einer Klasse werden im Religionsunterricht gemeinsam unterrichtet. Der Unterricht wird entweder von der evangelischen Lehrkraft oder von der katholischen Lehrkraft gehalten. Auf die teilweise jahrgangsübergreifende Zusammenlegung von verschiedenen Klassen, um die Mindestgruppengröße zum Zustandekommen des Religionsunterrichts der Minderheitskonfession zu erreichen, *kann* daher verzichtet werden. Aufgrund der geringen Zahl evangelischer Schüler:innen an der Schule wird auf einen Lehrkräftewechsel verzichtet. Vielmehr wird davon ausgegangen, dass die evangelische Lehrkraft eine Lerngruppe mit mehrheitlich katholischen Schüler:innen unterrichtet. Die Verteilung der Religionsstunden orientiert sich proportional an der Konfessionszugehörigkeit der Schüler:innen, so dass auch Religionsunterricht der Minderheitskonfession angeboten werden kann. In Klassen ohne evangelische Schüler:innen wird weiterhin katholischer Religionsunterricht erteilt.

An vier weiteren Schulen entschieden sich die Projektlehrkräfte dazu, die neue Organisationsform zunächst für einzelne Klassen oder Ausbildungszweige zu erproben. Den Konzepten ist ebenfalls gemeinsam, dass sie eine engere Wechselwirkung zwischen den Projektlehrkräften vorsahen.
- *Schule C: Projektorientierter Religionsunterricht in phasendifferenzierter konfessioneller Kooperation*
Die Lehrkräfte dieser Schule wollten an die in ihrer Unterrichtspraxis etablierte Praxis projektorientierten Arbeitens anknüpfen. Die intendierte Perspektivverschränkung sollte über eine anspruchsvolle Phasenstruktur mit mehrfachem Wechsel in der Unterrichtsform erreicht werden. In einer ersten Projektphase unterrichten die Lehrkräfte Schüler:innen »ihrer« Konfession getrennt voneinander. In einer zweiten Projektphase erfolgt ein Lehrkräftewechsel, so dass die Schüler:innen durch die Lehrkraft der jeweils anderen Konfession unterrichtet werden. In einer dritten Phase werden die Gruppen zusammengelegt; der Unterricht erfolgt nun im Team-Teaching.

---

4 Dieses Variante von BRU ist nicht mit dem ähnlich titulierten Modell RUmeK zu verwechseln. An bayerischen Grund- und Mittelschulen wird gegenwärtig für Kontexte, in denen aufgrund einer zu kleinen Schüler:innenanzahl einer Konfession keine pädagogisch sinnvolle Lerngruppe eingerichtet werden kann, das Modell »Religionsunterricht *mit* erweiterter Kooperation (RUmeK)« erprobt. Hierbei muss der Religionsunterricht jedoch von einer Religionslehrkraft unterrichtet werden, die der Mehrheitskonfession der Lerngruppe angehört.

- *Schule E: Konfessionell-kooperativer Religionsunterricht mit durchgängigem Team-Teaching und konfessioneller Religionsunterricht in erweiterter Kooperation*

  An dieser Schule, in der aufgrund ausgesprochen geringen Anzahl evangelischer Schüler:innen bislang kein evangelischer Religionsunterricht angeboten wurde, kam im Rahmen des StReBe-Projekts erstmals eine *evangelische* Religionslehrkraft mit vier Wochenstunden zum Einsatz. Um trotz dieses geringen Stundenmaßes möglichst viele Schüler:innen der Minoritätskonfession zu erreichen, unterrichtete diese zum einen eine konfessionell-gemischte Schüler:innengruppe im Team-Teaching mit einer katholischen Lehrkraft. Zum anderen wurde auch hier das Konzept des konfessionellen Religionsunterrichts in erweiterter Kooperation erprobt.

- *Schule G: konfessionell-kooperativer Religionsunterricht mit durchgängigem Team-Teaching*

  Die evangelischen, katholischen und weitere angemeldete Schüler:innen einer Klasse werden im Religionsunterricht gemeinsam unterrichtet. Der Unterricht wird durchgängig von *zwei Lehrkräften* beider Konfessionen als Team-Teaching gehalten. Dadurch wird organisatorisch abgesichert, dass keine Lehrkräftestunden verloren gehen. Allerdings muss die Schulleitung zwei Lehrkräfte für eine Schulklasse einplanen. Folglich wird das Konzept lediglich in einem Berufszweig erprobt. Die Religionsnote richtet sich nach der Konfession der Schüler:innen.

- *Schule H: Konfessionell-kooperativer Religionsunterricht mit Lehrkräftetausch im Schulhalbjahr*

  An dieser Schule ist ein:e evangelische:r Pfarrer:in im Umfang von vier Wochenstunden tätig. Im ersten Schulhalbjahr unterrichtet sie die evangelischen und katholischen Schüler:innen einer Klasse, im zweiten Schulhalbjahr übernimmt dann die katholische Lehrkraft diese gemischt-konfessionelle Gruppe.

Aufschlussreich sind die organisatorischen Gründe, die dazu führen, dass Projektlehrkräfte sich für einen eher punktuellen Umbau entscheiden. Erstens sind lokal etablierte Arbeitsformen wie projektorientiertes Arbeiten zu nennen, die, gemeinsam durchgeführt, jedoch zusätzlich an Komplexität gewinnen (Schule C). Zweitens sind in Schulen, in denen die Minoritätskonfession lediglich mit wenigen Stunden von kirchlichen Lehrkräften erteilt wird (Schulen E und H), die Spielräume von vornhinein begrenzt. Hier kommt erschwerend hinzu, dass die mit Einzelstunden eingesetzten Religionslehrkräfte durch ihre Haupttätigkeit im Pfarramt oder an anderen Schulen kaum Flexibilität in ihrer Zeitplanung haben. Besonders an Schule E, wo bislang lediglich Religionsunterricht der Majoritätskonfession erteilt wurde, ist die projektbedingte Einführung des Religionsunterrichts der Minoritätskonfession für die betroffenen Lehrkräfte der Majoritätskonfession mit höherem Aufwand und veränderten Routinen verbunden. Drittens ist zu bedenken, dass die Zusammenlegung von Klassen potenziell mit einem Verlust an Lehrkräftestunden einhergehen kann. Davon sind kirchliche Lehrkräfte in besonderer Weise betroffen, da diese wegfallenden Religionsstunden nicht durch den vermehrten Einsatz in anderen Fächern kompensieren können (Schule G).

Schließlich muss berücksichtigt werden, dass bei allen bislang vorgestellten Alternativmodellen (nach Möglichkeit parallel) das Ersatzfach Ethik als Wahloption für Schüler:innen angeboten wird. In mehrfacher Hinsicht fällt *Schule F* aus dem Rahmen, weil hier vor dem StReBe-Projekt Religions- und Ethikunterricht als ein an alle Schüler:innen adressiertes Unterrichtsfach angeboten wurde. Da dieser Unterricht im Klassenverband erteilt wurde, ging es bei der Weiterentwicklung dieses Organisationskonzepts nicht um organisatorische Erleichterungen, sondern darum, das Fachangebot wieder in Einklang mit den rechtlichen Rahmenbedingungen zu bringen. Dabei wurde besonders darauf geachtet, dass die Stärken der bisherigen Organisationspraxis auch in dem modifizierten Konzept zum Tragen kommen. Die maßgebliche Veränderung lag darin, dass nun auch diese Schule einen Ethikunterricht anbietet. Dadurch entspricht die modifizierte Organisationsform dem Konzept eines *konfessionell-kooperativen Religionsunterrichts mit Lehrkräftewechsel im Bildungsgang*: Evangelische, katholische und weitere angemeldete Schüler:innen einer Klasse werden im Religionsunterricht gemeinsam unterrichtet. Der Unterricht wird entweder von der evangelischen Lehrkraft oder von der katholischen Lehrkraft gehalten. Ein Lehrer:innenwechsel im Bildungsgang wird angestrebt, so dass alle katholischen und evangelischen Schüler:innen während ihrer Berufsschulzeit mindestens ein Jahr durch eine Religionslehrkraft »ihrer« Konfession unterrichtet werden. Zusätzlich soll das interreligiöse und weltanschaulich-dialogische Profil dieses konfessionell-kooperativen Religionsunterrichts gestärkt werden, indem eine Einladungskultur von nicht- und andersreligiösen Schüler:innen aktiv gefördert wird und Kooperationen mit Ethiklehrkräften eingeplant werden.

6.3   Die Phase der Konzepterprobung: die Coronapandemie als Stresstest organisatorischer Gestaltungsformen

Die ursprüngliche Planung des StReBe-Projekts sah eine zweijährige Erprobungsphase vor. Dadurch sollte den Schulen die Gelegenheit eingeräumt werden, das im ersten Projektschuljahr 2020/2021 implementierte Konzept zu modifizieren, um dann im darauffolgenden Schuljahr 2021/2022 das verfeinerte Konzept zu erproben. Allerdings wurden diese Planungen durch den Einbruch der Coronapandemie durchkreuzt. Insbesondere das Schuljahr 2020/2021 wurde erheblich von Schulschließungen und Schutzmaßnahmen beeinträchtigt, mit einem erheblichen Anteil an Online-Unterricht und Schutzbestimmungen, die darauf zielten, Ansteckungsmöglichkeiten durch stabile Gruppenzusammensetzungen gering zu halten.

Um die Auswirkungen der Pandemie auf die lokalen Organisationskonzepte bereits vor dem Schuljahreswechsel zu erfassen, wurde zwischen März und Mai 2021 eine Zwischenerhebung (ZE) durchgeführt. Es wurden über eine Zoom-Videozuschaltung insgesamt acht Interviews geführt, je eines mit den am jeweiligen StReBe-Konzept beteiligten Religionslehrkräften. Auch diese Interviews wurden inhaltsanalytisch ausgewertet, mit den Pandemiewirkungen als maßgeblichem Analysegesichtspunkt. Darüber hinaus ging es darum, Erfahrungen bei der Konzeptimplementierung zu erfassen und Modifikationsbedarf zu identifizieren.

Die Gesamttendenz bei der Auswertung der Daten aus der Zwischenerhebung tritt besonders eindrücklich zutage, wenn man die Darstellung danach ordnet, ob die Organisationsveränderungen an den betroffenen Schulen auf der Ebene der Gesamtschule oder auf der Ebene von Einzelklassen vollzogen wurden. In dieser Hinsicht formt sich aus den Dateninterpretation ein bemerkenswert klares Gesamtbild.

Alle drei Schulen (A, B und D), deren Organisationskonzepte darauf zielten, den Religionsunterricht durch eine jahrgangsweise Zusammenlegung von katholischen und evangelischen Lerngruppen strukturell zu stabilisieren, sahen sich durch die Pandemieentwicklungen in ihrer Grundentscheidung bestätigt.

Beispielhaft dafür ist folgende Passage aus dem Interview mit den Projektlehrkräften von Schule B. Zunächst zieht die katholische Lehrkraft ein positives Fazit: »*Das war natürlich der große Vorteil, dass, wir mussten das jetzt nicht extra schaffen jetzt. Sondern für uns war das von vornherein diese Klassen so gebildet, d. h. ich gehe praktisch jetzt in den Transferunterricht [Distanzunterricht über eine digitale Plattform; Anm. d. Verf.], gehe ich voll in die Klasse rein, da habe ich die katholischen und evangelischen Schüler miteinander drinnen.*« (ZE/L/ka/B/ 24) Anschließend betont sie, dass insbesondere der digitale Unterricht nach dem »alten« Modell nach Konfessionen getrennter Lerngruppen schwer lösbare Hindernisse nach sich gezogen hätte: »*Wenn wir das nicht gehabt hätten, dann hätten wir ein Problem gehabt, weil nämlich die evangelischen, da wäre diese Gruppe dann separat dann wieder // [...], das wäre viel schwieriger gewesen, organisatorisch zu lösen. Das war jetzt viel einfacher.*« (ZE/L/ka/B/24) Der Aspekt der Vereinfachung wird von der evangelischen Lehrkraft, die vor dem Schulprojekt mehrheitlich klassenübergreifende und teilweise jahrgangsgemischte Lerngruppen unterrichtet hatte, vertieft und auf den pandemiebedingten

»Wechselunterricht« bezogen, bei dem ein Teil einer Klasse präsentisch und der andere Teil virtuell über den Lehrercomputer am Unterricht teilnimmt, um die Anzahl der Schüler vor Ort zu reduzieren: »*Ich denke, das Problem wäre dann vor allem auch Wechselunterricht gewesen, weil man dann wieder, man hat verschiedene Klassen bei denen ist die Hälfte da, bei dem ist die Hälfte da, und wenn dann ich auch noch die Zusammengewürfelten habe im evangelischen Religionsunterricht oder gehabt hätte, also ich glaube, da wäre das Chaos sogar noch*« (ZE/L/ev/B/25). Der abgebrochene Satz wird von der katholischen Lehrkraft aufgenommen und komplettiert: »*Das wäre jetzt genau das Problem gewesen. Da wäre das Chaos noch viel größer gewesen, weil dann hättest du mal zwei Schüler gehabt, mal den Schüler gehabt.*« (ZE/L/ev/B/26). Neben der inhaltlichen Seite sollte hier auch die affektive Ebene des Interviews zur Geltung gebracht werden: Beiden Lehrkräften ist die Erleichterung abzuspüren, durch die projektbezogene Restrukturierung des Religionsunterrichts einem organisatorischen Chaos bei der Pandemiebeschulung entronnen zu sein.

Sehr ähnlich äußern sich die drei Lehrkräfte der Schule A zu den Erfahrungen mit ihrem fast identischen Organisationskonzept eines konfessionell-kooperativen Religionsunterricht mit Lehrkräftewechsel nach Schuljahreswechsel. Die für die Stundenplanung verantwortliche Religionslehrkraft betont, dass die Durchführung ihres Organisationskonzepts nicht von der Pandemie beeinträchtigt wurde: »*Aus meiner Sicht sind wir heilfroh! […] Corona hat niemand vorhergesehen, es hat uns sehr viele Spielräume eröffnet, wir mussten gar nichts umstellen, wir konnten dieses Konzept eins zu eins weiterfahren.*« (ZE/L/ev/A/13). Die Vertiefungsfrage, ob es auch einen Mehrwert des Konzepts unter den schulischen Realitäten während der Corona-Schutzmaßnahmen gegeben habe, wird von der Lehrkraft mit Nachdruck bejaht. An ihrer Schule seien die Lehrkräfte angehalten gewesen, »*keine Gruppenvermischungen vorzunehmen*« (ZE/L/ev/A/ 19). Vor dem StReBe-Projekt habe der nach Konfessionen getrennte Religionsunterricht nur durch Klassenkoppelungen in allen Ausbildungszweigen angeboten werden können. Diese Organisationsstruktur wäre unter Pandemiebedingungen kaum realisierbar gewesen. Die evangelische Lehrkraft formuliert noch deutlicher: »*Das wäre jetzt überhaupt nicht bei uns an der Schule umsetzbar mit Klassenkopplungen und dann noch […] mit Wechselunterricht, Distanzunterricht, das ist jetzt sowieso schon auch immer wieder eine Herausforderung, welche aus den Hybridunterricht ist anwesend, welche Schüler. Die Gruppen werden ja nicht nach Religion gebildet*« (ZE/L/ev/A/19). Auch wenn das neue Organisationsmodell nicht alle Probleme hybriden Unterrichtens löse, habe es »*organisatorisch unter Corona-Bedingungen, aber auch denke ich inhaltlich einen Mehrwert*« (ZE/L/ev/A/19). Dieser Mehrwert wird anschließend positiv wie abgrenzend erläutert: »*Man hat eine stabile Lerngruppe, mit denen man kontinuierlich weiterarbeiten kann, einigermaßen, und alles andere wäre jetzt eine*

Flickschusterei, wie wir es letztes Jahr zum Jahresende hatten. Da war das Konzept schon teilweise umgesetzt, aber nicht überall, aber da musste überall improvisiert werden, und das hat zu starken Verschleißerscheinungen bei den Schülern und aber auch bei den Lehrern [geführt].« (ZE/L/ev/A/19) Bemerkenswert ist seine Einschätzung, dass die im Schulprojekt vorgenommenen Änderungen bei fortdauerndem Pandemieverlauf auch ohne den unmittelbaren Projektzusammenhang alternativlos seien: »*Also unter Corona-Bedingungen, wenn sich das nächstes Jahr fortsetzt, müsste man bei unseren Rahmenbedingungen auch ohne das Projekt das StReBe-Modell zwingend durchführen.*« (ZE/L/ev/A/19)

Knapper, aber mit ebenfalls eindeutigem Ergebnis, wird dieser Zusammenhang im Zwischeninterview mit den Lehrkräften von Schule D thematisiert. Die organisatorische Vereinfachung habe sich, so das Fazit beider Projektlehrkräfte, während der Pandemie besonders bewährt. Die evangelische Lehrkraft summiert: »*Keine klassenübergreifenden Gruppen, ja, macht das Ganze schon einfach.*« (ZE/L/ev/D/23)

Während der Mehrwert des weitgehend gewahrten Klassenzusammenhangs in diesen Interviews vor allem unter dem Aspekt der Durchführbarkeit thematisiert wurde, gehen die Religionslehrkräfte der Schule F auch auf die atmosphärische und didaktische Dimension des Religionsunterrichts ein. Zwar sei die Umstellung auf Distanzunterricht in der Lockdown-Phase auch für die Religions- und Ethikfachschaft ihrer Schule eine große Herausforderung gewesen. Es habe, erläutert die katholische Projektlehrkraft, »*irgendwie so ein paar Wochen gedauert, bis sich dann wirklich mal so Videokonferenzen etabliert hatten*« (ZE/L/ka/F/27). Da sich »*fast alle*« einschließlich der nicht-christlichen Schüler:innen für den konfessionell-kooperativen und weltanschaulich-dialogischen Religionsunterricht mit Lehrkräftewechseln, an dieser Schule REL genannt, entschieden hätten, seien keine komplizierten Gruppenbildungsprozesse nötig gewesen: »*Und das ist ein riesen Vorteil, weil wir setzten eine Videokonferenz an, die sind alle da.*« (ZE/ L/ka/F/27) Danach reflektiert die Lehrkraft die atmosphärischen Auswirkungen der gewahrten Klassengemeinschaft im Distanzunterricht: »*Im Präsenzunterricht sieht man den Schüler, man schaut ihn an, man sieht die Mimik und Gestik und der Schüler spricht. Und im Distanzunterricht was zu sagen, hat man das Gefühl gehabt, hatten die Schüler eine viel größere Hemmschwelle. Und REL hat einfach dazu geführt, dass sie wussten, ok das sind die Leute die ich kenne, die ich relativ gut kenne und das hat einfach auch dazu geführt, dass die da einfach frei sprechen konnten*« (ZE/L/ka/F/27).

Auch die evangelische Lehrkraft führt aus, dass eine Aufteilung in konfessionelle Lerngruppen im Distanzunterricht eine kaum bewältigbare Komplexität verursacht hätte: »*Ich glaube nicht, dass das überhaupt technisch dann händelbar wäre, weil so eine Summe an Teams entstehen würde, das würde dann für die Schüler glaube ich auch komplex werden. Und deswegen glaube ich, dass von der*

Organisation im Distanzunterricht das eigentlich ein Geschenk ist, dass wir derzeit so arbeiten dürfen« (ZE/L/ev/F/28). Im weiteren Gesprächsverlauf kommt die Lehrkraft dann auf die didaktischen Potenziale des Arbeitens im Klassenverband zu sprechen. Sie rekapituliert eine Unterrichtssituation, in der eine muslimische Schülerin die Kamera anschaltete, um ihren Mitschüler:innen zu zeigen, wie hart das Fasten in den ersten Tagen des Ramadan ihr zusetzt. Daraufhin seien manche christliche Mitschüler:innen *»darauf gekommen, ja ich habe auch gefastet, also in der christlichen Fastenzeit, das war auch recht übel, aber halt nicht in den Maße anstrengend, sondern ich habe halt auf Süßigkeiten verzichtet«* (ZE/L/ev/F/46). Hier zeigt sich für die Lehrkraft der didaktische Mehrwert des Arbeitens im Klassenverband: *»Man sieht Gemeinsamkeiten, aber halt einfach auch Unterschiede, und das ist wirklich der große // das was nicht nur wir Lehrer jetzt hier schön reden wollen; sondern das wird auch von den Schülern wahrgenommen und ich finde, das zeigt sich einfach, dass sich die Schüler auch in dieser Lerngruppe, die halt einfach häufig der Klassenverband ist, sich wohlfühlen, sich auch gegenseitig für einander interessieren, weil sie einfach acht oder neun weitere Stunden gemeinsam Unterricht haben.«* (ZE/L/ev/F/46) Es ist deutlich, dass die Lehrkraft sich eine weitergehende Öffnung wünscht, als dies in konfessionell-kooperativen Ansätzen vorgesehen ist. Sie führt dafür zwei Begründungen ins Feld: Zum einen werde dadurch die Pluralität religiös-weltanschaulicher Perspektiven für die gesamte Klasse wahrnehmbar und kommunizierbar. Zum anderen steige der Wohlfühlfaktor, weil der Austausch in der gewachsenen Klassengemeinschaft eingebettet ist.

Bemerkenswert anders sind die Erfahrungen aus denjenigen Projektschulen, die auf engere kooperative Formen der Zusammenarbeit auf der Ebene von Einzelklassen gesetzt haben. Besonders ernüchtert äußern sich die Lehrkräfte von Schule G, die sich vorgenommen hatten, in ihrem konfessionell-kooperativen Organisationskonzept durchgängig in Team-Teaching zu unterrichten. Die evangelische Lehrkraft blickt zurück: *»Diese grundsätzliche Idee des Team-Teaching ist nice to have, sicherlich und es hat sehr viele Vorteile, allerdings nur in unseren Köpfen, denn wirkliche praktische Erfahrungen können wir so nicht wirklich berichten. Denn da hat uns einfach der Lockdown schlicht und ergreifend einen Strich durch die Rechnung gemacht. Und so ganz zur Entfaltung kam diese Idee wie gesagt nicht.«* (ZE/L/ev/G/12) Die katholische Lehrkraft bestätigt, dass das Konzept nicht einmal in Ansätzen zur Entfaltung kommen konnte: *»Also unterm Strich es war, ich will nicht sagen ein Jahr für die Katz, das wäre jetzt zu dramatisch, aber von den ganzen StReBe-Projekt faktischer Nutzen, null. Also das heißt dieses Konzept konnte in diesem Jahr nicht erprobt werden. War einfach so.«* (ZE/L/ka/G/27)

Auch die Lehrkräfte der Schule H, die für eine Klasse eine konfessionelle Kooperation mit Lehrkräftetausch im Schulhalbjahr vorsahen, reflektieren vor allem die negativen Auswirkungen der organisatorischen Umstellungen. Schwierig sei vor allem gewesen, dass der Schulhalbjahreswechsel in eine Phase des Distanzunterrichts fiel. Da die Schüler:innen fast durchgängig ihre Kameras ausgeschaltet ließen, hätten sie als Lehrer:innen, wie die evangelische Projektlehrkraft ausführt, »*bei den Wechsel aufgrund der Corona-Situation die Schüler ja nie zu Gesicht bekommen. Also die zweite Gruppe war für uns beide dann einfach halt total fremd, also wir haben eine neue Gruppe bekommen, online, die wir gar nicht kennen*« (ZE/L/ev/H/12). Die katholische Lehrkraft ergänzt einen weiteren Aspekt. Die organisatorische Umstellung zum Schulhalbjahr sei für die Schüler:innen verwirrend gewesen, was erheblichen Erklärungs- und Plausibilisierungsbedarf nach sich gezogen habe: »*Am Anfang hatten wir ja auch gemerkt dann, vor allem im Online, [...] dann ist wieder jemand falsches dabei. ›Ach, ich bin in der falschen Gruppe!‹ Und muss dann doch wieder wechseln und so, ne. Ja das ging dann mit der Zeit schon. Aber man musste ihnen gut erklären, warum man das macht, zu welchen Zweck und eben was bedeutet auch StReBe und so.*« (ZE/L/ka/H/20).

Dass auch das Organisationskonzept von Schule C durch die Pandemiebedingungen erschüttert wurde, überrascht nicht – ist doch projektartiges Lernen in besonderer Weise auf Präsenz und Lernortwechsel angewiesen. Dennoch berichten die Lehrkräfte, dass sie immerhin den dreiphasigen Aufbau hätten im Distanzunterricht umsetzen können: »*Und die ersten Eindrücke dadurch, dass das digital vonstattenging, muss man sagen, ok wir mussten uns unser eigenes Team dann basteln. Einmal Team A, Team B und dann auch noch Team A B.*« (ZE/L/ev/C/13) Nachdem sie dann noch das Thema der Unterrichtsform angepasst hatten (»*Umgang im Netz*«), habe »*das super geklappt, also die Schüler waren aktiv dabei, es war abwechslungsreich, was wir gemacht haben [...]. Das Feedback von den Schülern war positiv*« (ZE/L/ev/C/13). Allerdings schränkt die evangelische Lehrkraft dann ein: »*Was noch gänzlich fehlt, so wir haben uns ja auf die Fahne geschrieben diesen Projektcharakter, den wir ausarbeiten wollen. Das geht jetzt momentan nicht so richtig, weil wir hatten ja wirklich mit Ausflügen und mit Stadtrundgängen und mit allen möglichen Debatten, was ja unter der Pandemie jetzt gar nicht funktioniert, also da brauchen wir dann auch eine digitale Lösung, womöglich.*« (ZE/L/ev/C/14) Die katholische Lehrkraft bekräftigt diesen Punkt. Bei dem intendierten »*Religionsunterricht mit Projektcharakter*« liege »*der Charme [...] halt dann auch auf der gemeinsamen handlungsorientierten Unterrichtseinheit*« (ZE/L/ka/C/27). Sie hofft daher, dass am Ende der nächsten Themeneinheit zu »*christlicher Lebenspraxis*« in den Sommermonaten mehr möglich ist. Jedoch sei »*das alles [...] halt von totaler Unsicherheit geprägt*« (ZE/L/ka/C/27).

Die Lehrkräfte von Schule E verbalisieren keine explizit organisatorischen Auswirkungen der Corona-Pandemie auf ihr erprobtes StReBe-Konzept. Einzig auf der Ebene der Unterrichtsvorbereitung und Didaktik scheinen sich für die katholische Lehrkraft im konfessionell-kooperativen Team-Teaching spürbare Veränderungen zu ergeben, »*weil man einfach wirklich ganz viel eigenständig arbeiten lässt, weil es einfach online, technisch leichter ist.*« (ZE/L/ka/E/18)

So gesehen ergibt sich ein eindeutiges, wenn auch erwartbares Gesamtbild: Lehrkräfte derjenigen Schulen, die bei ihren Umstellungen die Komplexität der Gruppenbildung reduziert haben, geben durchgängig an, dass die neu eingeführten Organisationsformen den konfessionellen Religionsunterricht unter Corona-Bedingungen gestärkt, stabilisiert oder sogar allererst ermöglich hätten. Dagegen mussten Lehrkräfte derjenigen Schulen, die anspruchsvollere Kooperationsformen wie Team-Teaching oder Lehrkräftewechsel im Schulhalbjahr geplant hatten, durch die pandemiebedingten Einschränkungen erhebliche Einbußen in Kauf nehmen bzw. die intendierten Umstellungen ganz verwerfen.

Nun dürfen die Erfahrungen während der Sondersituation der Pandemie nicht generalisiert werden. Sehr viele Formen konfessionellen Religionsunterrichts sind in den Jahren der Corona-Krise an Grenzen gestoßen. Daher war es wichtig, dass das StReBe-Projekt verlängert wurde, um die Leistungsfähigkeit der implementierten Konzepte unter regulären Schul- und Unterrichtsbedingungen zu evaluieren. Bevor nun die Ergebnisse der Abschlussevaluation dargestellt und reflektiert werden, sei schon jetzt die grundlegende Tendenz vorweggenommen, weil sie auch eine abschließende Einordnung der Befunde aus der Zwischenergebung erlaubt. Wie sich nun zeigen wird, kann die Pandemielage bei all ihrer Außergewöhnlichkeit rückblickend geradezu als Stresstest für die organisatorische Stabilität des jeweils erprobten Organisationskonzepts angesehen werden.

6.4 Auf der Systemebene ansetzen und es möglichst einfach halten. Erträge der Auswertungsphase

Die Evaluationserhebung (EE) wurde zwischen März und Mai 2022, also ca. ein Jahr nach der coronabedingten Zwischenerhebung durchgeführt. Das Forschungsdesign orientierte sich an dem der Basiserhebung. Da die Gesamtanlage der Studie im Methodenkapitel ausführlicher dargelegt wurde, reicht es an dieser Stelle, die Eckdaten zu rekapitulieren. Besonders zentral für die Auswertung sind die 15 Expert:inneninterviews, die mit den verantwortlichen Lehrkräften der acht Projektschulen geführt wurden. An einer Schule schied eine Projektlehrkraft unmittelbar nach dem Zwischeninterview aus, ohne dass es der Schule gelang, die freigewordene Stelle zum neuen Schuljahr zu besetzen. Daher konnte an dieser Schule nur ein Lehrkräfteinterview durchgeführt werden. Hinzu kamen weitere acht Expert:inneninterviews mit den Schulleitungen der am Projekt beteiligten

Schulen. Um auch hier Perspektiven der Schüler:innen einzufangen, wurden diese in insgesamt 13 Fokusgruppeninterviews nach ihren Erfahrungen mit dem im Sinne des jeweiligen StReBe-Konzepts gestalteten Religionsunterrichts befragt. Da die in der Basiserhebung befragten Schüler:innen zum Zeitpunkt der Evaluationserhebung bereits ihren Bildungsgang an der Berufsschule abgeschlossen hatten, war eine Personenidentität hier weder möglich noch angestrebt. Zudem muss berücksichtigt werden, dass viele der interviewten Schüler:innen ausschließlich den Religionsunterricht nach dem StReBe-Konzept erlebt haben, ein Vorher-Nachher-Vergleich also in den meisten Fällen nicht möglich ist.

Für die qualitativ-inhaltsanalytische Auswertung waren fünf Hauptkategorien ausschlaggebend: Erstens wurde untersucht, inwiefern das neu eingeführte StReBe-Modell die davor prekär gewordene *Organisation* des Religionsunterrichts verbessert hat. Zweitens stellte sich die Frage, wie sich die organisatorische Neustrukturierung auf die an vielen Schulstandorten infolge der Organisationskomplexität verschlechterte *Reputation* des Religionsunterrichts ausgewirkt hat. Einen dritten Analysegesichtspunkt bildeten mit der organisatorischen Rekonzeptionierung verbundenen *didaktischen Potenziale und Grenzen*. Ein vierter Fokus lag auf den *bleibenden Herausforderung*en bei der Organisation des Religionsunterrichts, die durch die implementierten Konzepte entweder nicht gelöst oder überhaupt adressiert wurden. Auf einer etwas anderen Ebene ist die eigens erhobene *Perspektive der Schüler:innen* zu verorten. Während in den Expert:inneninterviews die Auswirkungen der organisatorischen Umgestaltung des Religionsunterrichts direkt adressiert werden konnten, ist dies aus oben genannten Gründen in den Interviews mit der Schüler:innen nicht möglich, die folglich nur indirekt auf die StReBe-Konzepte bezogen werden können.

6.4.1 Eher positiv evaluierte Konzepte

Die Darstellung folgt auch hier der bereits oben eingeführten Unterscheidung: Zunächst werden diejenigen Konzepte ausgewertet, die auf der Ebene der Gesamtschule ansetzen und sich organisatorisch im Sinne des konfessionell-kooperativen Religionsunterrichts an konfessionsgemischten Lerngruppen orientieren. Nachdem die Intention von Schule A, in jedem Schuljahreswechsel einen Lehrkräftetausch durchzuführen, sich nicht umsetzen ließ, blieben letztlich zwei Grundformen übrig: Im Konzept der *konfessionellen Kooperation im Bildungsgang* (Schulen A und B) wird gewährleistet, dass bei konfessionell gemischten Lerngruppen evangelische und katholische Schüler:innen mindestens ein Schuljahr von einer Lehrkraft ihrer Konfession unterrichtet werden. Da ein solcher Wechsel für Schulen in starken konfessionellen Diasporakontexten nicht durchführbar ist, hat sich Schule A für das Konzept eines *Religionsunterrichts in erweiterter Kooperation* entschieden. In dieser Organisationsform werden konfessionell heterogene Lerngruppen von Lehrkräften entweder der Majoritäts- oder der Minoritätskonfession unterrichtet, ohne dass ein Lehrkräftetausch im Bildungsgang vorgesehen ist.

Wie sich bereits in der Zwischenerhebung andeutete, werden die *schulorganisatorischen Auswirkungen* dieser Konzepte von den interviewten Schulleitungen und Lehrkräften bis auf einen Aspekt durchgängig positiv bewertet. Die Schulleitung von Schule A zieht wie folgt Fazit: »*Gruppenbildung ist deutlich einfacher geworden, weil man diese Teilung zwischen katholischem und evangelischem Religionsunterricht halt nicht mehr hat, sondern die Klasse bleibt in sich zusammen geschlossen in der Gruppe. Also wir haben ja teilweise, wenn ich jetzt in den gewerblichen Bereich mal reingehe, da haben wir teilweise nur zwei, drei evangelische Schüler drin. Der Rest ist katholisch. Und die zwei drei Schüler rauszunehmen ist halt immer ungut, weil die gehen dann in eine andere Gruppe rein und da ist dieses Gemeinschaftsgefühl einfach nicht so da, wie in der eigenen Klasse. Also das pädagogische Umfeld ist einfach deutlich besser.*« (EE/SL/B/21)

Bereits hier fällt auf, dass die positiven Auswirkungen von den Schulleitungen nicht ausschließlich unter dem Aspekt des verminderten Verwaltungsaufwands thematisiert werden. Vielmehr werden sie, wie auch im Folgenden von der Leitung der Schule A im Blick auf den konfessionell-kooperativen Religionsunterricht im Bildungsgang, multifaktoriell gedacht: »*Das ist also organisatorisch für uns wesentlich einfacher geworden, und damit glaube ich eben, dass wir [...] mehr Möglichkeiten haben konfessionengebunden, jetzt halt übergreifend, anzubieten als sonst, weil irgendwo hätten wir aufgegeben, noch irgendeine Klasse zu finden, damit wir wenigstens fünf Schüler zusammen bekommen. Und es hat auch nicht unbedingt einen Sinn jetzt da IT-Leute und Maler zusammenzuschalten, bloß weil sie in der gleichen Jahrgangsstufe sind.*« (EE/SL/A/13)

Die Schulleitung streicht damit heraus, dass die organisatorische Vereinfachung dem Fach selbst zugutekommt. Bei einer konfessionell getrennten Beschulung wäre die Unterrichtsabdeckung aufgrund der kleiner werdenden Gruppen deutlich geringer ausgefallen. Hinzu kommt, dass der früher für die Schüler:innen der Minoritätskonfession angebotene klassenübergreifende Unterricht im Berufsschulkontext auch mit didaktischen Nachteilen verbunden ist, da sich der für diese Schulart konstitutive Berufsbezug deutlich heterogener gestaltete.

Ähnlich äußert sich die Leitungsperson von Schule D im Blick auf den eingeführten konfessionell-kooperativen Religionsunterricht im Bildungsgang – und hat dabei besonders die Schüler:innen der Minoritätskonfession im Blick: »*Also, wenn man Repräsentation der Minoritätskonfession nimmt, dann ist das eigentlich ein ganz wichtiger Aspekt gerade in unserer Region, wo [...] die Pro-*

testanten ja in der Minderheit sind, und wir in der glücklichen Lage sind, [...] eine evangelische Religionslehrerin zu haben. Aber die kann oder könnte letztendlich nicht alles abdecken. Damit würde natürlich für viele evangelische Schüler der Religionsunterricht, der konfessionsgebundene Religionsunterricht ausfallen und sie könnten zwar mit Zustimmung im katholischen Konfessionsunterricht teilnehmen, aber so ist es natürlich ganz anders, weil natürlich beide Seiten beleuchtet werden. Also das ist ein ganz ganz großer Vorteil hier bei uns.«* (EE/SL/D/ 16)

Auch hier wird deutlich, dass Schulleitungen die Organisation des Religionsunterrichts nicht allein unter administrativen Gesichtspunkten gestalten. Vielmehr hebt diese Leitungsperson auf einen doppelten pädagogischen Mehrwert des Unterrichts in konfessionell gemischten Gruppen ab: Zum einen würden dadurch auch die evangelischen Berufsschüler:innen die im regionalen Einzugsgebiet der Schule klar in der Minderheit auf Schulebene mit immerhin einer Lehrkraft ihrer Konfession repräsentiert. Zum anderen ändert sich durch die erweiterte Kooperation die Gesamtanlage des Religionsunterrichts, weil nun im Sinne von Multiperspektivität »*beide Seiten beleuchtet werden*«.

Kongruent dazu betont die evangelische Lehrkraft dieser Schule wiederholt die organisatorische Erleichterung, die das neue Konzept für sie bedeutet: »*Organisatorisch ist es viel, viel leichter, muss man einfach sagen.*« Um diese Erleichterung anschaulich zu machen, vergegenwärtigt sie noch einmal die Probleme, mit denen sie vor der Implementierung des Religionsunterrichts in erweiterter Kooperation zu kämpfen hatte: »*Also vorher habe ich ja die letzten Jahre wirklich darum ringen müssen, dass ich überhaupt noch eine Stunde hatte. Hier in der Gastronomie hat es überhaupt nicht mehr funktioniert. Obwohl wir im Juli eine Abfrage gemacht haben, wer welche Konfession und wohin gehen möchte im nächsten Jahr. Dann hätten wir versucht, Gruppen zu bilden, und auch da haben wir es tatsächlich nicht mehr geschafft, fünf Schüler in eine Klasse zu bekommen, die evangelisch sind. Haben wir nicht mehr hinbekommen. Und dann hat es sich so ausgeweitet, dass wir ja KFZ, Elektro die Blöcke harmonisiert haben und dann versucht haben, die Evangelischen alle in den A-Block reinzulegen und dann hatte ich aus sechs Klassen dann eine Gruppe mit evangelischen Schülern. Das war dann der Erfolg war natürlich mit viel Aufwand für mich verbunden. Das heißt an die Hauptstelle, ich hatte einen hohen Hub, weil es war nur im A-Block. B, C dann wieder nix. War schwierig dann, wenn in der KFZ-Abteilung Stunden verschoben worden sind durch Krankheitsausfälle bei Kollegen oder irgendwas, weil ja mein Stundenplan hier unfixiert war. Also organisatorisch wirklich deutliche Erleichterung.*« (EE/L/ev/D/23)

Als weiterer Vorzug führt die für die Stundenplanung zuständige Religionslehrkraft von Schule A die höhere Flexibilität bei der Lehrkräftezuordnung auf: »*Da ist man jetzt mit diesem Modell sehr viel flexibler, weil man einfach auch dann sagen kann, ok da passt eine Stunde dann auch diese Klasse, die ist noch unversorgt. und dann nehme ich die einfach, auch wenn jetzt vielleicht sogar mehrheitlich katholische Schüler drin wären.«* (EE/L/ev/A/23). Aus religionspädagogischer Perspektive ist diese Argumentation durchaus ambivalent: Auf der einen Seite ist es im verfassungsrechtlichen Rahmen eines konfessionellen Religionsunterrichts nicht unproblematisch, wenn bei der Lehrkräftezuordnung pragmatische Fragen der Stundenzuteilung den Ausschlag geben. Andererseits muss dem dahinterstehenden Faktor des Lehrkräftemangels Rechnung getragen werden, zumal dieser sich in absehbar noch einmal deutlich verschärfen wird.

Allerdings gibt es aus der Sicht der Beteiligten eine organisatorische Schwierigkeit, die bislang noch nicht zufriedenstellend gelöst ist. Wie in der Basiserhebung zutage trat, war der mit dem Religionsunterricht verbundene administrative Aufwand eine der von Schulleitungen und Religionslehrkräften am deutlichsten artikulierten Beschwerden über den Religionsunterricht. Moniert wurde vor allem das unverhältnismäßig komplexe Genehmigungsverfahren für den Fall, dass Schüler:innen am Religionsunterricht eines Bekenntnisses teilnehmen wollen, der sie selbst nicht angehören. Überträgt man nun die in den kultusministeriellen Vorgaben vorgesehenen Verfahrensschritte – (1) Antrag der:des volljährigen Schülerin:Schülers bzw. der Erziehungsberechtigten, (2) ggf. Zustimmung der »annehmenden« Kirche oder Religionsgemeinschaft, (3) ggf. Zustimmung der abgebenden Kirche bzw. Religionsgemeinschaft, (4) Zulassung zur Teilnahme durch die Schulleitung – auf die beiden im Rahmen des StReBe-Projekts gesamtschulisch eingeführten Konzepte eines konzeptionell-kooperativen Religionsunterricht, ergibt sich daraus eine Antragsfülle, die schuladministrativ kaum mehr zu bewältigen ist. In Schule A, einer großen Berufsschule mit einer konfessionell paritären Schüler:innenschaft, belief sich die Zahl durch den Systemwechsel notwendig gewordenen Anträge im ersten Projektjahr im vierstelligen Bereich. Um die dringend nötige Entlastung zu schaffen, einigten sich das Kultusministerium und die verantwortlichen Kirchen auf ein modifiziertes Antragsverfahren für das Schuljahr 2021/2022. Das einschlägige Kultusministerielle Schreiben eröffnet für die acht Projektschulen die Möglichkeit eines angepassten Verfahrens, das besonders denjenigen Schulen empfohlen wird, die einen konfessionell-kooperativen Religionsunterricht mit Lehrkräftewechsel im Bildungsgang vorsehen. Das modifizierte Verfahren wird folgendermaßen erläutert (Bayerisches StMUK, KMS vom 26.6.2020, S. 3):

»Zu Beginn des Schuljahres informieren die Religionslehrkräfte die betroffenen Klassen über das StReBe-Projekt und die konkrete Umsetzung. Ist eine Antragsstellung zur Teilnahme am evangelischen bzw. katholischen Religionsunterricht gemäß den bekannten Vorgaben zu stellen, so kann dies mit Hilfe des Antragsformulars in der Anlage erfolgen. Das unterzeichnete Dokument ist im Schülerakt zu hinterlegen. Die jeweils verantwortliche (Religions-)Lehrkraft erstellt auf der Grundlage der unterzeichneten

Anträge eine Übersicht der antragsstellenden Schülerinnen und Schüler. Aufzunehmen sind Vor- und Familienname, Geburtsdatum, Bekenntnis, Klasse und die Konfession des Religionsunterrichts für den der Antrag gestellt wird. Verbunden mit der Information über die Durchführung des Schulprojekts an der jeweiligen Schule stellt die Schulleitung den Antrag zum Religionsunterricht wie bisher an das Evang.-Luth. Dekanat und das (Erz-)Bischöfliche Ordinariat. Aus dem Antrag soll das Einverständnis der unterrichtenden Lehrkräfte hervorgehen. Dies kann durch die Mitunterzeichnung des Antragsschreibens oder durch eine separate Einverständniserklärung als Anlage erfolgen. Die Schulleitung bestätigt durch ihre Unterschrift, dass die Anträge ordnungsgemäß unterzeichnet und im Schülerakt hinterlegt sind. Die Übersicht über die antragsstellenden Schülerinnen und Schüler der Berufsschule sind dem Antrag beizulegen.«

Für zeitliche Entzerrung sorgt die anschließende Bestimmung, dass die organisatorische Umsetzung der lokalen Konzepte bereits ab der Antragsstellung starten kann.

Für die betroffenen Schulen stellte das modifizierte Antragsverfahren insofern eine Erleichterung dar, als nun die Genehmigungen der Kirchen auf der Basis von Übersichtslisten eingeholt werden können. Allerdings bleibt der Aufwand insbesondere für die verantwortlichen Religionslehrkräfte beträchtlich, da sie die Zustimmung der Schüler:innen weiterhin individuell einholen und in Übersichtslisten überführen müssen. Die Schulleitungen sehen in Sachen administrative Vereinfachung ebenfalls noch Luft nach oben. Auch in der modifizierten Form gestaltet sich die Einholung der kirchlichen Genehmigungen aus der Sicht der Schulleitung von Schule D weiterhin zu aufwändig, zumal der doppelte Genehmigungsprozess ihrer (positiven) Erfahrung nach keinen substanziellen Einfluss auf das Verfahrensergebnis hat: »*Wo er [der Religionsunterricht] am Anfang des Schuljahres nach wie vor Probleme bereitet, ist dieser Papierkrieg, wenn es darum geht, wenn ein Katholischer im Evangelischen oder umgekehrt geht. Was dann sozusagen hier an die jeweiligen Kirchen gemeldet werden muss. Das ist in meinen Augen Aufblähung von irgendwelchen Dingen, weil die Kirche, solang wir es haben, hat die Kirche noch nie irgendwo Einspruch eingelegt und gesagt: ›Nein, der darf jetzt nicht in diesen Unterricht‹.*« (EE/SL/D/24)

Wie in der Basiserhebung deutlich wurde, schwächt die als unverhältnismäßig empfundene Organisationskomplexität des konfessionellen Religionsunterrichts das Standing des Faches bei der Schulleitung und im Schulkollegium, was insbesondere von den Religionslehrkräften als belastend erlebt wird. Daher ist die Frage wichtig, ob und wie sich die neu implementierten Organisationsformen auf die *Reputation des Religionsunterrichts* ausgewirkt haben. Auch hier ist die Gesamttendenz an den Schulen A, B und D eindeutig positiv. Besonders an Schule B, deren Religionslehrkräfte von einer wachsenden Missstimmung in der Schulleitung und im Kollegium berichtet hatten, hat sich die Lage im Licht der Interviews deutlich verbessert. Die evangelische Lehrkraft berichtet:

> *»Ja, die Akzeptanz bei den Lehrern ist auch vom Organisatorischen her sehr groß. Nicht nur der Religionslehrer, sondern auch der anderen Lehrer. Also die vorherige Organisationsform hat in der Schulfamilie oft sehr viel Unmut geführt, weil extra wegen Religion – […] wir hatten im Einzelfall sogar vier Klassen, die gekoppelt – alles andere darum gebastelt werden muss. Es müssen Anträge, Kreativwerkstatt und so Computerraum und so hintenangestellt werden. Da mussten Kollegen und Kolleginnen Kompromisse machen, und das war nicht immer einfach das auch zu kommunizieren, ja.«* (EE/L/ev/A/14)

Auch die Äußerungen der Schulleitungen sprechen diesbezüglich eine klare Sprache. Die Schulleitung von Schule B bestätigt ebenfalls einen projektbedingten Imagegewinn für den Religionsunterricht: *»Und für das restliche Kollegium, ich denke halt, dass im Grunde auch die Stundenplanerstellung […] einfacher geworden ist. Man muss nicht irgendwelche Dinge einbauen, die vielleicht das Unterrichten für manche Kollegen auch schwieriger macht. Diese Dinge sind weggefallen. Und es läuft einfach smarter durch, sage ich jetzt mal. Und daher ist auch eine höhere Wertschätzung da.«* (EE/SL/B/31)

Immer wieder äußern die Akteur:innen die Einschätzung, dass es dem Religionsunterricht gut tut, wenn er nicht »mehr als »organisatorischer Sonderfall« erscheint, der die gesamtschulischen Abläufe über Gebühr beansprucht. Besonders ausführlich geht die Schulleitung der Schule D auf diesen Aspekt ein: *»In Zahlen sicherlich nicht messbar, aber gefühlt ist die Akzeptanz im Kollegium gestiegen, weil naja durch den konfessionsgebundenen Unterricht die Organisation mitunter natürlich schwierig war zu Beginn des Schuljahres und dann eigentlich die Religionslehrer häufig den Stundenplan stark beeinflusst haben […]. Jetzt ist das alles kein Thema. Jetzt kann ich planen wie jeden anderen Lehrer auch, wie jede andere Unterrichtsstunde auch. Wenn ich heute das Kollegium fragen würde, ob wir das fortsetzen sollten, ich glaube wir bekämen eine Zustimmung, die nahe an die hundert Prozent geht.«* (EE/SL/D/40) Anschließend führt die Schulleitung aus, dass im Rahmen des Religionsunterrichts in erweiterter Kooperation auch Ausfälle von Religionslehrkräften leichter kompensiert werden können (EE/SL/D/41).

Wenn als nächstes die *didaktische Dimension des Religionsunterrichts* fokussiert wird, muss zunächst festgestellt werden: Die organisatorische Umstellung auf einen konfessionell-kooperativen Religionsunterricht im Bildungsgang (Schulen A und B) bzw. auf einen konfessionellen Religionsunterricht in erweiterter Kooperation (Schule D) war vorrangig dadurch motiviert, stabile Rahmenbedingungen für guten Religionsunterricht zu schaffen. Wenn daher in den Interviews die spezifischen didaktischen Potenziale konfessionell-kooperativer Unterrichtsformate thematisiert werden, kommt ihnen in argumentativer Hinsicht eher stützende Bedeutung zu. Auch wenn die neuen Organisationskonzepte nicht primär aus ökumenisch-didaktischen Gründen eingeführt werden, ist es für die interviewten Lehrkräfte selbstverständlich und sinnvoll, dass in konfessionell gemischten Klassen evangelische wie katholische Perspektiven didaktisch zum Tragen kommen und kommen sollen. Beispielhaft dafür ist folgende Äußerung einer katholischen Religionslehrkraft: »[...] *die konfessionellen Schnittmengen und Gemeinsamkeiten und so weiter werden so auch natürlich viel mehr. [...] überhaupt die Arbeit der Konfessionen und Zusammenfinden der Konfessionen, das Miteinander der Konfessionen denke, ich, ist wichtig, dass das thematisiert wird und auch erlebt wird. Manchmal ist das Erleben schon noch fast wichtiger als das Thematisieren.*« (EE/L/ka/A/56)

In dieser Aussage wird ein doppelseitiger Zusammenhang zwischen Organisationsform und religionsdidaktischer Ausrichtung hergestellt: Auf der einen Seite ergibt sich aus der konfessionell-kooperativen Gesamtanlage eine ökumenische Profilierung, die »Schnittmengen und Gemeinsamkeiten« und dem »Zusammenfinden der Konfessionen« mehr Aufmerksamkeit schenkt. Auf der anderen Seite bietet die konfessionell-gemischte Zusammensetzung der Lerngruppe einen sozialen Rahmen, in dem das Gemeinsame und Verbindende auch erlebbar werden kann.

Die katholische Lehrkraft der Schule B gibt an, dass die Umstellung auf konfessionell-kooperativen Religionsunterricht auch ihr Mindset verändert habe. In ihrer Unterrichtsplanung habe sie »*jetzt bewusster versucht: Okay, könnte man da irgendwas evangelisch-katholisch reinbringen?*« (EE/L/B/33) Sie konkretisiert dies am Beispiel einer Unterrichtseinheit zum Thema »Gewalt«: »*Da habe ich dann einfach mal gebracht: ›Hey, wir können die Organisationen Diakonie, Caritas anschauen, weil die machen ja trotzdem immer wieder Projekte gegen Gewalt‹. Also [...] habe ich mir gedacht: ›Okay, jetzt schauen wir halt uns mal beide Seiten mit an‹. Um dann festzustellen: ›Hey, egal, ob Diakonie oder Caritas – das ist eigentlich das Gleiche. Die machen ähnliche Dinge, nur halt jeder von seiner Konfession‹.*« (EE/L/ka/B/31) Wie in den meisten Interviews ist die Perspektive auf das Verhältnis der Konfessionen hier von einer Hermeneutik des Gemeinsamen bestimmt.

Um diesen Aspekt präziser zu fassen, lohnt es sich, Perspektiven aus den Interviews mit den Schüler:innen einzuspielen. Da diese nun teilweise von einer anderskonfessionellen Lehrkraft unterrichtet wurden, setzten sich die Jugendlichen mit der Frage auseinander, welche Rolle die Konfessionszugehörigkeit der Lehrkraft für sie spielt. An der Schule A löst die Frage, ob es wichtig sei, ob ihre Lehrkraft katholisch oder evangelisch ist, bei den interviewten Schüler:innen denkbar eindeutige Reaktionen aus. Das betonte »*Nein, überhaupt nicht.*« eines katholischen Schülers wird von seinem ebenfalls katholischen Mitschüler bekräftigt und ins Grundsätzliche gewendet: »*Finde ich auch. Ich habe auch irgendwie nicht verstehen können, dass es schon mal Menschen gab, für die das eine Rolle gespielt hat mal.*« (EE/SI1/ka/A/54–55) Diese Grundtendenz zieht sich durch sämtliche Fokusgruppeninterviews durch – und kann, wie in der Äußerung dieses katholischen Schülers, auch grundsätzlich begründet werden: »*Wir sind ja im Prinzip alle gleich. Also tut ja nichts zur Sache, ob jetzt der katholisch ist oder evangelisch.*« (EE/SI2/B/34) Wie in der Basiserhebung sind auch hier die menschlichen Qualitäten der Lehrkraft ausschlaggebend für deren Bewertung. Beispielhaft zeigt sich das in folgender Interviewpassage:

> »*I: Und wenn [Name der Religionslehrkraft] jetzt nicht gesagt hätte in der ersten Stunde, dass sie evangelisch ist, hättet ihr gemerkt, welche […] Konfession sie hat?*
> *Sa/m/ok: Nein.*
> *Sb/m/ka: Wahrscheinlich nicht.*
> *I: Wäre euch das wichtig?*
> *Sc/m/ka: Nein.*
> *Sb/m/ka: Nein. Mir geht es um den Mensch.*« (EE/SI1/B/56–62)

Ein spezifisch konfessionelles Profil wird von den Schüler:innen weder wahrgenommen noch vermisst. Hier scheinen sich, was die konfessionelle Bestimmtheit angeht, die Erwartungen der Schüler:innen und das unterrichtliche Auftreten der Religionslehrkraft wechselseitig zu bedingen.

Auch dann wenn die Schüler:innen Religion und Religionsunterricht positiv gegenüberstehen, messen sie der konfessionellen Gebundenheit des Unterrichts kaum Relevanz zu. Es sind andere Faktoren, die für sie wichtig sind. Diesem katholischen Schüler der Schule D kommt es vor allem auf eine freie Gesprächsatmosphäre an, weshalb er für das neue Modell einer erweiterten Kooperation optiert: »*Ich finde das eigentlich schon, dass es besser ist, weil ich denke der Unterricht hebt sich von katholisch und evangelisch nicht so stark ab. […] Und halt, dass einfach so frei darüber gesprochen wird, das finde ich eigentlich auch gut. Und wie gesagt man merkt es eigentlich nicht, ob der jetzt evangelisch oder katholisch ist. Wenn ich jetzt irgendjemanden draußen am Gang sehe, könnte ich jetzt nicht sagen ›Hey der ist evangelisch oder so‹.*« (EE/SI1/ka/D/97) Der Aspekt einer verbesserten Unterrichtskommunikation wird auch von einer katholischen Schülerin der Schule A hervorgehoben und mit der Gruppengröße in Verbindung gebracht: »*Ich finde, wir sind mehr Leute geworden. Also wenn wir getrennt waren, waren wir trotzdem irgendwie nur gefühlt […], fünf Leute da. und so wird es nicht so zäh, weil dann ist da eine Frage und dann sitzen da fünf Leute und alle kucken auf den Boden. Und wenn es mehr Leute sind, dann kann man auch besser Unterricht machen.*« (EE/SI2/ka/A/52) Eine andere, evangelische Schülerin nimmt dieses Argument auf und unterstreicht, »*dass wenn halt auch mehr Schüler da sind, dass dann ja auch natürlich mehr Sichtweisen eben da sind«* (EE/SI2/ev/A/53). Bemerkenswert dabei ist, dass das religionsdidaktisch vielfrequentierte Argument der Multiperspektivität hier nicht, wie oft in religionsdidaktischen Konzepten, auf konfessionelle Pluralität, sondern auf die Vielzahl individueller Orientierungen bezogen wird, die in das Unterrichtsgeschehen hineinwirken.

Dieser Grundbefund zeigt sich auch in Interviewpassagen, in denen Religionslehrer:innen auf ihre Schüler:innen und deren Sichtweisen eingehen. Auch hier dominiert die Wahrnehmung konfessionsbezogener Indifferenz. Eine katholische Religionslehrkraft der Schule B formuliert in dieser Hinsicht sehr klar: »*Wir haben keine Schüler mehr, die militant konfessionell eingestellt sind, ja. Die sind der Kirche gegenüber gleichgültig. […] Die identifizieren sich nicht mit der Kirche. Ich habe zwar die Missio, aber ich bin für meine Schüler nicht ein Vertreter der Kirche. Ich bin ihr Religionslehrer. […] Also es gibt keinen Schüler und keine Schülerin mehr, die sagt: ›Ich bin katholisch und ich will bitte katholisch unterrichtet werden.‹ Gibt es nicht.*« (EE/L/ka/B/37) Aus der Sicht dieser Lehrkraft kommt der konfessionell-kooperative Religionsunterricht im Bildungsgang vor allem den Schüler:innen zugute: »*Der erste, der wichtigste Vorteil ist schon mal vom Schüler her. Für den Schüler ist es nicht ersichtlich, wenn er evangelisch ist, dass er jetzt die Klassengemeinschaft verlassen soll. Dass er jetzt in ein fremdes Sammelsurium von Schülern kommt, wo er die anderen Schüler nicht kennt, die a) unterschiedliche Vorbildung, b) unterschiedliche Berufe, c) unterschiedlichen Alters wie auch immer sind.*« (EE/L/ka/B/37) Bemerkenswert ist, dass die katholische Lehrkraft die Perspektive der evangelischen Schüler:innen einnimmt und zur Geltung bringt.

Allerdings wird die Präferenz für einen Religionsunterricht in konfessionellgemischten Gruppen von den Lehrkräften nicht nur mit der religiösen Indifferenz der Schüler:innen begründet. In der Schilderung der evangelischen Projektlehrkraft der Schule D äußern die religiösen Schüler:innen ihre diesbezügliche Präferenz noch deutlicher: »*Und ja die Schüler werden alle informiert, die sind da auch schnell einverstanden, weil eben, denke ich, oft auch der Bezug gar nicht so da ist. Beziehungsweise bei denen, wo der Bezug da ist, sagen die: ›Ja, das ist längst überfällig.‹*« (EE/L/ev/D/11)

Insgesamt lässt sich das »Erfolgsrezept« der positiv evaluierten Konzepte auf einen einfachen Nenner bringen: Sie haben die Organisationskomplexität des Religionsunterrichts »vor Ort« effektiv reduziert. Jedoch sind es aus der Sicht der Akteur:innen nicht nur pragmatische Gründe, die für einen konfessionell-kooperativen Religionsunterricht im Bildungsgang bzw. einen konfessionellen Religionsunterricht in erweiterter Kooperation sprechen. Vielmehr entspricht diese Gestalt ihrer Ansicht nach der schwindenden Relevanz interkonfessioneller Differenzen in Schule und Gesellschaft – eine Einschätzung, über die sich die interviewten Lehrkräfte, Schulleitungen und Schüler:innen bemerkenswert einig sind. An dieser Stelle tut sich eine didaktisch weiter zu reflektierende Spannung auf: Da der konfessionell-kooperative Religionsunterricht beansprucht, nicht nur die Gemeinsamkeiten im christlichen Glauben zu stärken, sondern auch den Unterschieden zwischen den Konfessionen gerecht zu werden (Schweitzer et al., 2002), stellt sich die Frage, wie dies gelingen kann, wenn die am konfessionellen Religionsunterricht beteiligten Akteur:innen konfessionellen Differenzen eine didaktisch eher untergeordnete Bedeutung zumessen.

Wie sehr die organisatorische Umstellung an diesen drei Schulen bereits in »Fleisch und Blut« des lokalen Schulsystems übergegangen ist, zeigt sich daran, dass es für die Schulleitungen und projektverantwortlichen Lehrkräfte zum Zeitpunkt der Evaluationserhebung im Grunde nicht mehr vorstellbar war, wie es eine katholische Projektlehrkraft für ihre Schule konstatiert, »*dass wir wieder zu diesem alten System zurückkehren*« (EE/L/ka/B/35). Auch die Schulleitung von Schule A unterstreicht, dass die von ihr positiv bewertete Umstellung irreversibel sei, weil die religionsdemografische Entwicklung nicht nur an seiner Schule, sondern im Berufsschulkontext überhaupt keine konfessionelle Ausdifferenzierung mehr zulasse: »*Also sehr positiv und, wie gesagt, ich sage halt es, war notwendig für unsere Schulart zumindest. […] Und für uns ist das eigentlich jetzt was, wo wir sagen, […] da können wir eigentlich gar nicht mehr zurückgehen. Das bekommen wir nämlich organisatorisch nicht mehr gebacken. Mit dem Trend, dass eben auch in Zukunft der Anteil der Konfessionsgebundenen noch kleiner werden wird, als er schon ist.*« (EE/SL/A/43)

6.4.2 Eher negativ evaluierte Konzepte

Ähnlich klar sind die Gesamtbefunde für diejenigen Schulen (C, E, G, H), die in ihren Organisationsprojekten eher punktuelle Umstellungen auf der Ebene von Einzelklassen vorgenommen haben, mit einer stärkeren Wechselwirkung zwischen den projektverantwortlichen Religionslehrkräften. Alle vier Projektschulen entschieden sich, das erprobte Organisationskonzept nicht mehr weiterzuführen. Auch hier sollen die Ergebnisse systematisch ausgewertet werden. Denn gerade in der Zusammenschau der Erprobungserfahrungen schälen sich übergreifende Faktoren heraus, die erklären können, warum sich die organisatorischen Reformbemühungen nicht bewährt haben. Dabei ist es wichtig, sich vor Augen zu führen, was den vier Konzepten gemeinsam ist. Die erstrebten Umstellungen waren hier mit einem erheblich höheren Organisations- und Interaktionsaufwand verbunden.

– Am Beispiel von Schule C zeigt sich, dass didaktisch anspruchsvolle Modelle mit hohen Interaktionsanteilen zwischen katholischem und evangelischem Religionsunterricht anfällig bei *Personalwechsel oder -ausfall* sind. Nach dem

ersten Projektjahr verließ eine der projektverantwortlichen Lehrkräfte uner-
wartet die Schule. Damit war das projektorientierte Organisationsformat
Makulatur. Da es aufgrund des Lehrkräftemangels zudem nicht möglich war,
die freigewordene Stelle nachzubesetzen, führte die verbliebene Lehrkraft die
Klassen weiter. Damit fand an der Schule *de facto* konfessioneller Religionsunterricht in erweiterter Kooperation statt.

– Bereits hier wird deutlich, was sich auch an Schule G beobachten lässt: Die
Entscheidung zu interaktiv verschränkten Kooperationsformen basiert in der
Regel auf positiven Vorerfahrungen auf der *Beziehungsebene*. Allerdings sind
solche Erfahrungen voraussetzungsreich und nicht auf Schulebene generali-
sierbar. Da Unterrichtsformen wie Team-Teaching konstante Abstimmung
erfordern, können sie auch bei einer guten zwischenmenschlichen »Chemie«
auf Dauer aufreibend sein. Eine Projektlehrkraft fasst diese Erkenntnis wie
folgt zusammen: »*Also neutral gesprochen, steht und fällt so ein Projekt einzig
und alleine mit der Motivation, sag ich jetzt mal, beider Lehrkräfte. […] da
sind wir dann eigentlich fast schon am entscheidenden Knackpunkt warum
dieses Projekt Team-Teaching ich jetzt mal nicht als zukunftsweisend betrachten würde, weil es zu sehr, und das hat sich aus meiner Erfahrung jetzt
gezeigt, zu sehr einfach personenabhängig ist.*« (EE/L/ev/G/16)

– Weiter verkompliziert werden enger angesetzte Formen des unterrichtlichen
Zusammenwirkens, wenn eine der kooperierenden Lehrkräfte, wie in Schulen
E und H, *mit nur wenigen Stunden an der Schule tätig ist*. Da der Löwenanteil
der Arbeitsstunden dieser kooperativ eingebundenen Lehrkräfte auf andere
Berufskontexte fällt (Gemeinde, andere Schulen etc.), verfügen sie über nur
wenig zeitliche Flexibilität. Dies ist schon unter regulären Bedingungen eine
schulorganisatorische Herausforderung, die durch kooperative Verschrän-
kungen zusätzlich verschärft wird. In der folgenden Aussage einer Projektlehrkraft von Schule E wird deutlich, dass die Kombination aus geringer
Präsenz und hohem Integrationsaufwand mit durchaus harten Erfahrungen
von Nichtzugehörigkeit einhergehen kann: »*Ja, also sozusagen das Empfinden
des ›Eingebunden-Seins‹ hier an der Schule ist ja sowieso immer nur sehr
schwach ausgeprägt gewesen, ja. Wenn man da so zwei Stunden reinkommt
[…]. Ansonsten ist es schon so, dass ich selber, vielleicht ist es falsch, aber den
Eindruck habe, dass ich hier ein Fremdkörper bin, ja, also für die Schule auch.
Das hat man mir auch ein paar Mal gesagt. Nicht böse, aber dass es ein großer
Aufwand ist für sie, mich einzubauen, ja.*« (EE/L/ev/E/19)

– Überhaupt zeigt sich, dass sich bestimmte Gestaltungselemente des konfessionell-kooperativen Religionsunterrichts nur schwer auf Berufsschulen
übertragen lassen. So ist der an Schule H erprobte *Lehrkräftetausch zum
Schulhalbjahr* in der komplexen Beschulungsstruktur des Berufsschulreligionsunterricht mit erheblichen Gestaltungsherausforderungen verbunden.

Aus Sicht der beiden Lehrkräfte überwogen die organisatorischen Komplikationen die erhofften Vorteile einer didaktischen Multiperspektivität bei Weitem, weshalb sie bereits im Laufe der Erprobungsphase davon absahen.

- Sodann scheint es wichtig zu sein, dass die organisatorische Entlastung *im Gesamtsystem Schule* zu spüren ist. Wenn eine Schulleitung unter den Bedingungen von Lehrkräftemangel, wie etwa in Team-Teaching-Modellen (Schule G) vorgesehen, zwei Lehrkräfte für den Religionsunterrichts einer Klasse einplanen muss, verwundert es nicht, dass ihr Fazit über die Sinnhaftigkeit des erprobten Organisationskonzepts eher gedämpft ausfällt.

- Schließlich zeigt sich am Beispiel von Schule E, dass es auch minoritätsbezogene Mindestgrößen für konfessionell-kooperative Unterrichtsformate gibt. Der Versuch, an dieser Schule über ein geringes Stundendeputat von vier Wochenstunden erstmals evangelischen Religionsunterricht anzubieten, hat sich rückblickend nicht bewährt. Da es pro Jahrgangsstufe nur vereinzelte evangelische Schüler:innen gab, wurden eigens Unterrichtskonstellationen kreiert, die gemeinsames Unterrichten von evangelischen und katholischen Schüler:innen ermöglichen. Im ersten Projektjahr geschah dies in Form von durchgängigem Team-Teaching. Da dies von den Beteiligten als zu umständlich empfunden wurde, wurde der Unterricht auch hier auf konfessionelle Kooperation im Bildungsgang umgestellt. Jedoch wurde auch dieses Konzept nach Abschluss des Schuljahres nicht weitergeführt. Es zeigte sich, dass es an der Schule einfach zu wenige evangelische Schüler:innen gibt, um eine evangelische Lehrkraft zusätzlich einzusetzen: »*Aber in diesen drei Jahren haben wir jetzt gesehen, ich glaube wir hatten nie mehr als zwei evangelische Schüler in der Klasse und da hat sich meistens noch einer abgemeldet.*« (EE/L/ka/E/42) Anders als in Schule D war der Religionsunterricht zudem vor der Einführung des Konzepts bereits von den katholischen Religionslehrkräften hinreichend abgedeckt. Daher empfanden diese die organisatorischen Veränderungen im Zuge des StReBe-Projekts trotz aller konstruktiven Mitwirkung tendenziell als im Grunde unnötige Verkomplizierung ihres Berufsalltags.

Im Grunde verhält sich die Grundbeobachtung zu diesen vier Schulen fast spiegelbildlich zu dem oben positiv entfalteten Gesamtbefund: Ohne spürbare Reduktion der Organisationskomplexität fehlt Konzepten der Weiterentwicklung des konfessionellen Religionsunterrichts auf lange Sicht Plausibilität. Dies gilt nicht nur im Blick auf Schulleitung und Kollegium. Organisatorisch und didaktisch komplexere Kooperationsmodelle können auch Religionslehrkräfte auf Dauer überfordern, und zwar auch dann, wenn diese sich gut verstehen.

6.4.3 Unbewältigte Herausforderungen

Schließlich wird an den Interviews deutlich, dass es insbesondere aus der Sicht der Schulleitungen auch Herausforderungen gibt, die durch die im StReBe-Projekt entwickelten Organisationskonzepte nicht gelöst werden. Die vordringlichste Herausforderung ist die auch im Projektzeitraum weiter gestiegene Anzahl von Schüler:innen, die weder der katholischen noch der evangelischen Konfession angehören. Eine Schulleitung berichtet, dass die Anzahl solcher Schüler:innen im Schuljahr 2021/22 erstmals höher gewesen sei als die der Schüler:innen mit katholischer oder evangelischer Konfessionszugehörigkeit, um dann fortzufahren: »*Das hat sich rapide schon verändert und der Trend geht natürlich weiter. Und da ist schon die Frage auch oft, wenn man es so sieht, wenn die Mehrheit irgendwann mal […] nicht mehr einer Konfession angehört, wie gehen wir dann eigentlich weiter vor.*« (EE/SL/A/11). Korrespondierend dazu erläutert die Projektlehrkraft dieser Schule, dass das eingeführte Konzept eines konfessionell-kooperativen Religionsunterrichts im Bildungsgang die Situation des Religionsunterrichts an seiner Schule zwar insgesamt erheblich verbessert habe, es aber mittlerweile Fälle gäbe, in denen selbst auf dieser Basis keine Gruppenbildung mehr möglich sei: »*Wir haben, glaube ich, eine Klasse sogar, da haben wir drei Schüler, christlich orientierte Schüler, die berufsschulpflichtig sind, da können wir keinen Unterricht anbieten.*« (EE/L/ev/A/30)

Verschärft wird das Problem durch den Lehrkräftemangel, der insbesondere für die Schulleitung eine weit über den Religionsunterricht hinausreichende Herausforderung darstellt. Eine Schulleitung gibt zu denken, dass der im Konzept der konfessionellen Kooperation im Bildungsgang vorgesehene Lehrkräftewechsel angesichts der düsteren Personalperspektiven in mittlerer Sicht nur schwer zu realisieren sein könnte: »*Auf Deutsch könnte es aber auch mal sein, dass ein evangelisch-katholischer Religionsunterricht in den drei Jahren für die Schüler im Regelfall bei uns auch drei Jahre lang von einem Katholischen durchgeführt worden ist, weil wir gar keinen Evangelischen haben. Halt ich dann immer noch für besser, als wenn wir das gar nicht gemacht hätten. Da wird es sicher noch auch von Seiten der Kirche zu Herausforderungen kommen.*« (EE/SL/A/13) Die düstere Zukunftsprognose ist durch zwei zusammenhängende Faktoren bedingt: Zum einen würden die ohnehin wenigen staatlichen Berufsschullehrkräfte vorzugsweise in ihrem Erstfach eingesetzt. Zum anderen schätzt die Schulleitung das Rekrutierungsproblem auf kirchlicher Seite für noch gravierender ein. Sie glaubt, »*dass in Zukunft die Zahl der Religionslehrer gar nicht vorhanden ist bei den Kirchen*« (EE/SL/A/23).

Vor diesem Hintergrund überrascht es nicht, dass manche Schulleitungen bereits in der Basiserhebung zumindest langfristig für eine weiterreichende Öffnung plädieren. Ihnen schwebt ein Unterrichtsangebot für alle Schüler:innen vor, das eine wertebildende Funktion wahrnimmt und dabei sowohl religiöse wie ethische Bildungsaufgaben abdeckt: »*Ja, organisatorisch wäre eben hier, dass es eine Möglichkeit gäbe, nicht bloß evangelisch und katholisch zusammenzubringen, sondern auch sozusagen die Ethik mit hineinzunehmen. Weil es ist ja im Grunde alles Ethik, Werteerziehung.*« (BE/SL/D/64) In der Fortführung der Argumentation zeigt sich, dass für diese Schulleitung der Wertbegriff das Dach bildet, das die teils als kontingent angesehenen religiös-weltanschaulichen bzw. ethischen Überzeugungen überwölbt: »*Und dass ich das eine mal etwas katholisch gefärbter oder mal etwas evangelisch gefärbter das Ganze machen kann, ist ja eh kein Thema, weil jeder von uns hat ja seine eigene Vita und ist irgendwie erzogen und, ob ich jetzt evangelisch oder reli-, katholisch bin, es wird immer diese Prägung irgendwo sein. Und selbst unsere Ethiklehrer sind ja nicht als, als Ethiker geboren worden, sondern sind in unserem Wertesystem groß geworden. Und wir werden immer eine religiös-wertorientierte Gesellschaft sein. Dann wird das funktionieren.*« (BE/SL/D/64) Natürlich stellt sich hier die Frage, ob hier die religiös-weltanschauliche Pluralität nicht in einer Weise eingeebnet wird, die theologisch wegen der Ausblendung der Wahrheitsfrage und pädagogisch wegen des tendenziell antipluralistischen Gesellschaftskonzepts zu problematisieren ist. Dennoch steht die Aussage für den in den Interviews durchscheinenden Wunsch nach einem für alle Schüler:innen offenen Fachangebot.

In einem anderen Schulleitungsinterview werden neben den organisatorischen auch die dialogischen Potenziale eines solchen »*Wertefachs*« unterstrichen: »*Aber was mich halt schon manchmal umtreibt, ist: Kommt es nicht den Schülern manchmal entgegen oder würde es dem Ganzen nicht entgegenkommen, indem wir das entschärfen, dass wir sagen, okay, wir beschränken uns mal nicht auf diesen konfessionsgebundenen Unterricht? Es […] würde nicht nur die Organisation erleichtern, natürlich, das auch, aber es würde den Wind aus den Segeln nehmen, wenn ich sage: Ich habe ein Fach, das nicht konfessionsgebunden ist, was auch nicht ethikgebunden ist, sondern ein, ein Wertefach, wo man […] auch die anderen Religionen auch einmal abfragt, wo man sich gegenseitig auch kennenlernt, so ein Fach der Begegnung der einzelnen Themen.*« (BE/SL/A/57) Diese Positionierung steht beispielhaft für die Plausibilität, die ein interreligiös und ethisch profiliertes Unterrichtsfach in den Alltagsvorstellungen derjenigen Akteur:innen besitzt, die nicht spezifisch mit diesem Fach befasst sind. Vor diesem Hintergrund ist die Konzeptentwicklung von Schule F besonders lehrreich, weil sie neben den Potenzialen auch die Probleme einer solchen Integration vor Augen führt. Wie in Kapitel 3 entfaltet, war den Akteur:innen an der Schule daran gelegen, an der Schule ein integratives Fach einzuführen, dass sowohl religiöse als auch ethische Weltzugänge einschließt. Ein erstes Problem kam bereits in diesem Kapitel zur Sprache: Da dieses Fachangebot im Sinne von Art. 7 Abs. 3 GG in Übereinstimmung mit den Grundsätzen der Religionsgemeinschaften erteilt werden wollte und sollte, war es aus Gründen der Religionsfreiheit nötig, eine Abmeldungsmöglichkeit und damit einen Ethikunterricht einzurichten. Infolge der dialogischen Profilierung und des guten Standings des Religionsunterrichts an der Schule wurde der konfessionell-kooperative Religionsunterricht im Bildungsgang von einem Großteil der nicht-christlichen Schüler:innen besucht. Allerdings tat sich dann bei der Notengebung eine neue Schwierigkeit auf. Insbesondere unter den muslimischen Schüler:innen regte sich Widerstand angesichts der Aussicht, im Schulzeugnis, wie rechtlich vorgesehen, den Besuch des Fachs »Evangelische« bzw. »Katholische Religionslehre« attestiert zu bekommen. Hier spitzt sich ein Desiderat zu, das in keinem der im StReBe-Projekt entwickelten und evaluierten Konzepte wirklich überzeugend aufgenommen und bearbeitet worden ist: Wie kommen die Schüler:innen, die weder konfessionell noch christlich sind, zu einer religiösen Bildung, die ihren Überzeugungsgrundlagen gerecht wird. Da an den bayerischen Berufsschulen bislang kein islamischer Religionsunterricht eingeführt worden ist, betrifft diese Problemanzeige insbesondere die muslimischen Schüler:innen, deren Anteil an der Gesamtschüler:innenschaft an bayerischen Berufsschulen im Schuljahr 2021/ 2022 bei 12,5 % lag (Bayerisches StMUK, 2023, S. 21).

7. Zusammenfassung

7.1 Lokale Gestaltungsformen des Religionsunterrichts erforschen und entwickeln: Potenziale und Grenzen einer Fachentwicklung »von unten«

Die vorliegende Untersuchung näherte sich der öffentlich wie religionspädagogisch vieldiskutierten Frage nach organisatorischen Gestaltungsformen des BRU aus einer bislang wenig erprobten Perspektive. Im Fokus standen die organisatorischen Regelpraktiken, Probleme und Entwicklungspotenziale »vor Ort«, die im StReBe-Projekt in gleich dreifacher Hinsicht den durchgängigen Bezugspunkt der organisatorischen Weiterentwicklung des BRU bilden. Erstens basierte das Projekt auf einer mehrperspektivischen Rekonstruktion der organisationsbezogenen Praktiken und Akteursperspektiven an Schulen, die Schwierigkeiten hatten, den konfessionellen Religionsunterricht in seiner herkömmlichen Form zu gewährleisten. Zweitens wurde das Kontext- und Erfahrungswissen der Akteur:innen vor Ort für die Weiterentwicklung des BRU an der jeweiligen Schule fruchtbar gemacht. Drittens wurden die lokalen Organisationskonzepte unter Einschluss der Wahrnehmungen von Religionslehrkräften, Schüler:innen und Schulleitungen evaluiert, um festzustellen, ob die von den Akteur:innen erhofften Verbesserungen auch tatsächlich eingetreten sind.

Der damit eingeschlagene Bottom-Up-Weg unterscheidet sich von der herkömmlichen Top-Down-Logik der Fachentwicklung, in der die lokale Akteursebene zumeist erst am Ende des Implementierungsprozesses eingebunden wird (Simojoki, Lindner, Pflaum & Endres, 2022). An dieser Stelle werden Potenziale und Grenzen einer solchen Fachentwicklung »von unten« resümierend angezeigt:

Ein erster Vorteil besteht sicherlich darin, dass in dieser Perspektive die oft auf der Makroebene diskutierte Organisationsfrage mikrokontextuell geerdet wird. In der vorliegenden Untersuchung kamen für die organisatorische Gestaltung belangvolle Beziehungen, Praktiken und Kontexte zur Geltung, die religionspädagogisch oft übergangen werden, obwohl sie in der tagtäglichen Praxis eine wichtige Rolle spielen: der mit dem BRU verbundene Verwaltungsaufwand, kontextuelle Faktoren im Abmeldungsverhalten von Schüler:innen, Auswirkungen konfessioneller Majoritäts-Minoritäts-Konstellationen, interpersonale Beziehungen im Kollegium, Stundenzuweisungen unter den Bedingungen von Lehrkräftemangel, Aporien klassenübergreifender Religionsgruppen, auch die individuellen Belastungen von Religionslehrkräften angesichts der immer aufwändigeren Gruppenbildung.

Wenn die organisatorische Graswurzelebene von Anfang an in die Weiterentwicklung des BRU einbezogen wird, kann sich dies zweitens positiv auf die lokale Passung der konzipierten Gestaltungsformen auswirken. In den Auswertungen der Basisstudie wie auch der Entwicklungs- und Erprobungsphase wird der Expertisevorsprung der eingebundenen Lehrkräfte und teilweise auch der Schulleitungen deutlich. Sie kennen ihre Schule und wissen, was bei organisatorischen Modifikationen berücksichtigt und bedacht werden muss. Drittens kommt hinzu, dass die gemeinsam mit den lokalen Akteur:innen entwickelten Organisationkonzepte die innerschulische Plausibilität der geplanten Veränderungen erhöhen.

Viertens trägt die konzeptionelle Aufwertung der lokalen Gestaltungssphäre der systemischen Verflochtenheit des Religionsunterrichts im gesamtschulischen Kontext Rechnung. Gerade in der Zusammenschau zeigen die Befunde der drei Erhebungsphasen des StReBe-Projekts, dass der BRU nicht isoliert von übergreifenden Fragen der Schulentwicklung betrachtet werden kann. Ein paar Beispiele dafür seien hier noch einmal vergegenwärtigt:

- Die Gewährleistung des Religionsunterrichts wird im Kontext beruflicher Bildung aktuell stark vom allgemeinen Lehrkräftemangel beeinflusst. Um zumindest den Kernbereich des Unterrichts zu sichern, werden staatliche Religionslehrkräfte von den Schulleitungen vorzugsweise im Erstfach eingesetzt.
- Gerade weil der BRU auch bei ihm gegenüber positiv eingestellten Schulleitungen keine Priorität besitzt, schwächt der in Bayern noch hohe administrative Aufwand insbesondere bei der Aufnahme von Schüler:innen anderer Konfessions- und Religionszugehörigkeit das Standing des Faches im System Schule. Dies gilt auch für Teile des Lehrkräftekollegiums, sofern sie als Klassenlehrer:innen ebenfalls in die fachbezogenen Organisationsvollzüge eingebunden sind.
- Besonders eng sind die fachorganisatorischen Bande zwischen dem Religions- und dem Ethikunterricht. Auf dem ersten Blick liegt es nahe, die Relation zwischen den beiden Fachoptionen als Konkurrenzverhältnis zu deuten. Dann wäre die in Bayern noch immer nicht abgeschlossene Etablierung des Ethikunterrichts als Schwächung des BRU zu deuten, der infolge des steigenden

Anteils nicht-christlicher Schüler:innen mit kleiner werdenden Gruppengrößen rechnen muss. Jedoch zeigen die Erfahrungen vor Ort, dass an Berufsschulen, an denen kein Ethikunterricht angeboten wird, oft auch der BRU in Mitleidenschaft gezogen wird. Wenn nämlich die Schüler:innen, die nicht am konfessionellen Religionsunterricht teilnehmen, eine Freistunde haben, kann die Bereitschaft der konfessionszugehörigen Schüler:innen erhöhen, sich vom BRU abzumelden – eine Verlockung, die dadurch weiter verstärkt wird, dass dieses Unterrichtsfach oft an Randstunden stattfindet.

Ein weiterer Vorteil einer lokal verankerten Weiterentwicklung des konfessionellen Religionsunterrichts liegt darin, dass hier die tatsächlich an den Schulen vorfindlichen Organisationsformen zur Geltung kommen, die gerade an Berufsschulen oft von den rechtlich normierten Vorgaben abweichen können. Auch an den am StReBe-Projekt teilnehmenden Schulen wurde, um nur einige Beispiele zu nennen, Religion im Klassenverband unterrichtet, Ethikunterricht von Religionslehrkräften erteilt oder nicht-christlichen Schüler:innen keine Abmeldungsmöglichkeit zugestanden. Jedoch verweist dieser »Graubereich« nicht nur auf Problemfälle, sondern auch auf die Ressourcen vor Ort, schulorganisatorische Herausforderungen in Eigenregie zu bewältigen. In diesem Zusammenhang muss überdies ein »blinder Fleck« des StReBe-Projekts genannt werden: Die Zielsetzung, den BRU im Rahmen von Art. 7 Abs. 3 GG weiterzuentwickeln, war nur für diejenigen Berufsschulen attraktiv, die diesen Gestaltungsrahmen auch einhalten wollen, weshalb sich Schulen, in denen der BRU bereits im Klassenverband erteilt wird, wohl eher gegen eine Bewerbung für die StReBe-Projektteilnahme entschieden haben dürften.

Damit wird auch eine prinzipielle Limitation einer Fachentwicklung »von unten« sichtbar. Die Projektschulen waren in ihren Entwicklungsoptionen nicht gänzlich frei, sondern an klar formulierte Eckpunkte gebunden, die auf der Basis der aktuellen Rechtslage in der Projektausschreibung sowie in weiteren kultusministeriellen Schreiben öffentlich kommuniziert wurden. Folglich besaß die Bottom-Up-Logik des StReBe-Projekt regulative Grenzen, da sie sich in der Top-Down-Logik religionsbezogener Bildungssteuerung an öffentlichen Schulen bewegen und bewähren muss.

Eine weitere Grenze ergibt sich aus der Spannung zwischen dem lokalen Fokus der entwickelten Konzepte und der notwendigen Verallgemeinerbarkeit überregional wirksamer Organisationsmodelle. Einfacher ausgedrückt: Den Akteur:innen an den Projektschulen ging es in erster Linie um die Entwicklung von für ihre Schule und für sie persönlich passender Organisationsformen. Ob diese Formen sich auch auf andere Kontexte beziehen lassen, war für sie von eher sekundärer Bedeutung. Daher wurden die erprobten Modelle vor Ort teils durch sehr spezifische Faktoren mitgeprägt. Das systemische Entwicklungsinteresse musste beispielsweise mit den begrenzten Handlungsspielräumen von kirchlichen Lehrkräften ausbalanciert werden, die nur mit wenigen Stunden an der Projektschule eingesetzt waren. Auch bereits vorhandene Kooperationsroutinen und Beziehungserfahrungen wirken sich auf die lokale Konzeptentwicklung aus.

Schließlich sei noch eine bereits in der Einleitung aufgerufene Grenze in Erinnerung gerufen: Wenn im StReBe-Projekt lokale Organisationsherausforderungen und -formen untersucht wurden, soll damit nicht suggeriert werden, dass die Zukunft des BRU lediglich eine Frage seiner Organisierbarkeit sei. Besonders in den Schüler:inneninterviews wird deutlich, dass für die am BRU teilnehmenden Jugendlichen und jungen Erwachsenen andere, oft positiv konnotierte Faktoren ausschlaggebend sind: die Beziehung zur Lehrkraft, die Aktualität und Relevanz der Themen, die Möglichkeit, sich diskursiv einzubringen etc. In diesem Sinne ist klar: Wenn es um die Qualität des BRU geht, ist Organisation nicht alles. Umgekehrt gilt aber auch, was nun ausgeführt werden soll: Wenn die bestehenden Gestaltungsformen des BRU als administrativ aufreibend, im systemischen Bedingungsfeld der Schule wenig plausibel oder schlichtweg nicht mehr umsetzbar angesehen werden, tangiert das die didaktische Qualität, das schulische Standing und die Berufszufriedenheit der Lehrkräfte zutiefst.

7.2   Keep it simple! Komplexitätssensible Fachentwicklung im Kontext beruflicher Bildung

Versucht man die in diesem Band ausgewerteten Befunde auf einen konzeptionellen Nenner zu bringen, kommt der bereits in der Einleitung unter Rückgriff auf Hanna Roose (2020) eingeführten Perspektive einer »komplexitätssensiblen« Fachentwicklung besonderer Stellenwert zu. Bereits die Basiserhebung kommt zu einem klaren Ergebnis: Der konfessionelle BRU lässt sich an den am StReBe-Projekt beteiligten Schulen nur unter Aufbringung enormer Mühen organisatorisch gewährleisten. Wie im vierten Kapitel systematisch präsentiert, sind es verschiedene Faktoren, welche die organisatorische Ermöglichung eines nach Konfessionen gegliederten Religionsunterrichts an bayerischen Berufsschulen erschweren und die mit dieser Aufgabe befassten Akteur:innen an ihre Grenzen bringen:
– die religiös-weltanschauliche Pluralisierung der Schüler:innenschaft, die bei kontinuierlichem Rückgang katholischer und evangelischer Schüler:innen die Bildung von konfessionell getrennten (und teilweise auch konfessionell-gemischten) Lerngruppen immer schwieriger macht;
– die erweiterten BRU-Abmeldungsmöglichkeiten an Berufsschulen und besonders deren im Vergleich zu allgemeinbildenden Schulen komplexere Be-

schulungsstruktur, die Formen wie klassenübergreifenden Unterricht oder Lehrkräftewechsel zum Schulhalbjahr, welche an anderen Schularten etabliert sind, nur bedingt zulässt;
- die für Bayern charakteristische Ungleichverteilung der Konfessionen, die mit fachorganisatorischen Asymmetrien zu Lasten der Minoritätskonfession verbunden ist und zudem paritär angelegte Modelle konfessioneller Kooperation erschwert oder ausschließt;
- der im Kontext beruflicher Bildung besonders gravierende Lehrkräftemangel, der den konfessionellen Religionsunterricht direkt (Mangel an Religionslehrkräften) oder indirekt (Lehrkräfte mit Zweifach Religion werden vorzugsweise im Erstfach eingesetzt) trifft;
- die durch den Lehrkräftemangel erhöhte Schwierigkeit, Religions- und Ethikunterricht schulorganisatorisch unter einen Hut zu bekommen, wobei der BRU nicht nur durch die vielerorts erstarkte Stellung des Ethikunterrichts, sondern auch durch das Fehlen eines entsprechenden Angebots herausgefordert wird;
- der im bayerischen Kontext hohe administrative Aufwand, der insbesondere bei der Bildung konfessionell und religiös heterogener Lerngruppen exponentiell steigt und die Reputation des Faches bei der Schulleitung und im Kollegium schädigt.

Die Pointe der kategoriengeleiteten Auswertung bestand darin, dass das Ausmaß der Organisationskomplexität des Religionsunterrichts an bayerischen Berufsschulen erst dann zutage tritt, wenn man diese Faktoren in ihrem wechselseitigen Zusammenhang erfasst.

Daher überrascht es nicht, dass sich in der Entwicklungs-, Erprobungs- und Auswertungsphase effektive Komplexitätsreduktion als entscheidendes Kriterium für die Nachhaltigkeit der lokal eingeführten Organisationskonzepte erwies. Positiv bewertet und weitergeführt wurden diejenigen Konzepte, die gesamtschulisch implementiert wurden und die Organisationskomplexität des BRU ausweisbar verringert haben. Dagegen haben sich Konzepte, die punktuell auf die Zusammenarbeit zweier Lehrkräfte auf Klassenebene setzen, eher nicht bewährt. Anspruchsvollere Kooperationsformen wie Team-Teaching, Projektlernen oder Lehrkräftetausch im Schulhalbjahr führen zu einem erhöhten Organisationsaufwand, sind auf der Beziehungsebene voraussetzungsreich, lassen sich nur schwer gesamtschulisch implementieren und sind anfällig bei Personalwechsel. Dabei erwiesen sich die Sonderbedingungen während der Coronapandemie als Lackmustest für eine komplexitätssensible Fachentwicklung.

Im Hinblick auf die organisatorische Weiterentwicklung des BRU scheint folglich das im Projektmanagement verankerte KISS-Prinzip (*keep it simple, stupid*) einiges für sich zu haben – so einfach wie möglich, so komplex wie nötig.

Zumindest im bayerischen Kontext ist der BRU per se schon organisatorisch herausfordernd. Kooperative Modelle sollten daher die Komplexität nicht weiter steigern. So mögen beispielsweise Vorschläge in Richtung eines religions- oder weltanschauungskooperativen Religionsunterrichts, die möglichst viele der in einem solchen Unterricht repräsentierten Religionsgemeinschaften bzw. Weltanschauungen durch Lehrkräfte oder »Springer« authentisch repräsentiert sehen wollen (als Überblick Riegel, 2018, S. 135–198), didaktisch einiges für sich haben. Jedoch werden sie sich an Berufsschulen nicht in die für schulische Organisationspraxis grundlegende Logik von Lehrkräftegewinnung, Stundenplanerstellung oder Gruppenbildung übersetzen lassen. Selbst ein Lehrkräftewechsel im Schulhalbjahr ist an den untersuchten Projektschulen kaum organisch durchführbar. Mit Blick auf die für den bayerischen Kontext charakteristischen Majoritäts-Minoritäts-Konstellationen und die spezifischen Organisationsstrukturen an Berufsschulen erscheint es vielmehr vielversprechender, den gesamten Berufsschulbildungsgang als Bezugshorizont für den konfessionsbezogenen Lehrkraftwechsel ins Auge zu fassen.

7.3 Ein Modell mit hoher Passung für bayerische Berufsschulen: konfessionell-kooperativer Religionsunterricht im Bildungsgang

Wie bereits in der Einleitung ausgeführt, spiegeln sich im StReBe-Projekt auch regionale Ungleichzeitigkeiten in der Fachentwicklung des Religionsunterrichts in Deutschland wider. Während ein konfessionell-kooperativer Religionsunterricht in immer mehr Bundesländern erprobt wird oder seit längerem etabliert ist (vgl. Sajak & Simojoki, 2023) und der Berufsschulreligionsunterricht in den meisten Bundesländern »seit Jahrzehnten […] nicht in nach Konfessionen oder, in neuerer Zeit, auch nicht nach Religionszugehörigkeit getrennten Lerngruppen erteilt wird« (Boschki, Meyer-Blanck & Schweitzer, 2021, S. 223), war an bayerischen Berufsschulen ein konfessionell ausdifferenzierter BRU zu Projektstart noch die Regel. Insofern markiert das StReBe-Projekt in diesem Bundesland – neben ähnlichen Schulprojekten im Bereich der Grund- und Mittelschulen – einen ersten Übergang zum parallelen Angebot von konfessionellen und konfessionell-kooperativen Unterrichtsformaten.

Denn ungeachtet der im Projekt angelegten Optionsvielfalt haben sich im Grunde nur zwei Konzepte als nachhaltig erwiesen. Besonders positiv bewertet wurde das Konzept *Konfessionelle Kooperation im Bildungsgang*. Hier werden die evangelischen, katholischen und weitere für den BRU angemeldete Schüler:innen einer Klasse gemeinsam unterrichtet, von einer katholischen oder von einer evangelischen Lehrkraft – und zwar unabhängig davon, welcher Konfession die Mehrheit der Schüler:innen der Religionsgruppe angehört. Das Konzept sieht einen Lehrkräftewechsel während des in der Regel dreijährigen Bildungsgangs vor, damit alle katholischen und evangelischen Schüler:innen während ihrer Berufsschulzeit möglichst mindestens ein Jahr durch eine Religionslehrkraft »ihrer« Konfession unterrichtet werden. Die Verteilung der Religionsstunden orientiert sich dabei meistens proportional an der Konfessionszugehörigkeit der Schüler:innen an der Schule.

Die projektbeteiligten Akteur:innen bescheinigen dem Modell folgende Vorteile: weniger Unterrichtsausfall, mehr effektive Unterrichtszeit (vor allem auf Seiten der Minoritätskonfession), besseres Standing des BRU bei der Schulleitung und im Schulkollegium, personelle Repräsentation beider Konfessionen sowie – als Schlüsselargument – eine bessere und verlässlichere Organisation des Berufsschulreligionsunterrichts insbesondere der Minoritätskonfession. Der vor allem von kirchlichen Lehrkräften mit hohem Stundendeputat anfangs befürchtete Rückgang von BRU-Stunden ist zumindest an den Projektschulen nicht eingetreten, was weiter zur lokalen Plausibilität des Konzepts beigetragen hat. Im Gegenteil: Es konnte mehr Schüler:innen die Teilnahme am BRU ermöglicht werden. Moniert wurde lediglich ungeachtet der erreichten Erleichterung der immer noch als zu hoch eingeschätzte Verwaltungsaufwand bei der Aufnahme anderskonfessioneller und -religiöser Schüler:innen.

Beachtenswert erscheint, dass der vorgesehene Lehrkräftetausch im Verlauf der Berufsschuljahre in so genannten Diasporakontexten, in denen eine Konfession mit nur wenigen Schüler:innen vertreten ist, nicht für alle Lernenden umsetzbar ist. Für diese in Bayern nicht seltene Konstellation zeichnet sich *konfessioneller Religionsunterricht in*[5] *erweiterter Kooperation* aus. Auch hier werden evangelische, katholische und weitere angemeldete Schüler:innen einer Klasse im BRU gemeinsam von einer Religionslehrkraft unterrichtet. Die Verteilung der Religionsstunden an der jeweiligen Berufsschule orientiert sich proportional an der Konfessionszugehörigkeit der Schüler:innen, so dass auch BRU der Minderheitskonfession angeboten werden kann. Gleichwohl kann aufgrund der aus dieser Verteilungspraxis resultierenden wenigen Religionsstunden in der Minderheitskonfession nicht allen Schüler:innen dieser Konfession innerhalb der zwei bzw. drei Schuljahre garantiert werden, dass sie in ihrer eigenen Konfession BRU erteilt bekommen.

---

5 Dieses Modell für BRU ist nicht zu verwechseln mit dem ähnlich titulierten Modell RUmeK, das an bayerischen Grund- und Mittelschulen zum Einsatz kommt. Denn »Religionsunterricht *mit* erweiterter Kooperation (RUmeK)« muss von einer Religionslehrkraft unterrichtet werden, die der Mehrheitskonfession der Lerngruppe angehört.

Für die Passung von *konfessioneller Kooperation im Bildungsgang* im bayerischen Berufsschulkontext spricht ferner, dass (mit der Ausnahme einer Projektschule, die zur langjährig etablierten Regelpraxis eines ausschließlich katholischen Religionsunterrichts zurückgekehrt ist,) alle Projektschulen am Pro-
jektende bei diesem Konzept gelandet sind. Insbesondere von Schulleitungen
wird auch ein pragmatisches Pro-Argument ins Feld geführt: Da hierbei katholische oder evangelische Lehrkräfte konfessionell-gemischte Lerngruppen unterrichten, besteht für Schulleitungen eine höhere Flexibilität bei der Lehrkräftegewinnung, was sich wiederum positiv auf die Unterrichtsabdeckung auswirkt.

Freilich zeigte sich in der Auswertung auch, dass das StReBe-Projekt aufgrund
seines spezifischen Zuschnitts manche Schlüsselherausforderungen des BRU
nicht adressiert und diese folglich auch nicht bearbeitet werden konnten. Denn
das Projekt erfasst nicht die wachsende Zahl von Berufsschüler:innen, die nicht
am konfessionellen Religionsunterricht teilnehmen. Daher ist die Perspektive
nicht-christlicher Schüler:innen zu wenig repräsentiert. Dies betrifft besonders
die konfessionslosen und muslimischen Schüler:innen, die mehrheitlich am
Ethikunterricht teilnehmen. Dennoch stellt das StReBe-Projekt einen ersten
Schritt in Richtung einer zukunftsfähigen religiös-weltanschaulichen Bildung an
bayerischen Berufsschulen dar.

8. Ausblick

Auf Basis der Ergebnisse des StReBe-Projekts und infolge der positiven Evaluation des Modells *konfessionelle Kooperation im Bildungsgang* haben sich die Evangelisch-Lutherische Landeskirche in Bayern (ELKB) und das Katholische Büro (in Vertretung der sieben bayerischen (Erz-)Diözesen) im Einvernehmen mit dem Staatsministerium für Unterricht und Kultus geeinigt, die schulspezifische Erprobung dieses Modell auszuweiten. In einem entsprechenden kultusministeriellen Schreiben wurden dafür Folgendes festgelegt:»Bei der Umsetzung der konfessionellen Kooperation im Bildungsgang an der Berufsschule ist zu beachten, dass
– beide Konfessionen (evangelisch-lutherische und römisch-katholische) einbezogen und inhaltlich sowie auf Religionslehrkraftebene personell repräsentiert sind,
– evangelische bzw. katholische Religionslehre als ordentliche Lehrfächer mit Notengebung bestehen bleiben,
– dass ein nicht konfessionell gebundener Religionsunterricht im Klassenverband mit allen Schülerinnen und Schülern nicht möglich ist,
– dass Schülerinnen und Schüler, die nicht der evangelisch-lutherischen oder römisch-katholischen Kirche angehören, weiterhin auf Antrag teilnehmen können,
– dass Ethik bzw. Islamischer Unterricht – sofern Letztgenannter an der Schule angeboten wird – als Ersatzpflichtfach von den Schülerinnen und Schülern gewählt werden kann.« (KMS VI.4-BS9402.1/4/80 vom 25.01.2023)

Auf dieser Grundlage wurde ab Schuljahr 2023/24 der Kreis der StReBe-Projektschulen auf 20 teilnehmende Berufsschulen erhöht. Diese setzen das im Bottom-Up-Prozess in der ersten Projektphase erarbeitete sowie evaluierte Modell um und werden dabei durch religionsdidaktische und lehrplanbezogene Umsetzungshilfen sowie Materialien unterstützt, die von den StReBe-Projektlehrkräften in Kooperation mit Verantwortlichen der Religionspädagogischen Zentren (Heilsbronn und München) im ISB-Arbeitskreis erstellt worden sind.

Die neu hinzugekommenen StReBe-Lehrkräfte werden seitens der Religionspädagogischen Zentren und des Kultusministeriums durch Fortbildungsformate
begleitet; auch ist vorgesehen, die bei der Umsetzung von BRU im Modell von
konfessioneller Kooperation im Bildungsgang gemachten Erfahrungen durch
Begleitforschung zu evaluieren und dieses Modell auf diese Weise einer weiteren
Optimierung zuzuführen.

Insgesamt zeigt das bayerische StReBe-Projekt in positiver Weise, wie im Interesse an einem qualitätsvollen Religionsunterricht Weiterentwicklungen gestaltet werden können: im Einklang von Kirchen und Staat, in Orientierung an
den Bedürfnissen der Schulen, rechtlich gesichert, wissenschaftlich fundiert und,
das vor allem, unter Einbezug der Expertise dieses Unterrichtsfach ausgestal-
tender Religionslehrkräfte sowie mit Blick auf die daran teilnehmenden Schü-
ler:innen. Auf diese Weise konnten »vor Ort« Innovationsoptionen generiert
werden, die zu einer Stärkung des konfessionellen Religionsunterrichts an Berufsschulen beigetragen haben – ein Zugang, der auch in anderen Kontexten der
Fachentwicklung Schule machen könnte.

Literatur

Alberts, W., Junginger, H., Neef, K. & Wöstemeyer, C. (Hrsg.) (2023). *Handbuch Religionskunde in Deutschland*. Berlin: de Gruyter; DOI: https://doi.org/10.1515/978311069 4536.

Angele, C. (2016). *Ethnographie des Unterrichtsgesprächs. Ein Beitrag zur Analyse von Unterrichtsgesprächen über Differenz als Alltagserfahrung*. Münster & New York: Waxmann.

Bauer, J. (2020). Religion unterrichten in Hamburg. In M. Rothgangel & B. Schröder (Hrsg.), *Religionsunterricht in den Ländern der Bundesrepublik Deutschland. Neue empirische Daten – Kontexte – Aktuelle Entwicklungen* (S. 153–178). Leipzig: EVA.

Bayerisches Staatsministerium für Unterricht und Kultus [StMUK] (Hrsg.) (2023a). *Bayerns Schulen in Zahlen 2021/2022* (Schriften des Bayerischen Staatsministeriums für Unterricht und Kultus. Reihe A: Bildungsstatistik, 73); https://www.km.bayern.de/statis tik (30.04.2024).

Bayerisches Staatsministerium für Unterricht und Kultus [StMUK] (Hrsg.) (2023b), KMS vom 17.08.2023 zu »Religionsunterricht und religiöse Erziehung; Grundlagen und allgemeine Regelungen«. München.

Bogner, A., Littig, B. & Menz, W. (Hrsg.) (2014). *Interviews mit Experten. Eine praxisorientierte Einführung*. Wiesbaden: Springer VS; DOI: https://doi.org/10.1007/978-3-531-19416-5.

Boschki, R., Meyer-Blanck, M. & Schweitzer, F. (2021). »Offene Konfessionalität« als Leitkategorie für den zukünftigen Religionsunterricht an berufsbildenden Schulen. In M. Gronover, C. Krause, M. Marose, R. Boschki, M. Meyer-Blanck & F. Schweitzer (Hrsg.), *Offene Konfessionalität. Diskurse mit Expertinnen und Experten zum Profil des Religionsunterrichts an berufsbildenden Schulen* (S. 223–237). Münster & New York: Waxmann.

Breidenstein, G., Hirschauer, S., Kalthoff, H. & Nieswand, B. (Hrsg.) (2015). *Ethnographie. Die Praxis der Feldforschung*. 2., überarb. Aufl. Konstanz: UVK-Verlagsgesellschaft; DOI: https://doi.org/10.36198/9783838544977.

Domsgen, M. & Schwillus, H. (Hrsg.) (2019). *Der Religionsunterricht der Zukunft. Modelle auf dem Prüfstand mit Blick auf Sachsen-Anhalt*. Berlin: Logos.

EKD (1994). *Identität und Verständigung. Standort und Perspektiven des Religionsunterrichts in der Pluralität. Eine Denkschrift der Evangelischen Kirche in Deutschland*. Gütersloh: Gütersloher Verlagshaus.

EKD (2014). *Religiöse Orientierung gewinnen. Evangelischer Religionsunterricht als Beitrag zu einer pluralitätsfähigen Schule. Eine Denkschrift des Rates der Evangelischen Kirche in Deutschland.* Gütersloh: Gütersloher Verlagshaus.

Freuding, J. (2022). *Fremdheitserfahrungen und Othering. Ordnungen des »Eigenen« und »Fremden« in interreligiöser Bildung.* Bielefeld: transcript; DOI: https://doi.org/10.151 5/9783839460436.

Gennerich, C. & Mokrosch, R. (2016). *Religionsunterricht kooperativ. Evaluation des konfessionell-kooperativen Religionsunterrichts in Niedersachsen und Perspektiven für einen religions-kooperativen Unterricht.* Stuttgart: Kohlhammer; DOI: https://doi.org /10.17433/978-3-17-030941-8.

Gennerich, C., Käbisch, D. & Woppowa, J. (2021). *Konfessionelle Kooperation und Multiperspektivität. Empirische Einblicke in den Religionsunterricht an Gesamtschulen.* Stuttgart: Kohlhammer; DOI: https://doi.org/10.17433/978-3-17-040053-5.

Gläser, J. & Laudel, G. (2010). *Experteninterviews und qualitative Inhaltsanalyse als Instrumente rekonstruierender Untersuchungen.* Wiesbaden: Springer VS.

Gronover, M. (2023). Alternative Zeitmodelle. In M. Gronover, H. Schnabel-Henke, F. Schweitzer & S. Hiller (Hrsg.), *Neue Zeit- und Organisationsmodelle für den RU. Befunde und Perspektiven für den Religionsunterricht an berufsbildenden Schulen* (S. 75–135). Münster & New York: Waxmann.

Gronover, M., Krause, C. & Marose, M. (2021). Einführung – Zusammenfassung – Zentrale Ergebnisse. In M. Gronover, C. Krause, M. Marose, R. Boschki, M. Meyer-Blanck, F. Schweitzer (Hrsg.), *Offene Konfessionalität. Diskurse mit Expertinnen und Experten zum Profil des Religionsunterrichts an berufsbildenden Schulen* (S. 7–25). Münster & New York: Waxmann.

Gronover, M., Krause, C., Marose, M., Boschki, R., Meyer-Blanck, M. & Schweitzer, F. (Hrsg.) (2021). *Offene Konfessionalität. Diskurse mit Expertinnen und Experten zum Profil des Religionsunterrichts an berufsbildenden Schulen.* Münster & New York: Waxmann.

Gronover, M., Schnabel-Henke, H., Schweitzer, F. & Hiller, S. (Hrsg.) (2023). *Neue Zeit- und Organisationsmodelle für den RU. Befunde und Perspektiven für den Religionsunterricht an berufsbildenden Schulen.* Münster & New York: Waxmann.

Gronover, M., Schweitzer, F., Schnabel-Henke, H. & Hiller, S. (2023). Einleitung. In M. Gronover, H. Schnabel-Henke, F. Schweitzer & S. Hiller (Hrsg.), *Neue Zeit- und Organisationsmodelle für den RU. Befunde und Perspektiven für den Religionsunterricht an berufsbildenden Schulen* (S. 9–23). Münster & New York: Waxmann.

Gronover, M. & Wagensommer, G. (2018). Didaktisch-methodische Herausforderungen in der Praxis. In R. Biewald, A. Obermann, B. Schröder & W. Schwendemann (Hrsg.), *Religionsunterricht an berufsbildenden Schulen. Ein Handbuch* (S. 266–306). Göttingen: Vandenhoeck & Ruprecht; DOI: https://doi.org/10.13109/9783666776953.266.

Grümme, B. (2016). Der Berufsschulreligionsunterricht als Laboratorium heterogenitätsfähiger Religionspädagogik. Schulformbezogene Überlegungen zur Konfessionalität des Religionsunterrichts. *Theo-Web. Zeitschrift für Religionspädagogik, 15*(1) (2016), 141–152; https://www.theo-web.de/fileadmin/2016/Heft-1/TW15_2016_H.1_141_Grue mme.pdf (30.04.2024).

Grümme, B. (2017). *Heterogenität in der Religionspädagogik. Grundlagen und konkrete Bausteine.* Freiburg i. Br.: Herder.

Grümme, B., Schlag, T. & Ricken, L. (Hrsg.) (2020). *Heterogenität. Eine Herausforderung für Religionspädagogik und Erziehungswissenschaft.* Stuttgart: Kohlhammer; DOI: https://doi.org/10.17433/978-3-17-038915-1.

Gutmann, D. & Peters, F. (Hrsg.) (2021). *#projektion2060 – Die Freiburger Studie zu Kirchenmitgliedschaft und Kirchensteuer. Analysen – Chancen – Visionen.* Neukirchen-Vluyn: Neukirchener.

Heinig, M., Hense, A., Lindner, K. & Simojoki, H. (Hrsg.) (2024). *Christlicher Religionsunterricht (CRU). Rechtswissenschaftliche und theologisch-religionspädagogische Perspektiven auf ein Reformmodell in Niedersachsen.* Tübingen: Mohr Siebeck.

Hiller, S. & Schnabel-Henke, H. (2023). Religionsunterricht in längeren Zeiteinheiten – eine echte Alternative. In M. Gronover, H. Schnabel-Henke, F. Schweitzer & S. Hiller (Hrsg.), *Neue Zeit- und Organisationsmodelle für den RU. Befunde und Perspektiven für den Religionsunterricht an berufsbildenden Schulen* (S. 9–23). Münster & New York: Waxmann.

Ilg, W. (2023). Die sechste Kirchenmitgliedschaftsuntersuchung: Zentrale Erkenntnisse und Herausforderungen für Religionspädagogik und Gemeindepädagogik. *Zeitschrift für Pädagogik und Theologie 75*(4), 370–386; DOI: https://doi.org/10.1515/zpt-2023-20 27.

IfBQ – Institut für Bildungsmonitoring und Qualitätsentwicklung, Freie und Hansestadt Hamburg (2018). *Evaluation – Gesamtbericht: Weiterentwicklung des Religionsunterrichts für alle.* Hamburg; https://www.hamburg.de/contentblob/11228470/a9828c1f5d efe932d0c85401ef5c39a4/data/gesamtbericht-religionsunterricht-fuer-alle.pdf (30.04. 2024).

Jung, L. & Lindner, K. (2024). Die Persönlichkeitsbildung zukünftiger Fachkräfte unterstützen. Potenziale des Religionsunterrichts an beruflichen Schulen. In K.-H. Gerholz, S. Annen, R. Braches-Chyrek, J. Hufnagl & A. Wagner (Hrsg.), *bwp@ Spezial HT2023: Hochschultage Berufliche Bildung 2023,* 1–19; https://www.bwpat.de/ht2023/jung_lind ner_ht2023.pdf (30.04.2024).

Kenngott, E., Englert, R., Knauth, T. (Hrsg.) (2015). *Konfessionell – interreligiös – religionskundlich. Unterrichtsmodelle in der Diskussion.* Stuttgart: Kohlhammer; DOI: https://doi.org/10.17433/978-3-17-024422-1.

Kiroudi, M. (2021). *Orthodoxer Religionsunterricht in Deutschland. Geschichte, Rahmenbedingungen, Perspektiven.* Paderborn: Ferdinand Schöningh; DOI: https://doi.org/10. 30965/9783657704781.

Khorchide, M., Lindner, K., Roggenkamp, A., Sajak, C. P. & Simojoki, H. (Hrsg.). *Stereotype – Vorurteile – Ressentiments. Herausforderungen für das interreligiöse Lernen.* Göttingen: V&R unipress; DOI: https://doi.org/10.14220/9783737013468.

Klapheck, E., Landthaler, B. & Rappoport, R. (2019). *Deutschland braucht jüdischen Religionsunterricht.* Berlin & Leipzig: Hentrich & Hentrich.

Krobath, T. & Taschl-Erber, A. (Hrsg.) (2023). *Konfessionell – kooperativ – interreligiös: Liegt die Zukunft des Religionsunterrichts im Miteinander?* Münster u.a.: Lit.

Kuckartz, U. (2018). *Qualitative Inhaltsanalyse. Methoden, Praxis, Computerunterstützung.* Weinheim: Beltz Juventa.

Kuld, L., Schweitzer, F., Tzscheetzsch, W. & Weinhardt J. (Hrsg.) (2009). *Im Religionsunterricht zusammenarbeiten. Evaluation des konfessionell-kooperativen Religionsunter-*

richts in Baden-Württemberg. Stuttgart: Kohlhammer; DOI: https://doi.org/10.17433/9
78-3-17-023148-1.

Lindner, K. (2017). *Wertebildung im Religionsunterricht. Grundlagen, Herausforderungen und Perspektiven.* Paderborn: Ferdinand Schöningh; DOI: https://doi.org/10.30965/97
83657785544.

Lindner, K., Schambeck, M., Simojoki, H. & Naurath, E. (Hrsg.) (2017). *Zukunftsfähiger Religionsunterricht. Konfessionell – kooperativ – kontextuell.* Freiburg i. Br.: Herder.

Lindner, K. & Simojoki, H. (2020). Religion unterrichten in Bayern. In M. Rothgangel & B. Schröder (Hrsg.), *Religionsunterricht in den Ländern der Bundesrepublik Deutschland. Neue empirische Daten – Kontexte – Strukturelle Entwicklungen* (S. 39–70). Leipzig: EVA.

Lüders, C. (2000). Beobachten im Feld und Ethnographie. In U. Flick, E. v. Kardorff, I. Steinke (Hrsg.), *Qualitative Sozialforschung. Ein Handbuch* (S. 384–401). Reinbek bei Hamburg: Rowohlt.

Metz, J. B. (1977). *Glaube in Geschichte und Gesellschaft. Studien zu einer praktischen Fundamentaltheologie.* Mainz: Matthias Grünewald.

Naurath, E. (2017). ›Nur wer sich ändert, bleibt sich treu‹ (Wolf Biermann) – Warum der Religionsunterricht nicht so bleiben kann, wie er ist. In K. Lindner, M. Schambeck, H. Simojoki & E. Naurath (Hrsg.) (2017), *Zukunftsfähiger Religionsunterricht. Konfessionell – kooperativ – kontextuell* (S. 23–40). Freiburg i. Br.: Herder.

Peters, F., Ilg, W. & Gutmann, D. (2019). Demografischer Wandel und nachlassende Kirchenzugehörigkeit: Ergebnisse aus der Mitgliederprojektion der evangelischen und katholischen Kirche in Deutschland und ihre Folgen für die Religionspädagogik. *Zeitschrift für Pädagogik und Theologie, 71*(2), 196–207; DOI: https://doi.org/10.1515/zp t-2019-0023.

Przyborski, A. & Wohlrab-Sahr, M. (2014). Forschungsdesigns für die qualitative Sozialforschung. In: N. Baur, J. Blasius (Hrsg.), *Handbuch Methoden der empirischen Sozialforschung* (S. 117–133). Wiesbaden: Springer; DOI: https://doi.org/10.1524/97834867 19550.

Riegel, U. (2018). *Wie in Zukunft Religion unterrichten? Zum Konfessionsbezug des Religionsunterrichts von (über-)morgen.* Stuttgart: Kohlhammer; DOI: https://doi.org/10.1 7433/978-3-17-034464-8.

Riegel, U., Gronover, M., Brügge-Feldhake, M., Hofmann, J. & Boschki, R. (Hrsg.) (2023). *Der Umgang mit religiöser Vielfalt im katholischen Religionsunterricht. Eine explorative Studie im Mixed-Methods-Design.* Münster & New York: Waxmann; DOI: https://doi.o rg/10.31244/9783830997405.

Riegel, U. & Zimmermann, M. (2022). *Evaluation des konfessionell-kooperativen Religionsunterrichts in Nordrhein-Westfalen.* Stuttgart: Kohlhammer; DOI: https://doi.org /10.17433/978-3-17-043135-5.

Roose, H. (2020). Wie schulische Praxis religionspädagogische Programmatik unterläuft. Ein komplexitätssensibler Blick auf (Organisationsmodelle von) Religionsunterricht. *Theo-Web. Zeitschrift für Religionspädagogik, 19*(2), 93–111.

Rothgangel, M. & Schröder, B. (Hrsg.) (2020). *Religionsunterricht in den Ländern der Bundesrepublik Deutschland. Neue empirische Daten – Kontexte – Aktuelle Entwicklungen.* Leipzig: EVA.

Sajak, C. P. & Simojoki, H. (2023). Art. Konfessionell-kooperativer Religionsunterricht. *WiReLex. Das wissenschaftlich-religionspädagogische Lexikon im Internet*; DOI: https://doi.org/10.23768/wirelex.konfessionellkooperativer_Religionsunterricht.10023 5.

Schnabel-Henke, H., Bräuer, M., Losert, M. & Schweitzer, F. (2023). Neue Organisationsmodelle (NOM): BRU im Block. In M. Gronover, H. Schnabel-Henke, F. Schweitzer & S. Hiller (Hrsg.), *Neue Zeit- und Organisationsmodelle für den RU. Befunde und Perspektiven für den Religionsunterricht an berufsbildenden Schulen* (S. 25–74). Münster & New York: Waxmann.

Schreier, M. (2014). Varianten qualitativer Inhaltsanalyse: Ein Wegweiser im Dickicht der Begrifflichkeiten. *Forum Qualitative Sozialforschung, 15*(1), Art. 18; http://nbn-resolving.de/urn:nbn:de:0114-fqs1401185 (30.04.2024).

Schröder, B. (2014). *Religionsunterricht – wohin? Modelle seiner Organisation und didaktischen Struktur*, Neukirchen-Vluyn: Neukirchener; DOI: https://doi.org/10.13109/9783666501784.

Schröder, B. (2012). *Religionspädagogik*. Tübingen: Mohr Siebeck.

Schwafferts, P. (2018). Berufsbildende Schulen als Schulsystem. In R. Biewald, A. Obermann, B. Schröder & W. Schwendemann (Hrsg.), *Religionsunterricht an berufsbildenden Schulen. Ein Handbuch* (S. 42–66). Göttingen: Vandenhoeck & Ruprecht; DOI: https://doi.org/10.13109/9783666776953.42.

Schweitzer, F. (2020). *Religion noch besser unterrichten. Qualität und Qualitätsentwicklung im RU*. Göttingen: Vandenhoeck & Ruprecht; DOI: https://doi.org/10.13109/97836667 02969.

Schweitzer, F., Biesinger, A., Boschki, R., Schlenker, C., Edelbrock, A., Kliss, O. & Scheidler, M. (2002). *Gemeinsamkeiten stärken – Unterschieden gerecht werden. Erfahrungen und Perspektiven zum konfessionell-kooperativen Religionsunterricht*. Gütersloh: Gütersloher Verlagshaus, Freiburg i. Br.: Herder.

Sekretariat der Deutschen Bischofskonferenz (DBK) (Hrsg.) (2016). *Die Zukunft des konfessionellen Religionsunterrichts. Empfehlungen für die Kooperation des katholischen mit dem evangelischen Religionsunterricht.* Bonn: Sekretariat der DBK.

Simojoki, H. (2019). Konfessionelle Majoritäts-Minoritäts-Situationen und die Notwendigkeit einer ökumenischen Religionsdidaktik – Überlegungen aus evangelischer Perspektive. In M. Schambeck, H. Simojoki & A. Stogiannidis (Hrsg.), *Auf dem Weg zu einer ökumenischen Religionsdidaktik. Grundlegungen im europäischen Kontext* (S. 28–42). Freiburg u. a.: Herder.

Simojoki, H. (2022). Subjektive Bedeutsamkeit als spannungsvolle Wirkungsdimension religiöser Bildung. Analysen und Überlegungen zur Relation von Zufriedenheit und Alltagsrelevanz der Konfi-Arbeit. In N. Brieden, H. Mendl, O. Reis & H. Roose (Hrsg.), *Nachhaltige Wirkung von Religionsunterricht* (S. 70–82). Babenhausen: LUSA.

Simojoki, H., Danilovich, Y., Schambeck, M. & Stogiannidis, A. (Hrsg.) (2022). *Religionsunterricht im Horizont der Orthodoxie. Weiterführungen einer ökumenischen Religionsdidaktik*. Freiburg u. a.: Herder.

Simojoki, H., Lindner, K., Pflaum, L. & Endres, M. (2022). Wie der konfessionelle Religionsunterricht vor Ort gestaltet wird. Ein Bottom-up-Zugang zur Komplexität kooperativer Organisationspraktiken an Berufsschulen. *Religionspädagogische Beiträge. Journal for Religion in Education 45*(2), 61–73; DOI: https://doi.org/10.20377/rpb-190.

Stockinger, H. (2021), Subjektorientierung: ein Religionsunterricht, der die Dignität der Subjekte achtet. In E. Stögbauer-Elsner, K. Lindner & B. Porzelt (Hrsg.), *Studienbuch Religionsdidaktik* (S. 31–38). Bad Heilbrunn: Klinkhardt.

Thyen, A. (2015). Art. Ethikunterricht. *WiReLex. Das wissenschaftlich-religionspädagogische Lexikon im Internet*; DOI: https://doi.org/10.23768/wirelex.Ethikunterricht.100092.

Tuna, M. H. & Juen, M. (Hrsg.) (2021). *Praxis für die Zukunft. Erfahrungen, Beispiele und Modelle kooperativen Religionsunterrichts*. Stuttgart: Kohlhammer.

Ulfat, F., Engelhardt, J. F. & Yavuz, E. (2020). *Islamischer Religionsunterricht in Deutschland. Qualität, Rahmenbedingungen und Umsetzung*. Frankfurt/Main: Akademie für Islam in Wissenschaft und Gesellschaft; https://aiwg.de/wp-content/uploads/2020/12/AIWG-Expertise-Isamischer-Religionsunterricht-in-Deutschland_Onlinepublikation. pdf (27.04.2023).

van Elten, B. & Schröder, B. (2018). Schulseelsorge bzw. Religion im Schulleben – außerunterrichtliche religionsbasierte Arbeit an berufsbildenden Schulen. In R. Biewald, A. Obermann, B. Schröder & W. Schwendemann (Hrsg.), *Religionsunterricht an berufsbildenden Schulen. Ein Handbuch* (S. 307–328). Göttingen: Vandenhoeck & Ruprecht; DOI: https://doi.org/10.13109/9783666776953.307.

Witten, U. (2020). *Inklusion und Religionspädagogik. Eine wechselseitige Erschließung*. Stuttgart: Kohlhammer; DOI: https://doi.org/10.17433/978-3-17-039651-7.

Wolst, L. (2020). *Lernen mit Religionen. Kooperationen zwischen Evangelischem und Islamischem Religionsunterricht aus Schülerinnen- und Schülerperspektive*. Stuttgart: Kohlhammer; DOI: https://doi.org/10.17433/978-3-17-036419-6.

Woppowa, J. (Hrsg.) (2015). *Perspektiven wechseln. Lernsequenzen für den konfessionell-kooperativen Religionsunterricht*. Paderborn: Ferdinand Schöningh.

Woppowa, J. (2017). Perspektivenverschränkung als zentrale Figur konfessioneller Kooperation. In K. Lindner, M. Schambeck, H. Simojoki & E. Naurath (Hrsg.), *Zukunftsfähiger Religionsunterricht. Konfessionell – kooperativ – kontextuell* (S. 174–192). Freiburg i. Br.: Herder.

Anhang

I. Interviewleitfäden

I.1 Basiserhebung

I.1.1 Basiserhebung: Leitfaden Expert:inneninterview Religionslehrkräfte

Einstieg

[Situationsbeschreibung Religionsunterricht] Ich durfte Sie ja heute begleiten und habe dadurch schon einen guten Einblick in Ihren Arbeitsalltag erhalten. Trotzdem fange ich jetzt ganz allgemein an: Wie nehmen Sie denn den Religionsunterricht an Ihrer Schule wahr?

[Konzept Religionsunterricht] Sie haben soeben einiges erzählt zur Situation des Religionsunterrichts an Ihrer Schule. Beschreiben Sie doch noch das Konzept/die Grundidee von Religionsunterricht, von dem/der Sie meinen, dass diese den Religionsunterricht an Ihrer Schule prägt: Was wollen Sie mit Religionsunterricht an der BS leisten/bewirken?

Organisation

Wenn Sie an die Organisation des Religionsunterrichts innerhalb Ihrer Schule denken: Beschreiben Sie doch einmal, wie Ihrer Ansicht nach die Organisation des Religionsunterrichts an Ihrer Schule gelingt?

Gibt es Herausforderungen für die Durchführung des Religionsunterrichts? Können Sie diese beschreiben?

[Ggf. nachfragen:]

Welche Rolle spielt dabei die Stundenplan-Gestaltung und/oder die Anzahl der vorhandenen Religionslehrkräfte beider Konfessionen?

Wenn Sie an katholischen und evangelischen Religionsunterricht sowie Ethikunterricht nebeneinander denken: Wie nehmen Sie das wahr?

Religionsunterricht
Sie haben nun einiges zu organisatorischen Fragestellungen erzählt. Das ist das
eine. Erzählen Sie mal, wie erleben Sie den Religionsunterricht hier an Ihrer
Schule als Lehrkraft in inhaltlicher Hinsicht?
[Ggf. nachfragen:]
Was ist zentral, was sollen die Schülerinnen und Schüler lernen?
Beschreiben Sie, worauf es aus Ihrer Sicht im Religionsunterricht ankommt.
Worauf legen Sie Wert und warum?
In Ihrem Religionsunterricht sind Schülerinnen und Schüler beider Konfessio-
nen / An Ihrer Schule findet konfessioneller Religionsunterricht statt: Erzählen
Sie, wie nehmen sie das Verhältnis von Minderheit und Mehrheit in konfessio-
neller Hinsicht wahr?
Beschreiben Sie bitte, welche Rolle spielt es Ihrer Meinung nach für die alltägliche
Unterrichtspraxis, ob Sie die Minderheit oder Mehrheit unterrichten?
Worin sehen Sie Potenziale eines Religionsunterrichts an Berufsschulen?
Der Religionsunterricht findet in einem pluralen Kontext statt, auch die Zu-
sammensetzung der Schülerinnen und Schüler ist heterogen. Erzählen Sie, wie
fühlen Sie sich auf eine solche plurale Situation vorbereitet?

Schülerinnen und Schüler
Im Religionsunterricht begegnen Sie vielen Schülerinnern und Schülern – einige
von ihnen durfte ich heute ja auch bereits kennenlernen. Erzählen Sie doch bitte
noch ein bisschen mehr über die Zusammensetzung der Schülerschaft.
In Ihrem Unterricht begegnen Sie Schülerinnen und Schüler aus beiden Kon-
fessionen / auch Schülerinnen und Schüler ohne Bekenntnis bzw. Schülerinnen
und Schüler anderer Religionen. Erzählen Sie doch einmal davon, wie sie dieses
Miteinander erleben?
[Ggf. nachfragen:]
Welche äußeren Rahmenbedingungen bräuchten Sie / würden Sie sich wün-
schen, damit dieses Miteinander gestärkt wird?
Welche Herausforderungen oder auch Chancen sehen Sie in dieser Form des
Unterrichts?
Wie gehen Sie damit um, wenn Schülerinnen und Schüler aus der anderen
Konfession in Ihrem Religionsunterricht sind?
Im Religionsunterricht begegnen die Schülerinnen und Schüler religiösen The-
men. Was ist Ihrer Meinung nach wichtig – im Blick auf die Schülerinnen und
Schüler – im Umgang mit diesen Themen?
Welche Rolle spielt dabei die Konfession?
Wie kann Ihrer Meinung nach ein Austausch zwischen Schülerinnen und
Schülern, aber auch zwischen Schülerschaft und Lehrkraft im Religionsunter-
richt gelingen?

Zusammenarbeit

Als Lehrkraft sind Sie eingebunden in eine Fachschaft. Erzählen Sie, wie erleben sie die Zusammenarbeit mit den Kolleginnen / Kollegen des evangelischen Religionsunterrichts / katholischen Religionsunterrichts / Ethik?

Welchen Stellenwert hat Religionsunterricht an Ihrer Schule bei der Schulleitung und bei Ihren Kolleginnen / Kollegen, die nicht Religion unterrichten?

Sie gehören ja der evangelischen / katholischen Konfession an und sind damit hier als Religionslehrkraft Angehörige/-r der Minderheit / Mehrheit. Wie gehen Sie damit um?

Ausblick / Zukunft

Sie haben viel von Ihrem Religionsunterricht und über den Religionsunterricht an Berufsschulen erzählt. Neben dem, was Sie an Konkretionen geäußert haben, wird der Religionsunterricht an Berufsschulen derzeit vielfältig diskutiert. Können Sie zum Abschluss noch begründen: Wie sollte der Religionsunterricht der Zukunft Ihrer Meinung nach sein?

Als projektverantwortliche Lehrkraft sind Sie ins StReBe-Projekt eingebunden. Zusammengefasst: Was erwarten Sie sich von diesem Projekt?

Abschluss

Dank für das Gespräch.

I.1.2   Basiserhebung: Leitfaden Expert:inneninterview Schulleitung

Einstieg

[Situationsbeschreibung Religionsunterricht:] Meine Kollegin und ich haben ja bereits einen Einblick in den Alltag an Ihrer Schule erhalten und wir durften Ihre Religionslehrkräfte zwischen und in den Unterrichtsstunden begleiten. Jetzt bin ich an Ihrer Expertise interessiert: Wie nehmen Sie denn den Religionsunterricht an Ihrer Schule wahr?

[Ggf. nachfragen:]

Sie haben soeben einiges zur Situation des Religionsunterrichts an Ihrer Schule erzählt. Beschreiben Sie doch noch das Konzept / die Grundidee von Religionsunterricht, von dem / der Sie meinen, dass diese/s den Religionsunterricht an Ihrer Schule prägt. Was soll Religionsunterricht an der Berufsschule Ihrer Meinung nach leisten?

Wie der Religionsunterricht an Ihrer Schule gestaltet wird, ist auch von Ihren Entscheidungen abhängig. Können Sie dazu nochmal etwas mehr erzählen – welche Entscheidungen zum Religionsunterricht sind für Sie wichtig (gewesen),

in welcher Hinsicht waren / sind Sie an diesen Entscheidungen zum Religionsunterricht beteiligt?

Organisation

Wenn Sie an die Organisation des Religionsunterrichts innerhalb Ihrer Schule
denken: Beschreiben Sie doch einmal, wie Ihrer Ansicht nach die Organisation
des Religionsunterrichts an Ihrer Schule gelingt.
[Ggf. nachfragen:]
Gibt es Herausforderungen für die Durchführung des Religionsunterrichts?
Können Sie diese beschreiben? Und welche Rolle spielt die Mehrheits- bzw.
Minderheitssituation der Konfessionen an Ihrer Schule bei der Organisation?
Welche Rolle spielt dabei die Stundenplan-Gestaltung und / oder die Anzahl der
vorhandenen Religionslehrkräfte beider Konfessionen?
Wenn Sie an das Nebeneinander von katholischem und evangelischem Religi-
onsunterricht sowie Ethikunterricht denken: Wie nehmen Sie das wahr?
Wie hoch ist der Anteil muslimischer Schülerinnen und Schüler in Ihrer Schule?
Welche Fachangebote für religiöse Bildung stehen für diese Schülerinnen und
Schüler offen?
Wo sollte man Ihrer Meinung nach ansetzen, um den von Ihnen beschriebenen
organisatorischen Herausforderungen zu begegnen?
Was wären für Sie konkrete, geeignete Maßnahmen, um Religionsunterricht an
Berufsschulen (an Ihrer Berufsschule) weiterzuentwickeln?
Sie haben verschiedene Herausforderungen benannt. Mit Blick in die Zukunft:
Wo sehen Sie die größte Herausforderung für die Durchführung des Religions-
unterrichts an Berufsschulen?

Stellenwert des Religionsunterrichts

Sie haben nun einiges zu organisatorischen Fragestellungen erzählt. Das ist das
eine. Erzählen Sie einmal, wie sehen Sie denn den Stellenwert von Religionsun-
terricht an der Berufsschule persönlich – auch im Vergleich zu den anderen
Unterrichtsfächern?
[Ggf. nachfragen:]
Und Ihr Kollegium? Wie schätzen Sie das Kollegium hinsichtlich des Stellenwerts
von Religionsunterricht ein?
Sie arbeiten eng mit den dualen Ausbildungspartnern zusammen. Wie nehmen
Sie deren Einstellungen zum Religionsunterricht an der Berufsschule wahr?

Unterricht, Schülerinnen und Schüler

Wenn Sie einmal an Besuche im Religionsunterricht denken. Was ist Ihnen hier
besonders wichtig? Worauf achten Sie speziell beim Religionsunterricht und
warum?

Was sind Ihrer Meinung nach im Religionsunterricht an Berufsschulen zentrale Aspekte / Kompetenzen, die Schülerinnen und Schüler lernen / erwerben sollen?

Lehrkräfte
Wie erleben Sie das Nebeneinander von staatlichen und kirchlichen Religionslehrkräften?

Ausblick / Zukunft
Religionsunterricht ist eine gemeinsame Sache von Staat und Kirche: Wie nehmen Sie dies wahr? Wie schätzen Sie das staatliche und das kirchliche Agieren hinsichtlich des Religionsunterrichts an Berufsschulen ein? Inwiefern stehen Sie mit Vertreterinnen und Vertretern der Kirchen im Austausch?
Sie haben nun viel vom Religionsunterricht an Ihrer Berufsschule erzählt: Was bedarf es Ihrer Meinung nach, um in der Zukunft an Ihrer Schule einen guten Religionsunterricht anbieten zu können?
Als Schulleiter haben Sie die Bewerbung Ihrer Schule für das StReBe-Projekt aktiv unterstützt. Zusammengefasst: Was erwarten Sie sich von diesem Projekt?

Abschluss
Dank für das Gespräch.

I.1.3   Basiserhebung: Leitfaden Fokusgruppeninterview Schüler:innen

Einstieg
[Situationsbeschreibung Religionsunterricht:] Erzählt doch einmal von Eurem Religionsunterricht.
[Ggf. nachfragen:]
Warum geht Ihr in den Religionsunterricht?
Wie erlebt Ihr den Religionsunterricht: positiv, negativ, interessant, langweilig, wichtig, unwichtig …?
Wenn Ihr den Religionsunterricht an der Berufsschule mal mit anderen Fächern vergleicht: Wie würdet Ihr den Religionsunterricht beschreiben?
Ihr habt ja schon mehrere Religionsunterrichtsstunden hier an der Berufsschule erlebt: Erzählt mal von einer Stunde, die Ihr besonders gut fandet.
Was macht für Euch guten Religionsunterricht aus? / Was braucht guter Religionsunterricht? Wie muss er sein?
Habt ihr eine Ahnung, was Eure Arbeitgeber von Religionsunterricht halten?

Organisation
Der Religionsunterricht wird ja anders organisiert als andere Fächer wie beispielsweise Deutsch oder Rechnungswesen. Erzählt doch einmal davon.
[Ggf. nachfragen:]
Ihr als evangelische / katholische Religionsgruppe seid an Eurer Schule ja in der Minderheit. Merkt Ihr das überhaupt? Falls ja, woran und wie erlebt Ihr das?
Stellt Ihr fest, dass es hier an der Schule Schwierigkeiten bei der Organisation des Religionsunterrichts gibt?
Gibt es etwas, was Ihr am Religionsunterricht anders organisieren würdet?

Evangelisch – katholisch – andere Konfessionen und Religionen
Ihr seid im Religionsunterricht ja mit den evangelischen / katholischen / orthodoxen / muslimischen / allen Schülerinnen und Schülern zusammen / nicht zusammen. Erzählt doch einmal noch davon.
[Ggf. nachfragen:]
Wie denkt Ihr über die Trennung nach Religionszugehörigkeiten / Konfessionszugehörigkeiten / über den gemeinsamen Unterricht? Funktioniert dies an der Berufsschule gut?
Bei katholischer / evangelischer Trennung: Ihr seid ja im evangelischen / katholischen Religionsunterricht. Woran merkt Ihr das denn? Wie findet Ihr das, dass die anderen im evangelischen / katholischen Religionsunterricht unterrichtet werden?
Gibt es bei Euch Zusammenarbeit zwischen evangelischem und katholischem Religionsunterricht?
Was würdet Ihr davon halten, wenn alle Schülerinnen und Schüler an der Berufsschule zusammen Religionsunterricht hätten – unabhängig davon, ob sie christlich oder muslimisch oder nicht-religiös sind? Gäbe es für Euch dabei einen Mehrwert? Wo könnten eventuell Schwierigkeiten liegen?

Inhalte
Ihr behandelt im Religionsunterricht ja ganz unterschiedliche Themen. Erzählt doch einmal davon.
[Ggf. nachfragen:]
Welche Themen im Religionsunterricht findet Ihr für Euch ganz besonders wichtig? Warum?
Gibt es auch welche, die Ihr überflüssig findet? Warum?
Wie sieht es aus: Was haben die Dinge, die Ihr im Religionsunterricht lernt, mit eurem Beruf zu tun? Was nehmt ihr aus dem Religionsunterricht für euer Leben mit?
Was würde Euch denn noch interessieren und warum?

Lehrkraft

Jeder Unterricht lebt davon, wie der Lehrer / die Lehrerin unterrichtet. Erzählt doch einmal, was einen guten Religionslehrer / eine gute Religionslehrerin ausmacht.

[Ggf. nachfragen:]

Was muss der Religionslehrer / die Religionslehrerin können und tun, damit Ihr Euch im Religionsunterricht wohlfühlt?

Findet Ihr, dass ein/e Religionslehrer / Religionslehrerin auch persönliche Sachen oder von seinem / ihrem eigenen Glauben erzählen soll und darf? Oder geht es vor allem darum, religiöses Wissen zu vermitteln?

Wenn Ihr mal an Eure/n aktuelle/n Religionslehrerin / Religionslehrer denkt: Merkt ihr, dass sie / er evangelisch / katholisch ist? Falls ja, woran? Ist es für euch wichtig, dass ein/e Religionslehrer / Religionslehrerin zu ihrer Konfession / Religion steht?

Schülerinnen und Schüler

Da der Religionsunterricht ja vor allem mit Euch zu tun haben soll, ist es uns wichtig, etwas davon zu wissen, wie Ihr zu Religion steht. Erzählt doch einmal.

[Ggf. nachfragen:]

Welche Rolle spielt Religion in eurem Alltag? Seid Ihr in Eurem Ausbildungsbetrieb schon mal mit Religion oder religiösen Fragen in Berührung gekommen?

Der Religionsunterricht in Deutschland ist evangelisch und katholisch, manchmal auch islamisch oder jüdisch: Ich habe Euch mehrere Wortkarten mitgebracht: evangelisch | katholisch | christlich | islamisch | jüdisch. Was fällt Euch dazu ein?

Ich habe Euch noch zwei weitere Wortkarten mitgebracht: Ökumene | Interreligiöser Dialog. Was fällt Euch dazu ein?

Ausblick / Zukunft

Stellt Euch vor, Ihr dürftet mitbestimmen, wie der Religionsunterricht an der Berufsschule aussehen soll. Was würdet Ihr Euch wünschen?

Gibt es noch etwas, das Ihr zum Religionsunterricht fragen oder sagen wollt, das bislang noch nicht zur Sprache kam?

Abschluss

Dank für das Gespräch.

I.1.4   Basiserhebung: Leitperspektiven teilnehmende Beobachtung

Organisation
Welche schulorganisatorischen Rahmenbedingungen beeinflussen den Religionsunterricht?
Welche organisatorischen Grundentscheidungen lassen sich am Religionsunterricht beobachten?
Wie werden konfessionslose Schülerinnen und Schüler organisatorisch im Religionsunterricht verortet?
Wie werden andersreligiöse, besonders muslimische Schülerinnen und Schüler, organisatorisch im Religionsunterricht verortet?

Religionsdidaktische Perspektiven
Welche didaktischen Grundentscheidungen lassen sich am Religionsunterricht beobachten?
Wie werden konfessionelle Sichtweisen didaktisch in den Religionsunterricht einbezogen?
Wie werden andersreligiöse, besonders muslimische Perspektiven, didaktisch in den Religionsunterricht einbezogen?
Wie werden nichtreligiöse Sichtweisen didaktisch in den Religionsunterricht einbezogen?
Wie wirken sich Majoritäts-Minoritäts-Konstellationen auf den Religionsunterricht aus?

Lehrkraft
Wie gestaltet sich der schulische Tagesablauf von Religionslehrkräften an Berufsschulen?
Welche didaktischen und pädagogischen Leitlinien verfolgt die Religionslehrkraft im Rahmen der Lehr-Lern-Arrangements?
Wie geht die Lehrkraft mit Heterogenität um?

Schülerinnen und Schüler
Wie zeigt sich die Schüler-Lehrer-Beziehung im Religionsunterricht?
Wie agieren, interagieren und partizipieren die Schülerinnen und Schüler im Religionsunterricht?

Zusammenarbeit
Wie kooperieren evangelische und katholische Lehrkräfte?
Gibt es an der Schule einen Ethikunterricht? Wenn ja, wie läuft die Kooperation mit dem konfessionellen Religionsunterricht?

I.2   Zwischenerhebung

Leitfaden Expert:inneninterview Religionslehrkräfte

StReBe-Konzept und Erfahrungen damit
Uns interessieren Ihre Erfahrungen mit ihrem StReBe-Konzept, die Sie seit Beginn des Schuljahres 2020/21 gesammelt haben. Vielleicht können Sie eingangs Ihr Konzept beschreiben und uns dann von Ihren Erfahrungen, die Sie mit diesem Konzept gemacht haben, erzählen.
[Ggf. nachfragen:]
Sie haben jetzt viel von ihren Erfahrungen erzählt, vielleicht können Sie nochmal kurz skizzieren, wie Ihr Konzept konkret aussieht?
Gab es Punkte, an denen Sie schon während des Schuljahrs Ihr Konzept justiert oder verändert haben?

Ohne Corona
Haben die durch StReBe vorgenommenen Veränderungen den Religionsunterricht und seine Organisation insgesamt erleichtert oder erschwert?

Bezug Corona
Haben die Veränderungen, die Sie vorgenommen haben bzw. die Ihr Konzept beinhaltet, nun unter Corona-Bedingungen die Organisation des Religionsunterrichts erleichtert oder erschwert?
Wie sah / sieht die Organisation des Religionsunterrichts unter Coronabedingungen bei Ihnen ganz konkret aus? Im Distanzunterricht, im Wechselunterricht, im Präsenzunterricht zu Beginn des Schuljahres?

Kontextbezogene Frage
Hier in [Name Standort] wurde ja in unserem letzten Interview und in den Gesprächen mit der Schulleitung deutlich, dass [...]. Mich würde noch interessieren: Hat sich da inzwischen etwas verändert? / Ist das inzwischen eine Erleichterung?

Schulleitung und Kollegium
Wie schätzen Sie das ein: Hat sich die Wahrnehmung der Schulleitung und / oder der Kolleginnen und Kollegen durch die Beteiligung am StReBe-Projekt auf den Religionsunterricht verändert? Wenn ja, warum? In welcher Hinsicht?

Schülerinnen und Schüler
Was ist Ihr Eindruck: Wie nehmen die Schülerinnen und Schüler die im Zusammenhang von StReBe vorgenommene Konzeptumstellung wahr? Welche Rückmeldungen gibt es dazu?

Weiteres
Gibt es noch etwas, das Sie uns über das bereits Besprochene hinaus mitteilen möchten?

Abschluss
Dank für das Gespräch.

I.3   Evaluationserhebung

I.3.1   Evaluationserhebung: Leitfaden Expert:inneninterviews
         Religionslehrkräfte

Konzept
Bitte stellen Sie das StReBe-Konzept dar, welches Sie an Ihrer Schule umsetzen. [Im Fall von Konzeptänderungen:] Im vergangenen Schuljahr haben Sie eine andere alternative Organisationsform von konfessionellem Religionsunterricht als im aktuellen Schuljahr erprobt. Bitte stellen Sie auch dieses »erste« Konzept kurz vor. Erläutern Sie bitte anschließend, weshalb es zu Veränderungen für dieses Schuljahr kam.

Organisation
Wenn Sie an die aktuelle Organisation des Religionsunterrichts innerhalb Ihrer Schule denken und diese mit dessen Organisation vor dem StReBe-Konzept vergleichen: Beschreiben Sie, was sich diesbezüglich Ihrer Ansicht nach an Ihrer Schule verändert hat.
[Ggf. nachfragen:]
Würden Sie sagen, dass sich die Organisation des Religionsunterrichts durch die Umsetzung des StReBe-Konzepts an ihrer Schule erleichtert oder erschwert hat? Und inwiefern?
Inwiefern trägt das von Ihnen umgesetzte StReBe-Projekt den lokalen Gegebenheiten und Herausforderungen hier an Ihrer Schule Rechnung?
Gibt es auch im Rahmen der Umsetzung des StReBe-Konzepts Herausforderungen für die Durchführung des Religionsunterrichts an ihrer Schule? Beschreiben Sie diese bitte!

Effekte der StReBe-Konzepte

Im Rahmen unserer Auswertungen der ersten Datenerhebungsphase konnten wir verschiedene organisatorische Herausforderungen als zentrale Belastungsmomente für den Berufsschulreligionsunterricht herausarbeiten. Ich bitte Sie nun einzuschätzen, inwieweit das von Ihnen umgesetzte StReBe-Konzept diesen Herausforderungen begegnet.

Hierfür lege ich Ihnen die folgenden Wortkarten auf. Wie viele Wortkarten Sie thematisieren, ist Ihnen überlassen. Ich würde Sie lediglich bitten, bei der Reihenfolge Ihrer Wahl eine Gewichtung vorzunehmen: Beginnen Sie bitte mit der Herausforderung, die durch das StReBe-Konzept besonders beeinflusst worden ist.

Wortkarten

administrativer Aufwand | Gruppenbildung | konfessioneller Religionsunterricht und Ethikunterricht | Lehrkräfteeinsatz und -abdeckung | Notenbildung und Zeugniseintrag | Reli-Unterrichtsabdeckung und Unterrichtsausfall | Repräsentation der Minoritätskonfession

[Ggf. nachfragen:]

Fehlt Ihnen eine Herausforderung, die hier nicht genannt ist und dennoch durch das von Ihnen umgesetzte StReBe-Konzept bearbeitet wurde? Falls ja, bitte erläutern Sie diese!

Inhalte und Ziele des Religionsunterrichts

Sie haben nun einiges zu organisatorischen Fragestellungen erzählt. Betrachten wir nun die inhaltliche Seite des Religionsunterrichts: Inwiefern hat sich Ihr Religionsunterricht aufgrund des von Ihnen umgesetzten StReBe-Konzepts inhaltlich verändert?

Haben sich die Zielsetzungen Ihres Religionsunterrichts im Laufe des StReBe-Projekts verändert?

Schülerinnen und Schüler

Wie haben sich Schülerinnen bzw. Schüler zu den Veränderungen durch Ihr StReBe-Konzept geäußert oder verhalten?

[Je nach Konzept Fragemodus anpassen:] Gemäß Ihrem StReBe-Konzept begegnen Sie Schülerinnen und Schülern aus beiden Konfessionen / ohne Bekenntnis bzw. anderer Religionen. Wie erleben Sie dieses Miteinander im Rahmen Ihres neuen Konzepts?

Zusammenarbeit und Reputation
Als Lehrkraft sind Sie eingebunden in eine Fachschaft. Erzählen Sie: Hat sich die Zusammenarbeit mit den Kolleginnen / Kollegen des evangelischen Religionsunterrichts / katholischen Religionsunterrichts / Ethikunterrichts im Rahmen Ihres StReBe-Konzepts verändert? Wenn ja, inwiefern?
Ich bin daran interessiert, ob und gegebenenfalls wie die organisatorischen Veränderungen durch Ihr StReBe-Konzept von Ihren Kolleginnen / Kollegen, die nicht Religion unterrichten, wahrgenommen worden sind.
Wie sind die Veränderungen von Ihrer Schulleitung wahrgenommen und bewertet worden?

StReBe unter Corona-Bedingungen
Wir haben mit Ihnen bereits ein Zwischeninterview zur Corona-Situation geführt. Gibt es darüber hinaus noch etwas, was Sie zu diesem Thema im Zusammenhang mit Ihrem StReBe-Konzept sagen wollen?
[Ggf. nachfragen:]
Wurde die Durchführung des Religionsunterrichts durch das von Ihnen eingeführte StReBe-Konzept Ihrer Meinung nach erleichtert oder erschwert?
Uns würde nochmal zusammenhängend interessieren, wie stark der Entwicklungsprozess durch die Corona-Pandemie beeinflusst wurde!

Projektevaluation
Das StReBe-Projekt ist ein gemeinsames Projekt von Kultusministerium, der Evangelisch-Lutherischen Kirche in Bayern und der Katholischen Kirche. Aber auch der ISB-Arbeitskreis sowie wir als Forschungsgruppe sind projektbeteiligte Institutionen. Wie haben Sie die Zusammenarbeit mit den Projektakteuren empfunden?
Wenn Sie an die letzten 2,5 Jahre StReBe-Projekt denken – wie bewerten Sie den von Ihnen erlebten Prozess zur Weiterentwicklung des Religionsunterrichts?
Bezogen auf den Projektverlauf: Gibt es Anregungen, Wünsche oder Mehrwerte, die Sie diesbezüglich formulieren möchten?

Fazit / Ausblick / Zukunft
Durch Ihre Teilnahme am StReBe-Projekt leisten Sie einen Beitrag zur Weiterentwicklung und damit zur Zukunftsfähigkeit des Religionsunterrichts an Berufsschulen. Welche Veränderungen – strukturell oder organisatorisch – braucht es Ihrer Ansicht nach noch, um den Religionsunterricht zukunftsfähig zu gestalten?
Hat Ihre Teilnahme am StReBe-Projekt Ihre Einstellung zu / Ihren Blick auf Religionsunterricht verändert? Wenn ja, inwiefern?

Als projektverantwortliche Lehrkraft dürfen Sie nun ein Fazit ziehen: Sind Sie der Meinung, dass das StReBe-Projekt generell sowie Ihr StReBe-Konzept einen Beitrag zur Zukunftsfähigkeit des Religionsunterrichts leistet? Wenn ja, inwiefern?

Abschluss
Dank für das Gespräch.

I.3.2   Evaluationserhebung: Leitfaden Expert:inneninterviews Schulleitungen

Projektverlauf und Situationsbeschreibungen
Seit knapp 1,5 Jahren setzen Projektlehrkräfte hier im Religionsunterricht ein StReBe-Konzept um. Inwiefern sind Sie in diesen Projekt- bzw. Umsetzungsprozess involviert gewesen?
Ihre projektbeteiligten Lehrkräfte waren maßgeblich an der Erarbeitung und Umsetzung des StReBe-Projekts beteiligt. Welche Eindrücke bzw. Rückmeldungen erhielten Sie bezogen auf den Projektverlauf?
Nehmen Sie den Religionsunterricht seit der Umsetzung des StReBe-Konzepts an Ihrer Schule anders wahr? Falls ja, in welcher Hinsicht?

Organisation
Wenn Sie an die aktuelle Organisation des Religionsunterrichts innerhalb Ihrer Schule denken und diese mit der Organisation vor dem StReBe-Konzept vergleichen: Beschreiben Sie bitte, was sich diesbezüglich Ihrer Ansicht nach an Ihrer Schule verändert hat.
[Ggf. nachfragen:]
Würden Sie sagen, dass sich die Organisation des Religionsunterrichts durch die Umsetzung des StReBe-Konzepts an ihrer Schule erleichtert oder erschwert hat? Und inwiefern?
Inwiefern trägt das von Ihnen umgesetzte StReBe-Projekt den lokalen Gegebenheiten und Herausforderungen hier an Ihrer Schule Rechnung?

Effekte der StReBe-Konzepte
Im Rahmen unserer Auswertungen der ersten Datenerhebungsphase konnten wir verschiedene organisatorische Herausforderungen als zentrale Belastungsmomente für den Berufsschulreligionsunterricht herausarbeiten. Ich würde Sie bitten im Folgenden einzuschätzen, inwieweit das von Ihnen umgesetzte StReBe-Konzept diesen Herausforderungen begegnet.
Hierfür lege ich Ihnen die folgenden Wortkarten auf. Wie viele Wortkarten Sie thematisieren, ist Ihnen überlassen. Ich würde Sie lediglich bitten, bei der Rei-

henfolge Ihrer Wahl eine Gewichtung vorzunehmen: Beginnen Sie bitte mit der Herausforderung, die durch das StReBe-Konzept besonders beeinflusst worden ist.

Wortkarten

administrativer Aufwand | Gruppenbildung | konfessioneller Religionsunterricht und Ethikunterricht | Lehrkräfteeinsatz und -abdeckung | Notenbildung und Zeugniseintrag | Reli-Unterrichtsabdeckung und Unterrichtsausfall | Repräsentation der Minoritätskonfession

[Ggf. nachfragen:]

Fehlt Ihnen eine Herausforderung, die hier nicht genannt ist und dennoch durch das von Ihnen umgesetzte StReBe-Konzept bearbeitet wurde?

StReBe unter Corona-Bedingungen

Haben Sie den Eindruck, dass die Einführung des StReBe-Konzepts die Durchführung des Religionsunterrichts unter Corona-Bedingungen erleichtert oder vielleicht auch erschwert hat? Wenn ja, inwiefern?

Stellenwert des Religionsunterrichts

Der Stellenwert des Religionsunterrichts an Ihrer Schule war auch in unserer letzten Befragung Thema. Inwiefern hat sich der Stellenwert des Religionsunterrichts an Ihrer Schule durch die Teilnahme am Projekt und die Umsetzung des StReBe-Konzepts verändert? Neben Ihrer persönlichen Wahrnehmung interessiert mich hier auch Ihre Einschätzung bezogen auf das Fachkollegium und – falls möglich – sogar die dualen Partner.

Fazit / Ausblick / Zukunft

Als Schulleitung waren Sie maßgeblich für die Teilnahme am StReBe-Projekt verantwortlich: Wie bewerten Sie den Projektverlauf an sich?

Wie bewerten Sie die bisherigen Veränderungen bzgl. des Religionsunterrichts, die sich hierdurch an Ihrer Schule ergeben haben? Wurden Ihre diesbezüglichen Erwartungen erfüllt?

Durch Ihre Teilnahme am StReBe-Projekt leisten Sie einen Beitrag zur Weiterentwicklung und damit zur Zukunftsfähigkeit des Religionsunterrichts an Berufsschulen. Welche Veränderungen – strukturell oder organisatorisch – braucht es Ihrer Ansicht nach noch, um den Religionsunterricht zukunftsfähig zu gestalten?

Sind Sie der Meinung, dass das StReBe-Projekt generell sowie das an Ihrer Schule entwickelte StReBe-Konzept einen Beitrag zur Zukunftsfähigkeit des Religionsunterrichts leistet? Wenn ja, inwiefern?

Abschluss
Dank für das Gespräch.

I.3.3 Evaluationserhebung: Leitfaden Fokusgruppeninterview Schüler:innen

Einstieg
[Situationsbeschreibung Religionsunterricht:] Erzählt doch einmal von Eurem Religionsunterricht.
[Ggf. nachfragen:]
Warum geht Ihr in den Religionsunterricht?
Erzählt mal von einer Stunde, die Ihr besonders gut fandet.
Was macht für Euch guten Religionsunterricht aus?
Was braucht guter Religionsunterricht? Wie muss er sein?

Organisation
Hier an der Schule gibt es katholische, evangelische, nicht- oder andersreligiöse Schülerinnen und Schüler. Könnt Ihr mir sagen, wie sich Eure aktuelle Religionsgruppe zusammensetzt?

Vertiefungsfragen – je nach StReBe-Konzept
Ihr als katholische / evangelische Schülerinnen und Schüler habt nun eine Lehrkraft der anderen Konfession. Wie findet Ihr das?
Im Religionsunterricht unterrichten bei euch zum Teil zwei Lehrkräfte gemeinsam. Wie findet Ihr das?
Bei Euch im Religionsunterricht wechseln die Lehrkräfte – im ersten Halbjahr hattet Ihr Herrn / Frau XY und im zweiten Halbjahr Herrn / Frau XY. Wie findet Ihr das?
Wisst Ihr, ob an Eurer Schule Ethikunterricht angeboten wird bzw. wie mit Schülerinnen und Schülern verfahren wird, die nicht in den Religionsunterricht gehen?
[Ggf. nachfragen:] Wie empfindet Ihr diese Regelung?
Bei Euch findet der Unterricht in Form des Blockunterrichts / Teilzeitunterrichts statt. Wie klappt es da Eurer Ansicht nach mit dem Religionsunterricht?
Stellt Ihr fest, dass es hier an der Schule Schwierigkeiten bei der Organisation des Religionsunterrichts gibt?
Gibt es etwas, was Ihr am Religionsunterricht anders organisieren würdet?

Evangelisch – katholisch – andere Konfessionen und Religionen
[Je nach StReBe-Konzept:] Ihr seid im Religionsunterricht mit den evangelischen / katholischen / orthodoxen / muslimischen / allen Schülerinnen und
Schülern zusammen / nicht zusammen. Erzählt doch einmal von euren Erfahrungen damit.

Lehrkraft
[Option A – in Abhängigkeit vom jeweiligen StReBe-Konzept] Ihr seid ja eine
konfessionell-gemischte Lerngruppe, d. h. evangelische und katholische Schülerinnen und Schüler werden gemeinsam unterrichtet. Eure Lehrkraft ist in
diesem Jahr katholisch / evangelisch im nächsten Jahr dann katholisch / evan-
gelisch. Ist euch das bewusst? Und wenn ja, wie findet ihr das?
[Option B – in Abhängigkeit vom jeweiligen StReBe-Konzept] In eurer Religi-
onsgruppe werden evangelische / katholische / anders- und nichtreligiöse
Schülerinnen und Schüler gemeinsam unterrichtet. Wie findet ihr das?
[Option C – in Abhängigkeit vom jeweiligen StReBe-Konzept] Ihr habt in diesem
Jahr eine evangelische / katholische Lehrkraft, die Euch gemeinsam mit einer
Ethiklehrkraft unterrichtet. Wie findet ihr das?

Jeder Unterricht lebt davon, wie der Lehrer / die Lehrerin unterrichtet. Erzählt
doch einmal, was einen guten Religionslehrer / eine gute Religionslehrerin aus-
macht.
[Ggf. nachfragen:]
Was muss der Religionslehrer / die Religionslehrerin können und tun, damit Ihr
Euch im Religionsunterricht wohlfühlt?
Findet Ihr, dass ein Religionslehrer / eine Religionslehrerin auch persönliche
Sachen oder von seinem / ihrem eigenen Glauben erzählen soll und darf? Oder
geht es vor allem darum, religiöses Wissen zu vermitteln?
Wenn Ihr mal an Eure/n aktuellen Religionslehrerin / Religionslehrer denkt:
Merkt Ihr, dass sie / er evangelisch / katholisch ist? Falls ja, woran? Ist es für Euch
wichtig, dass ein Religionslehrer / eine Religionslehrerin zu ihrer Konfession /
Religion steht?

Inhalt
Nehmt Ihr wahr, dass Gemeinsamkeiten und Unterschiede zwischen »evange-
lisch« und »katholisch« bei den von Euch im Religionsunterricht behandelten
Themen eine Rolle spielen? Falls ja, erläutert das bitte mal an einem Beispiel!
Wie wir gerade schon besprochen haben, …
[Option A – in Abhängigkeit vom jeweiligen StReBe-Konzept] … seid Ihr ja
evangelische und katholische Schüler:innen in einer Lerngruppe. Habt Ihr den
Eindruck, dass evangelische oder katholische Inhalte im Unterricht überwiegen?

[Option B – in Abhängigkeit vom jeweiligen StReBe-Konzept] ... seid Ihr ja alle zusammen, evangelische, katholische, anders- und nichtreligiöse Schüler:innen in einer Lerngruppe. Habt Ihr den Eindruck, dass evangelische oder katholische oder vielleicht auch andersreligiöse oder ethische Inhalte im Unterricht überwiegen?

Schülerinnen und Schüler
Da der Religionsunterricht vor allem mit Euch zu tun haben soll, ist es uns wichtig, etwas davon zu wissen, wie Ihr zu Religion steht. Erzählt doch einmal. [Ggf. nachfragen:]
Welche Rolle spielt Religion in eurem Alltag? Seid Ihr in Eurem Ausbildungsbetrieb schon mal mit Religion oder religiösen Fragen in Berührung gekommen?

Spezifische Perspektiven auf die StReBe-Konzepte
Eure Schule nimmt an einem Schulprojekt teil, in dem der Religionsunterricht weiterentwickelt werden soll: Inwiefern ist Euch denn bewusst, dass sich am Religionsunterricht an Eurer Schule etwas verändert hat?

Organisation
Im Vergleich zu Eurem vorherigen Religionsunterricht: Was findet Ihr besser – den »alten« Religionsunterricht [ehemalige Organisationsform vor StReBe konkret beschreiben] oder Euren jetzigen Religionsunterricht [StReBe-Konzept beschreiben]? Warum?
[Ggf. nachfragen:]
Auch Eure Gruppenzusammensetzung hat sich geändert. Wie findet Ihr das im Vergleich zu Eurem »alten« Religionsunterricht?

Inhalte
Wenn Ihr den Religionsunterricht aus dem letzten Jahr mit diesem Jahr vergleicht: Hat sich durch das neue Konzept des Religionsunterrichts [konkret: Unterrichten in einer gemischten Gruppe aus evangelischen und katholischen Schülerinnen und Schülern; Unterrichten durch zwei Lehrkräfte; Unterrichten durch eine Lehrkraft, die nicht die gleiche Konfession wie Ihr hat] inhaltlich etwas verändert? Also bezüglich der Aufbereitung der Themen, die Ihr behandelt?

Lehrkraft
Ihr als katholische / evangelische Schülerinnen und Schüler habt nun auch eine Lehrkraft der anderen Konfession. Wie findet Ihr diese Veränderung?

Ausblick / Zukunft
Stellt Euch vor, Ihr dürftet mitbestimmen, wie der »Religionsunterricht der Zukunft« an der Berufsschule aussehen soll. Was wäre Euch wichtig? Was würdet Ihr Euch wünschen?
Gibt es noch etwas, das Ihr zum Religionsunterricht sagen wollt, das bislang noch nicht zur Sprache kam?

Abschluss
Dank für das Gespräch.

II. Codesysteme der Auswertungen

II.1 Basiserhebung

II.1.1 Basiserhebung: Codesystem zur Auswertung der Daten der Expert:inneninterviews Religionslehrkräfte

subjektive Wahrnehmung des Religionsunterrichts an der Projektschule
- Rahmenbedingungen
- Religion im Schulleben
- Reputation des Religionsunterrichts
  - duale Partnerunternehmen
  - Eltern
  - Lehrkräftekollegium
  - Schüler:innen
  - Schulleitung
- Rolle der Schulleitung
- Verhältnis Kirche – Staat
Selbstbeschreibung
- Konfessionalität
- Positionalität / handlungsleitende Grundhaltungen
- professionelles Selbstverständnis / Rolle
- Ressourcen
kollegiale Zusammenarbeit
- evangelische – katholische Religionslehrkräfte
- kirchliche – staatliche Religionslehrkräfte
- mit Ethiklehrkräften
- mit anderen Kolleg:innen / Fächern / Abteilungen
- Organisation des Fachbereichs Religion

Begründungen und Ziele des Religionsunterrichts an Berufsschulen
– Alleinstellungsmerkmal Religionsunterricht
– didaktische Leitperspektiven / Bezug zu religionsdidaktischen Konzepten
– Grundidee / Ziele des Religionsunterrichts
– im Horizont von Majoritäts-/Minoritätskonstellationen
– Religionsunterricht im Kontext beruflicher Bildung
– Themenwahl
– Umgang mit Pluralität / Heterogenität
– Wertebildung
Konstruktion von Identitäts- und Differenzordnungen
– ethisch-anthropologisch
– im Horizont von Majoritäts-/Minoritätskonstellationen
– interkonfessionell
– interkulturell
– interreligiös
– interweltanschaulich
Schüler:innen
– Feedback
– Interesse / Teilnahmemotivation am Religionsunterricht
– Miteinander angesichts religiöser / konfessioneller Pluralität
– normatives Schüler:innenbild
– Religiosität
– thematische Präferenzen
Organisation des Religionsunterrichts
– konfessioneller Religionsunterricht
– konfessionell-kooperativer Religionsunterricht
  – erweiterte Kooperation
  – Kooperation von zwei Lehrkräften mit eigenen Religionsklassen
  – Lehrkräftetausch im Bildungsgang
  – Lehrkräftetausch im Schuljahr
  – Teamteaching (durchgängig im Schuljahr)
– Projekt
– Religionsunterricht im Klassenverband
– Digitalisierung
– Gelingensfaktoren
– Integration konfessionsloser Schüler:innen
– Integration andersreligiöser Schüler:innen
– kirchliche – staatliche Religionslehrkräfte
– Organisationsschwierigkeiten
  – Abmeldung, weil kein Ethikunterricht angeboten
  – Antragswesen

- Befreiung infolge von Hochschulzugangsberechtigung
- Blockunterricht
- Ethikunterricht
- Gruppenbildung
- Lehrkräfteeinsatz
- Notengebung
- Weiteres
- Verhältnis zum Ethikunterricht
- Weiteres
Entwicklungsperspektiven
- Erwartungen an das StReBe-Projekt
- Organisationsformen von Religionsunterricht
  - konfessioneller Religionsunterricht
  - konfessionell-kooperativer Religionsunterricht
  - Religionsunterricht im Klassenverband
  - Integration konfessionsloser Schüler:innen
  - Integration andersreligiöser Schüler:innen
  - Verhältnis zum Ethikunterricht
  - Projektarbeit
- (religions-)didaktischer Kontext
- Weiteres

II.1.2   Basiserhebung: Codesystem zur Auswertung der Daten
         der Expert:inneninterviews Schulleitungen

subjektive Wahrnehmung des Religionsunterrichts an der Projektschule
- Einflüsse gesellschaftlicher Rahmenbedingungen
- Rahmenbedingungen
- Religion im Schulleben
- Reputation des Religionsunterrichts
  - duale Partnerunternehmen
  - Lehrkräftekollegium
  - Kirche
  - Kultusministerium
  - Öffentlichkeit / Eltern
  - Schüler:innen
  - Schulleitung
- Verhältnis Kirche – Staat
Selbstbeschreibung
- Positionalität / handlungsleitende Grundhaltungen zum Religionsunterricht

- professionelles Selbstverständnis / Rolle
- Religiosität
- Ressourcen

Religionslehrkräfte
- Bewertung durch die Schulleitung
- Kooperation mit Ethik
- kirchliche – staatliche Religionslehrkräfte
- Rolle der Religionslehrkräfte
- Zusammenarbeit im Fachbereich Religion

Begründungen und Ziele des Religionsunterrichts an Berufsschulen
- Alleinstellungsmerkmal Religionsunterricht
- didaktische Leitperspektiven / Bezug zu religionsdidaktischen Konzepten
- Grundidee / Ziele des Religionsunterrichts
- im Horizont von Majoritäts-/Minoritätskonstellationen
- Lehrplanbezug
- Religionsunterricht im Kontext beruflicher Bildung
- Umgang mit Pluralität / Heterogenität
- Wertebildung

Konstruktion von Identitäts- und Differenzordnungen
- ethisch-anthropologisch
- im Horizont von Majoritäts-/Minoritätskonstellationen
- interkonfessionell
- interkulturell
- interreligiös
- interweltanschaulich

Schüler:innen
- Interesse / Teilnahmemotivation am Religionsunterricht
- normatives Schüler:innenbild
- Religiosität

Organisation des Religionsunterrichts
- konfessioneller Religionsunterricht
- konfessionell-kooperativer Religionsunterricht
  - erweiterte Kooperation
  - Kooperation von zwei Lehrkräften mit eigenen Religionsklassen
  - Lehrkräftetausch im Bildungsgang
  - Lehrkräftetausch im Schuljahr
  - Teamteaching (durchgängig im Schuljahr)
- Projekt
- Religionsunterricht im Klassenverband
- Gelingensfaktoren
- Integration konfessionsloser Schüler:innen

- Integration andersreligiöser Schüler:innen
- kirchliche – staatliche Religionslehrkräfte
- Organisationsschwierigkeiten
  - Abmeldung, weil kein Ethikunterricht angeboten
  - Antragswesen
  - Befreiung infolge von Hochschulzugangsberechtigung
  - Blockunterricht
  - duale Partnerunternehmen
  - Ethikunterricht
  - Gruppenbildung
  - Kirchen
  - Krankheitsvertretung
  - Kultusministerium
  - Lehrkräfteeinsatz
  - Notengebung
  - Weiteres
- Weiteres
Entwicklungsperspektiven
- Administration
- Aus- und Fortbildung von Religionslehrkräften
- Erwartungen an das StReBe-Projekt
- Organisationsformen von Religionsunterricht
  - konfessioneller Religionsunterricht
  - konfessionell-kooperativer Religionsunterricht
  - Religionsunterricht im Klassenverband
  - Integration konfessionsloser Schüler:innen
  - Integration andersreligiöser Schüler:innen
  - Verhältnis zum Ethikunterricht
  - Projektarbeit
  - Weiteres
- Ethik
- (religions-)didaktischer Kontext
- Weiteres

II.1.3 Basiserhebung: Codesystem zur Auswertung der Daten der
        Fokusgruppeninterviews Schüler:innen

subjektive Perspektiven auf Religion
- Einstellungen zu Religion und Kirche
- Erfahrungen mit Religion und Kirche

- Relevanz in den Betrieben

Bezug zu anderen Fächern

Religionslehrkräfte

- Wahrnehmungen
  - Habitus / Rolle
  - Kompetenz
  - Konfessionalität
  - Positionalität
- gute Lehrkraft (Erwartungen an eine)
  - Habitus / Rolle
  - Kompetenz
  - Konfessionalität
  - Positionalität

Wertungen und Positionierungen mit Blick auf das Fach Religion

- positiv
- negativ
- indifferent
- Notengebung / Leistungserhebungen
- Sicht der Ausbildungsbetriebe

Konstruktion von Identitäts- und Differenzordnungen

- ethisch-anthropologisch
- im Horizont von Majoritäts-/Minoritätskonstellationen
- interkonfessionell
- interkulturell
- interreligiös
- interweltanschaulich

guter Religionsunterricht / Erwartungen an den Religionsunterricht

Themen des Religionsunterrichts

- (eher) wichtig
- (eher) unwichtig
- Bedeutung des Berufsbezugs

Teilnahmemotivation

Organisation

- Erfahrungen
  - konfessioneller Religionsunterricht
  - konfessionell-kooperativer Religionsunterricht
    - erweiterte Kooperation
    - Kooperation von zwei Lehrkräften mit eigenen Religionsklassen
    - Lehrkräftetausch im Bildungsgang
    - Lehrkräftetausch im Schuljahr
    - Teamteaching (durchgängig im Schuljahr)

- – Religionsunterricht im Klassenverband
- – Projekt
- – Integration konfessionsloser Schüler:innen
- – Integration andersreligiöser Schüler:innen
- – Verhältnis zum Ethikunterricht
- – Organisationsschwierigkeiten
- – Weiteres
- – Präferenzen / Wünsche
  - – konfessioneller Religionsunterricht
  - – konfessionell-kooperativer Religionsunterricht
  - – Religionsunterricht im Klassenverband
  - – Projekt
  - – Integration konfessionsloser Schüler:innen
  - – Integration andersreligiöser Schüler:innen
  - – Verhältnis zum Ethikunterricht
  - – Weiteres

II.1.4 Basiserhebung: Codesystem zur Auswertung der Daten der teilnehmenden Beobachtungen

Stellenwert / Reputation des Religionsunterrichts
organisatorische Rahmenbedingungen
Akteure im Feld
- – duale Partnerbetriebe
- – Kirche
- – Kolleg:innen
- – Schulleitung
- – Schulverwaltung
didaktische Gestaltung
- – Berufsbezug
- – Heterogenitätssensibilität / Pluralitätsfähigkeit
- – Lebensweltorientierung / Gegenwartsbezug
- – organisational relevante Ebene der Thematisierung von Religion
  - – allgemein-christlich
    - – existenziell
    - – kundlich
  - – konfessionell
    - – existenziell
    - – kundlich
  - – multireligiös

     – existenziell
     – kundlich
  – nicht-religiös / ethisch
     – existenziell
     – kundlich
Konstruktion von Identitäts- und Differenzordnungen
– ethisch-anthropologisch
– im Horizont von Majoritäts-/Minoritätskonstellationen
– interkonfessionell
– interkulturell
– interreligiös
– interweltanschaulich
– religiös – nicht-religiös
Schüler:innen
– Ausbildungsrichtung
– Beziehung zur Religionslehrkraft
– Gender
– Motivation / Aktivität
– Positionierungen zum Fach
– thematische Positionierungen
– Wissen
Religionslehrkraft
– kirchlich – staatlich
– Kompetenz
– Konfessionalität / konfessorische Äußerungen
– Positionalität
– berufliches Selbstverständnis / Rolle
Kooperation
– zwischen evangelischen und katholischen Religionslehrkräften
– mit dem Ethikunterricht
– mit anderen Kolleg:innen / Fächern
Organisation
– Blockunterricht
– konfessioneller Religionsunterricht
– konfessionell-kooperativer Religionsunterricht
     – erweiterte Kooperation
     – Kooperation von zwei Lehrkräften mit eigenen Religionsklassen
     – Lehrkräftetausch im Bildungsgang
     – Lehrkräftetausch im Schuljahr
     – Teamteaching (durchgängig im Schuljahr)
– Religionsunterricht im Klassenverband

– Integration konfessionsloser Schüler:innen
– Integration andersreligiöser Schüler:innen
– Bezug zum Ethikunterricht
– Notengebung / Leistungserhebungen
– Organisationsschwierigkeiten
Entwicklungsperspektiven
Bezug zum Projekt

II.2   Zwischenerhebung

Codesystem zur Auswertung der Daten der Expert:inneninterviews
Religionslehrkräfte

Konzeptbeschreibung
didaktische Gestaltungsdimension
Effekte der Stärkung (über Fragen der Organisation hinaus)
Organisierbarkeit
– Stärken für die Weiterentwicklung des Religionsunterrichts
  – Angebot Ethikunterricht
  – effektive Unterrichtszeit
  – Gruppenbildung
  – Klassenklima
  – (konzeptbezogene) administrative Rahmung
  – Raumkapazität
  – Religionsunterrichtsabdeckung (allgemein)
  – Religionsunterrichtsabdeckung Minoritätskonfession
– Probleme / Schwächung des Religionsunterrichts
  – Antragswesen
  – Einplanung kirchlicher Lehrkräfte
  – problematische Gruppenbildung im Diasporakontext
  – Gruppengröße
  – Religionsunterrichtsabdeckung (allgemein)
  – Religionsunterrichtsabdeckung Minoritätskonfession
  – unterschiedliche Schulstandorte der Religionslehrkraft
(professionelle) Selbstbeschreibung
– Konfessionalität
– Positionalität / handlungsleitende Grundhaltungen zum Religionsunterricht
– Professionelles Selbstverständnis / Rolle
– Ressourcen

Reputation
- duale Partnerbetriebe
- Eltern
- Lehrkräftekollegium
- Schüler:innen
- Schulleitung
Bewertung des StReBe-Projekts
Entwicklungsperspektiven
- für den Religionsunterricht im Allgemeinen
- für die lokalen Organisationspraktiken von Religionsunterricht
Konzept unter Corona-Pandemiebedingungen

II.3   Evaluationserhebung

Evaluationserhebung: Codesystem zur Auswertung der Datensätze
(Expert:inneninterviews mit Schulleitungen und Projektlehrkräften)

Konzeptbeschreibung
- administrative Aspekte
- Angebot Ethikunterricht
- Konfessionalität
- konzeptionelle Leitperspektiven
- Konzeptrealisierung
- Lehrkräfteeinsatz und -abdeckung
- Modifikationen im Projektverlauf
- Notenbildung / Zeugniseintrag
- Zusammensetzung Schüler:innengruppe
Organisatorische Dimensionen
- positive Bewertungen
    - administrativer Aufwand
    - Gruppenbildung
    - Klassenverband
    - konzeptbezogene Zusammenarbeit
    - Lehrkräfteeinsatz
    - Minoritätskonfession
    - Notenbildung / Zeugniseintrag
    - Raumkapazität
    - Reputation
    - Stabilisierungseffekte in Bezug auf den Religionsunterricht
    - Team-Teaching

- – Unterrichtsabdeckung
- – Unterrichtszeit
- negative Bewertungen
  - – administrativer Aufwand
  - – Einplanung kirchlicher Lehrkräfte
  - – Gruppengröße / Gruppenbildung
  - – konzeptbezogene Zusammenarbeit
  - – Lehrkräfteeinsatz
  - – Minoritätskonfession
  - – Nicht-Existenz von Ethikunterricht
  - – Plausibilisierung gegenüber der Schulleitung
  - – problematische Gruppenbildung im Diasporakontext
  - – Schüler:innen-Veto
  - – Unterrichtsabdeckung
  - – unterschiedliche Schulstandorte der Religionslehrkraft
- ambivalente Bewertungen
  - – Schüler:innenpräferenzen bzgl. der Religionslehrkraft
  - – Ermöglichung des Lehrkraftwechsels im Bildungsgang
- bleibende Herausforderungen
  - – administrativer Aufwand
  - – Abmeldung berufsschulberechtigter Schüler:innen
  - – Einsatz von Religionslehrkräften an mehreren Schulstandorten
  - – Einzelstunden
  - – Nicht-Existenz von Ethikunterricht
  - – Lehrkräftemangel
  - – Notengebung / Zeugniseintrag
  - – (rein) konfessionelle Gruppe
  - – Rückgang getaufter / konfessioneller Schüler:innen
  - – Verstetigung des StReBe-Konzepts
  - – Vorhandensein von Ethikunterricht
- didaktische Dimension
- positive Bewertungen
  - – Berücksichtigung der Minoritätskonfession
  - – Dialogizität
  - – Klassenklima
  - – Konfessionalität / Positionalität
  - – Multiperspektivität
  - – Subjektorientierung
  - – Wertebildung
  - – Themenbezug
- negative Bewertungen

- Kooperation / Abstimmungsbedarf zwischen den Lehrkräften
- Themenbezug
- Zurücktreten konfessioneller Spezifika
- ambivalente Bewertungen
  - Konstruktion von Differenzordnung(en)
  - Themenbezug
- bleibende Herausforderungen
Bewertung des StReBe-Projekts
- positive Bewertungen
  - Aufwand
  - Bereicherung
  - Kirche(n)
  - Lern-/Kompetenzzuwachs
  - Organisation
  - Projektpartner
  - Ziel(vor)stellung
- negative Bewertungen
  - Nichtakzeptanz des eigenen Konzepts
  - Organisation
  - Projektpartner
  - Verlängerung des Projekts
  - Ziel(vor)stellung
- ambivalente Bewertungen
  - Lehrkräfteeinsatz
  - Lern-/Kompetenzzuwachs
  - Organisation
  - Projektwahrnehmung
  - Ziel(vor)stellung
Entwicklungsperspektiven
- für den Religionsunterricht allgemein
  - administrativer Aufwand
  - Ausweitung der Konzepte
  - Ersatzunterricht, wenn kein Religionsunterricht angeboten
  - fächerverbindende Perspektiven
  - Fortbildungsbedarf
  - Gefahr von Einsparung
  - Kirchen und Kultusministerium
  - Klassenverband
  - kooperativer (ökumenischer) Religionsunterricht
  - Religionsunterricht für alle
  - Religionsunterricht und Ethikunterricht

- Stärkung des Berufsbezugs
- Studium / Ausbildung von Religionslehrkräften
- Subjektorientierung / Individualisierung
- Themenbezug
- Werteunterricht
- Zeugnisbemerkung / Zeugnisnote
- für die lokalen Organisationspraktiken
  - Austausch mit Schulleitung
  - (begrenzte) Reichweite des eigenen Konzepts
  - Kooperation mit Ethikunterricht / Einbezug von Ethikschüler:innen
  - Konzeptmodifikation
  - Lehrkräfteeinsatz
  - pastorale / schulseelsorgliche Angebote
  - Stundenaufstockung Blockklassen
  - Verstetigung des eigenen Konzepts
Kooperationsbeziehungen
- Kirche(n)
- Kollegium
- Schulleitung
- Projektlehrkräfte / Fachschaft
- Staat / Kultusministerium
Reputation
- duale Partnerbetriebe
- Eltern
- Lehrkräftekollegium
- Schüler:innen
- Schulleitung
Schüler:innen
- Erfahrungen mit / Einstellungen zu Religion und Kirche
- konfessionelle Identität
- konfessionsbezogene Erfahrungen
- schulische Erfahrungen
- Teilnahmemotivation
Religionslehrkräfte
- Konfessionalität
- Ressourcen
- Positionalität / handlungsleitende Grundhaltungen zum Religionsunterricht
- professionelles Selbstverständnis / Rolle
Konzept unter Corona-Pandemiebedingungen
- positive Auswirkungen
- negative Auswirkungen